実務必携 境界確定の手引

共著　江口　　滋（土地家屋調査士）
　　　岸田　庄司（土地家屋調査士）
　　　秋保　賢一（弁護士）

新日本法規

推薦のことば

　不動産、中でも土地は国土計画の基本であり、市町村にとっては財政の基礎であり、そして、土地を所有する個人にとっては日々の生活の基盤となるものです。

　ところで、土地の所有やその境界をめぐっては、公図をめぐる歴史的経緯や個人の権利意識などの事情が複雑に絡み合い、様々な問題や争いが生じているのが現状です。そのため、日本土地家屋調査士会連合会は、土地を基盤とする市民社会の安定と発展を目的に、境界の紛争に対応するため様々な活動を行ってまいりました。

　来る令和2年、土地家屋調査士制度は70周年を迎えます。少子高齢化等を背景に、空き家や所有者不明土地が大きな社会問題として脚光を浴びる中、我々土地家屋調査士には、単なる手続の申請代理人ではなく、不動産全般にわたる実体法や実務の専門家としての役割を果たすことが求められています。

　本書は、土地境界の確認や確定に携わる実務者に向けて、明治の地租改正以来の土地境界の歴史的経緯を踏まえつつ、その現場における実務を土地家屋調査士と弁護士の双方の視点で解説するものです。本書が、土地家屋調査士・弁護士を始めとする専門家や官公署の担当部門、法務局、不動産関係者など、幅広い方々の業務の一助となることを切に期待します。

　最後に、本書の発刊に携わられた全ての方々に敬意を表し、推薦のことばといたします。

令和元年12月

日本土地家屋調査士会連合会

会　長　　國　吉　正　和

これまでの反省を踏まえて

　私たち土地家屋調査士は、日常の境界確認（確定）業務において、当事者のこだわりのある中、できるだけ現況に惑わされず、客観的な境界を確認しようと努力してきた。

　一方、現地における境界確認の困難さや、業務完了の時間的制約、あるいは当事者同士の境界へのこだわりのなさから、単純に現況や公図に照らして境界確認をしてきた感があったようにも思われる。その場合の判断は、端的に言えば「現況主義」であり、また「公図主義」という表現として表されているのかもしれない。

　この二者択一的な実務表現がなぜ発想されるかと言えば、「現況主義」は視覚がもたらす作用によるものであり、「公図主義」は法務局が発行する図面であることから現地の形状を正確に表しているものとの意識、あるいは先入観の作用であるように思う。

　また、現在のように、より正確な座標をもって作図されている地図境界を除いて、決定的に境界の位置を示す数値がないこと（「旧土地台帳附属地図」と言われる公図地域を中心に）、また重要視されてきた判例（最高裁昭和31年12月28日判決、民集10巻12号1639頁）が私人間において、いわゆる「客観的に固有するもの」であり、「当事者の合意によって変更処分し得ないもの」との判断が採用されて、これまで境界立会いや登記においても、その意識の下に推移してきたようにも思われる。

　さらに、かつての実務において、それまで境界は、暗黙裏に自分の土地の境であるから測量をする前に立会いをなし、隣接者同士の了解の下に境界杭を設置し、その局所的な範囲のみを測量し、確定してきた時代が長く続いてきたようにも思う。正に当事者の意思、すなわち所有権界の確認として明治の地租改正作業からの一貫した流れであった。それはそれで時代がもたらした結果であろう。しかし、いまだこのような取扱いが、現代の地籍調査事業等においても採用されているとしたら大いに問題がある。

　現在、学術的立場から境界理論の峻別については、田中淳子「境界紛争と境界概念をめぐる諸問題」（愛知学院大学法学部「法学論集」第5巻263頁以下、2016年）に端的にまとめられているものの「土地の境界法制をめぐる議論は錯綜している」としている。

　一方、全般的な境界の実務理論については、寶金敏明『改訂版　境界の理論と実務』（日本加除出版、2018年）をもって精査され、およそ確立した感がある。しかし、境界に携わる実務者（土地家屋調査士等）からこれまで境界の実態（事例）を表現してきたことはあっても、境界の歴史、公図の歴史を踏まえた上で境界理論との一致において、今ひとつ精査・検証されてこなかったようなもどかしさも感じてきた。

その意味で、日本全国の地籍、地図作成の実態を丹念に調べられた佐藤甚次郎『明治期作成の地籍図』（古今書院）の記録にもう一度深く学び、実務に当たる必要があるように思う。

　そこで、本書は実務を踏まえ、それらの歴史的な取扱いを再確認しながら、弁護士と共により境界理論との一致を見つけ出したいとの思いから記したものである。

　また、さらに第10章では、直接境界の検証に触れるものではないが、実は境界確定の実務において大きく左右する関係者の心の問題にも光を当ててみた。もちろん専門家ではないところの検証は十分なものではないが、少しそのことも考えておかなければと思う。

　よって、筆者らの独断・独善的な判断があるかもしれないが、読者の皆さまの善意を持ってお読みいただければ幸いである。

　さて、本書の執筆に当たっては、関係官公署並びに、日本土地家屋調査士会連合会、愛知県土地家屋調査士会のご理解、大星正嗣先生からの資料提供、そしてこれまでに関わった土地家屋調査士諸兄のご助言に対し、改めてお礼を申し上げたい。

　そして何よりも、新日本法規出版の皿池史明氏には早くからご指導いただいたにもかかわらず、ご迷惑のかけ放題で、感謝の念に堪えない。ありがとうございました。

令和元年11月

執筆者を代表して　江　口　　　滋

執筆者紹介

江 口　　滋（えぐち　しげる）

昭和27年　愛知県に生まれる

平成元年　土地家屋調査士登録（愛知県土地家屋調査士会所属）

平成 9年　愛知県土地家屋調査士会筆界鑑定・管理委員会委員長

平成14年　あいち境界問題相談センター委員長

平成17年　愛知県土地家屋調査士会副会長

現　　在　愛知県土地家屋調査士会研究所所長

　　　　　名古屋法務局筆界調査委員

岸 田 庄 司（きしだ　しょうじ）

昭和37年　愛知県に生まれる

平成 4年　土地家屋調査士登録（愛知県土地家屋調査士会所属）

　　　　　行政書士登録（愛知県行政書士会所属）

平成18年　名古屋法務局筆界調査委員

現　　在　愛知県土地家屋調査士会副会長

秋 保 賢 一（あきほ　けんいち）

昭和28年　東京都に生まれる

昭和58年　東京地方検察庁検事

昭和61年　名古屋法務局訟務部付検事

平成 2年　弁護士登録（岐阜県弁護士会所属）

現　　在　岐阜県土地家屋調査士会顧問弁護士

　　　　　岐阜県公共嘱託登記土地家屋調査士協会顧問弁護士

　　　　　岐阜地方法務局筆界調査委員

略　語　表

<法令の表記>

　根拠となる法令の略記例及び略語は次のとおりである。

　不動産登記法第131条第2項第1号＝不登131②一

不登	不動産登記法
民	民法
区分所有	建物の区分所有等に関する法律

<判例の表記>

　根拠となる判例の略記例及び出典の略称は次のとおりである。

　最高裁判所平成18年2月21日判決、最高裁判所民事判例集60巻2号508頁

　　＝最判平18・2・21民集60・2・508

判時	判例時報	新聞	法律新聞
判タ	判例タイムズ	判自	判例地方自治
下民	下級裁判所民事裁判例集	民集	最高裁判所（大審院）民事判例集
金法	金融法務事情		
裁判集民	最高裁判所裁判集民事	民録	大審院民事判決録
訟月	訟務月報		

参考文献一覧

編・著者名	書・論文名	出版社名	略　　称
秋保賢一・小林晃・野田満・三浦仁・山田一博	官民境界確定の実務－Ｑ＆Ａと事例解説－	新日本法規出版	
秋保賢一監修、馬渕良一著	土地境界紛争処理のための取得時効制度概説　土地家屋調査士の立場から	日本加除出版	取得時効
新井克美	公図と境界	テイハン	
石川和雄	官民境界確定訴訟における実務上の諸問題（法務研究報告書第77集第5号）	法務総合研究所	実務上の諸問題
岡田裕子	難しい依頼者と出会った法律家へ　パーソナリティ障害の理解と支援	日本加除出版	
小川洋子	博士の愛した数式	新潮文庫	
加藤雅信	「所有権」の誕生	三省堂	
金子宏・新堂幸司・平井宜雄	法律学小辞典　第3版	有斐閣	法律学小辞典
川島武宜	注釈民法(7)物権(2)	有斐閣	注釈民法(7)
川島武宜・川井健	新版注釈民法(7)物権(2)	有斐閣	新版注釈民法(7)
境界立会実務研究会	道路・水路をめぐる境界立会い－実務と課題－	新日本法規出版	
ぎょうせい	長狭物維持・管理の手引		
桑原公徳	地籍図	學生社	
佐藤甚次郎	明治期作成の地籍図	古今書院	明治地籍図
島津俊之	明治前期の地籍編製事業について（鑑定人養成講座研修録Ⅱ）		
白川静	文字遊心	平凡社	
首藤重幸	公物をめぐる近時の諸問題－公共施設の登記を中心として－（早稲田法学92巻2号）		
田中淳子	境界紛争と境界概念をめぐる諸問題（愛知学院大学法学部「法学論集」第5巻）		
友次英樹	増補版　土地台帳の沿革と読み方	日本加除出版	
中村隆・中込敏久監修、荒堀稔穂編集代表	新版　Ｑ＆Ａ表示に関する登記の実務　第2巻	日本加除出版	表示登記実務
新谷正夫・川島一郎	改訂　土地家屋台帳法解説（復刊）	テイハン	
房村精一	筆界特定制度10年の歩みと未来への提言（筆界特定制度創設10周年記念講演会）		
藤原勇喜	公図の研究〔5訂版〕	朝陽会	公図の研究
寳金敏明	改訂版　境界の理論と実務	日本加除出版	理論と実務
寳金敏明	4訂　里道・水路・海浜－長狭物の所有と管理－	ぎょうせい	
寳金敏明・右近一男編著、西田寛・河原光男・西尾光人	山林の境界と所有　資料の読み方から境界判定の手法まで	日本加除出版	

編・著者名	書・論文名	出版社名	略　称
北條政郎・伊藤暢康・江口滋・名倉勇一郎	改訂版　境界確認・鑑定の手引－鑑定事例と裁判事例－	新日本法規出版	鑑定の手引
宮崎文康・塚田佳代	筆界特定を行った事案についての裁判例の動向（登記情報657号）	金融財政事情研究会	筆界特定判例動向
森松萬英著、司法研修所編	境界確定事件に関する研究（復刻版）	法曹会	
吉野衛	注釈不動産登記法総論	きんざい	
我妻榮	物権法（民法講義Ⅱ）	岩波書店	物権法
日本土地家屋調査士会連合会	土地境界基本実務Ⅱ・Ⅳ 土地境界基本実務（続）境界鑑定Ⅴ		
日本土地家屋調査士会連合会	表示に関する登記・土地家屋調査士関係　先例・判例要旨集		
建設省財産管理研究会	公共用財産管理の手引　第2次改訂版	ぎょうせい	公共用財産管理
建設省財産管理研究会	公共用財産管理の手引　判例編	ぎょうせい	
愛知県土地家屋調査士会	あいちの地籍（明治前期）		あいちの地籍
愛知県公文書館	愛知県公文書館だより第10号		
大阪地方裁判所民事訴訟実務検討委員会計画審理検討小委員会	訴訟類型に着目した訴訟運営（判例タイムズ1077号）	判例タイムズ社	訴訟運営
大阪地方裁判所計画審理検討小委員会	訴訟類型に着目した訴訟運営(2)（判例タイムズ1117号）	判例タイムズ社	訴訟運営(2)
日本アンガーマネジメント協会監修、篠真希・長縄史子著	イラスト版子どものアンガーマネジメント　怒りをコントロールする43のスキル	合同出版	
民事法務研究所	登記所備付け公図の沿革（全国の概要と中国地方）	民事法務協会	

体 系 目 次

目　次

第1章　境界について

第2章　境界の誕生(歴史的考察)

第3章　公図・地図の実態と評価

第4章　境界立会いと承諾から見た境界

第5章　境界の見方の反省

第6章　境界確定の手法

第7章　境界確認　三つの時代区分(境界確定に当たって)

第8章　もう一つの境界確認(官有地道水路)

第9章　地籍調査と公図・地図

第10章　境界確定もう一つのメカニズム

索　引

巻頭資料1　地籍編製の成果が加わった改租図の例（114頁参照）

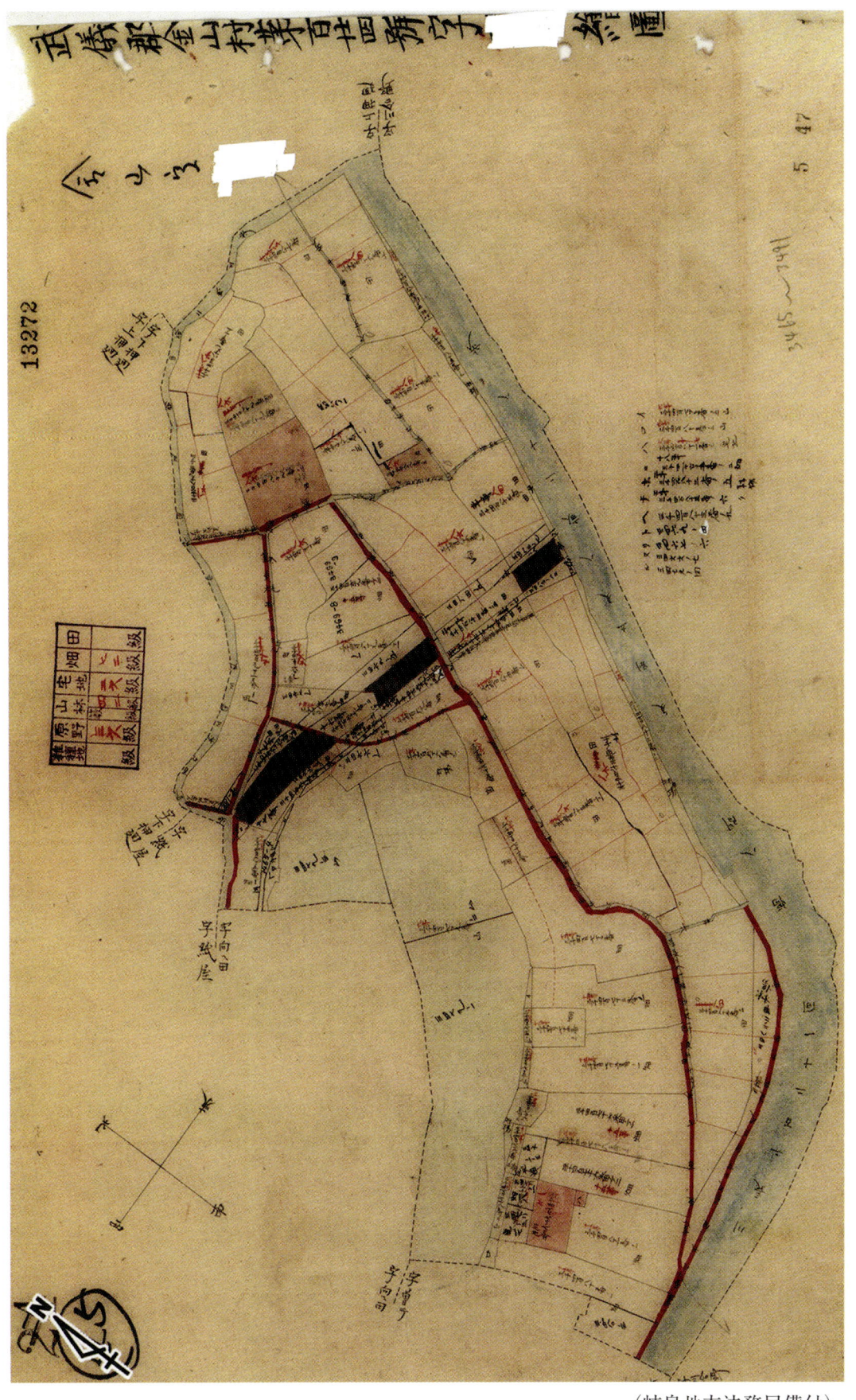

（岐阜地方法務局備付）

| 巻頭資料2-1 | 比較的精度の良い地籍図の例（110頁参照） |

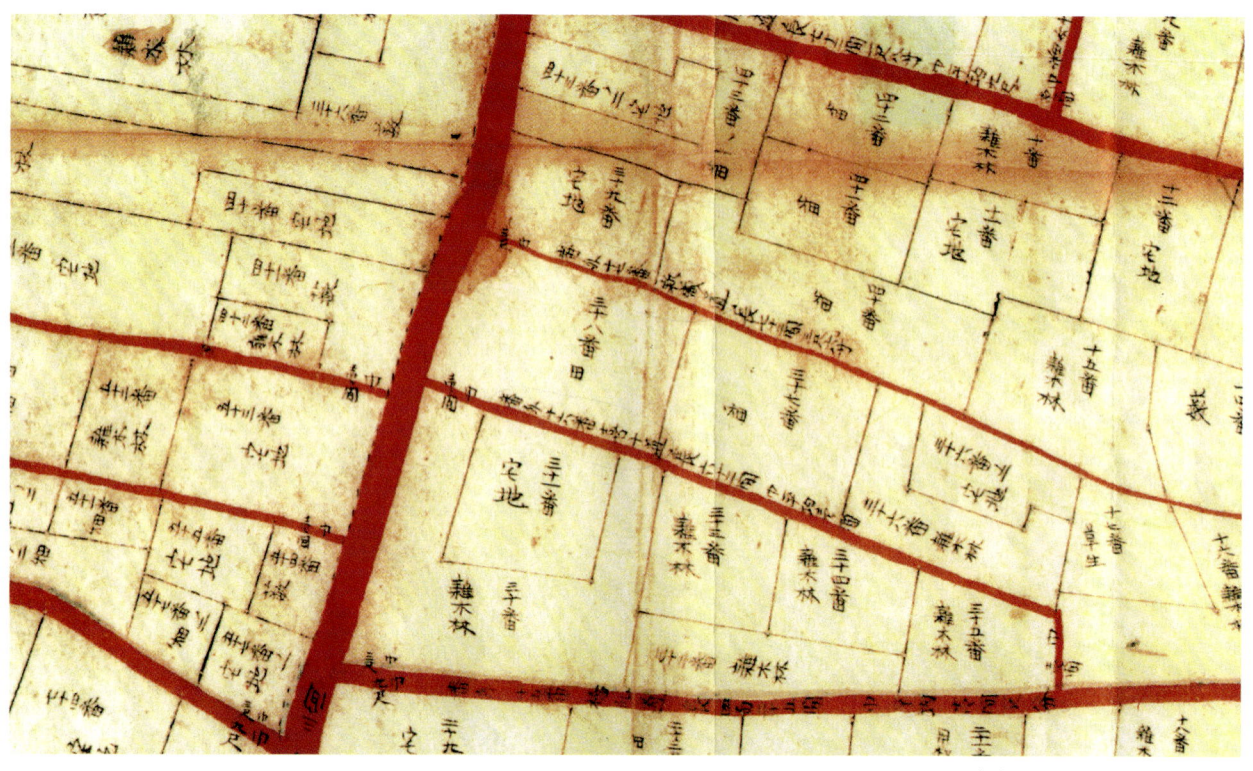

（愛知県公文書館所蔵）

| 巻頭資料2-2 | 和紙公図（更正図）の例（111頁参照） |

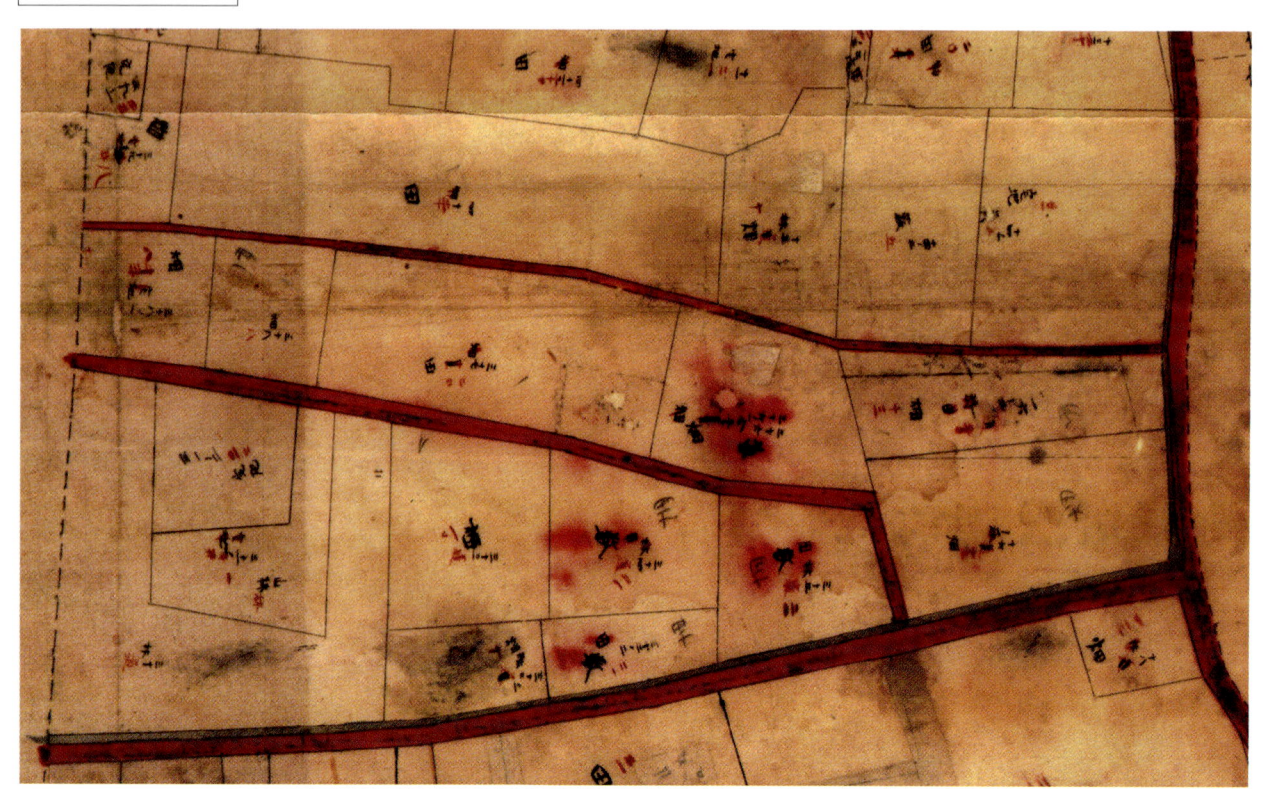

（名古屋法務局備付）

巻頭資料3-1　精度の悪い地籍図の例

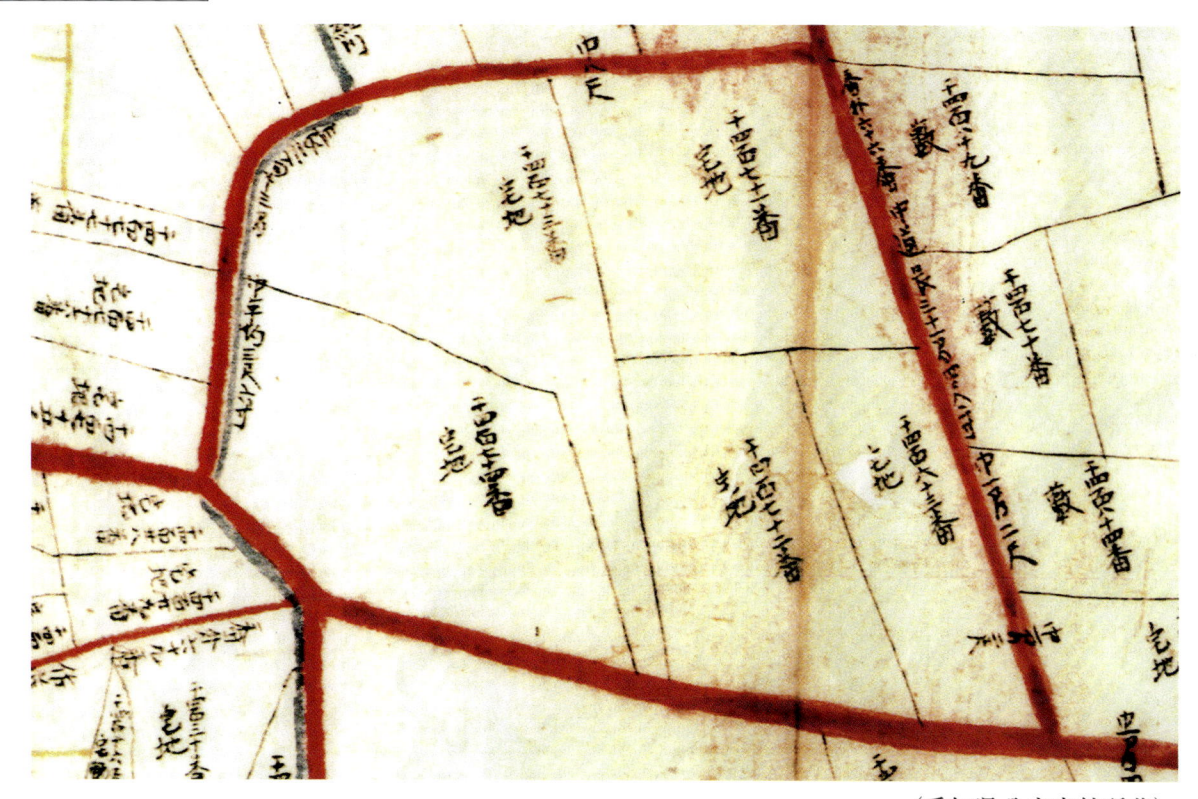

（愛知県公文書館所蔵）

巻頭資料3-2　更正図の例（243頁参照）

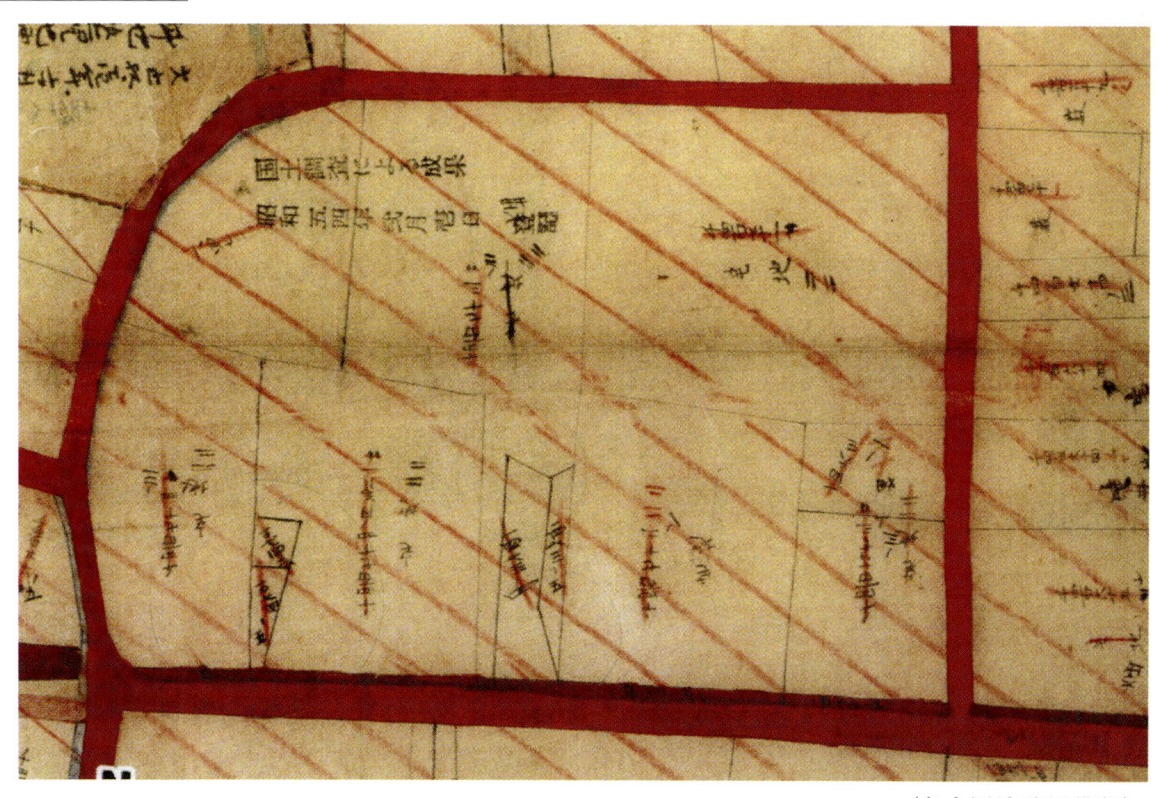

（名古屋法務局備付）

| 巻頭資料4 | 地籍図・地籍帳の所蔵範囲（愛知県の例）（108頁参照） |

愛知県公文書館の地籍図・地籍帳の所蔵範囲は、下記のとおり公表されている。

地籍図・地籍帳の所蔵範囲について

本館では、明治十七年から十八年にかけて作成された地籍図・地籍帳を県内全域にわたって所蔵しています。これは全国的にも珍しいことであり、日々大勢の方々に御活用いただいています。

とはいえ、失われてしまっている部分もあります。地籍図・地籍帳とともに伝わっている古い目録から、どの部分を所蔵していないのか調べたところ、下図のような結果が出ました。

地籍図・地籍帳とは

愛知県が明治十七年三月十七日付け乙第四十四号布達により県内の郡区役所・戸長役場に対し作成を命じたもので、本館で所蔵しているのは県庁へ提出された正本にあたります。

◎地籍図（地籍字分全図）

村界、字界、字名、一筆ごとの土地区画形状、地番、地目等が書き込まれた地図で、池川・堤・道路等は色分けされています。縮尺千二百分の一で、原則として一枚が一村が全図として一枚の和紙に描かれています。

◎地籍帳

小字名、地番、反別（面積）、地目、地価、地種等が記載されている和綴じの冊子です。

平成17年10月1日現在

地図上の市町村名と所蔵状況：

- 一宮市　旧丹羽郡　浅野羽根村
- 一宮市　旧中島郡　東加賀野井村
- 江南市　旧丹羽郡　両高屋村
- 江南市　旧丹羽郡　古知野村
- 犬山市　旧丹羽郡　稲置村
- 春日井市　旧東春日井郡　下条原新田、桜佐村
- 春日井市　旧東春日井郡　白山
- 清須市　旧西春日井郡　上河原村
- 瀬戸市　旧東春日井郡　中水野村
- 名古屋市北区　旧西春日井郡　大曽根村
- 名古屋市名東区　旧愛知郡　猪子石村
- 津島市　旧海東郡　椿市村、下切村、宇治村、神守村、光正寺村、蛭間村、牧野村、大木村、寺野村、葉苅村、青塚村
- 稲沢市　旧中島郡　拾町野村、馬飼村
- 名古屋市千種区　旧愛知郡　田代村、鍋屋上野村
- 名古屋市北区　旧西春日井郡　清水
- 名古屋市昭和区　旧愛知郡　廣路村
- 名古屋市中村区　旧愛知郡　則武村、牧野村、平野村
- 名古屋市昭和区　旧愛知郡　常磐村
- 名古屋市天白区　旧愛知郡　野並村
- 刈谷市　旧碧海郡　一ツ木村
- 豊田市　旧東加茂郡　神殿村
- 弥富町　旧海西郡　富島付新田
- 名古屋市瑞穂区　旧愛知郡　東熱田村
- 蒲郡市　旧宝飯郡　府相村
- 新城市　旧南設楽郡　杉平村
- 小坂井町　旧宝飯郡　伊奈村
- 安城市　旧碧海郡　姫小川村、東町村、桜井村、小川村、寺領村、木戸村、川島村、村高村
- 田原市　旧渥美郡　加治村
- 豊橋市　旧渥美郡　伊古部村、高塚村
- 豊橋市　旧宝飯郡　大村

凡例：
- ● 地籍帳なし
- ● 地籍図なし
- ● 地籍図・地籍帳ともになし
- □ 17年10月1日現在の市町村名

地籍図と地籍帳はもともと対になっているものですが、現在では一方は失われ一方は残っているという場合もあります。

● 地籍図があれば、当時の姿はある程度わかります。

● 地籍帳だけしかなくても、土地の価格や土地の様子（住宅密集地か、田畑か、森林か等）をうかがい知ることはできます。

● 残念ながら両方失われている場合もあります。上の図によると、現在の津島市と安城市に欠落部分が集中していることがわかります。

これらの部分以外は、ほぼ両方とも所蔵していると思われます。そのうち地籍図については、地元に控図が残されていることが判明し、複製を作らせていただいて補充したものも含まれています。

ただし上の図は目録の情報に基づいたものであり、実際すべての地籍図二千四百九十九枚をジグソーパズルのようにつなげて一枚の愛知県地図にし、地籍帳の有無を字（あざ）ごとに二千四百二十四冊調べていけば、ない部分が他にも見つかるかも知れません。

これらが失われた時期や原因は不明です。当時の愛知県の姿を知ることのできる地籍図・地籍帳に欠落があるのは残念なことです。残されているものを県民共有の歴史的財産として、末永く大切にしたいと考えています。

（「愛知県公文書館だより」第10号）

第 1 章

境界について

6

第1　境界を論じる前に

1　公図の性格の変化

旧土地台帳附属地図（以下「公図」という。）は、あくまでも地租徴収のための附属図面であったが、昭和25年の税制改正により登記所（法務局）に移管されたことから、権利の客体を表す図面として位置付けられた。しかし、その位置付けが一変したにもかかわらず、公図そのものは全く何も変わっていない。そのことが現在の境界紛争や、境界問題を発生させている大きな要因の一つであるように思う。

2　公図を扱う人の意識の変化

昭和25年に法務局（登記所）へ移管される前の公図は、地租徴収のための図面ということから、それまでこの公図を持って境界紛争が論じられることはあまりなかったように思われる。しかし、法務局に備え付けられたことにより権利（所有権）の客体を表す図面と位置付けされたが、それまでの公図の作成経緯や、作成の精度から見れば、公図は租税徴収のための附属図面とする概略図にすぎなかった[1]。そのことは旧土地台帳附属地図等を中心とする「地図に準ずる図面」の下段にも明記されている。また各県、各地域によってその公図は改租図であったり更正図であったりとまちまちであり、なおかつ一つ一つの字図の作成精度も違う。それにもかかわらず、その管理管轄が税務署から法務局に移っただけで、境界を表す図面として公図を見る人、土地を扱う人の意識（見方）を大きく変化させてきたように思う。特に高度成長と共に不動産景気に沸くこととなる昭和30年代後半からは、人々の欲望とも相まって境界が論じられ、そして公図が正に紛争の火種となって裁判の表舞台に駆り出された状況にもなったのではないだろうか。

以上のことから、いわば＜公図は過去より善良であった＞ものの、極端な話、行政の不作為が招いたといえなくもない。

[1]　公図の研究19頁以下参照

3　判例数の推移

日本土地家屋調査士会連合会では平成12年に『表示に関する登記・土地家屋調査士関係　先例・判例要旨集』を出している。残念ながら少し古いので平成時代は参考にならないが、その判例索引から時代的に境界にまつわる判例数のみの推移を見ていくと、以下のとおりである。

時代区分	元　号	期　　間		判例数
大審院時代	明　治	明治29年〜45年	17年間	32

	大　正	大正元年～15年	15年間	90
	昭　和	昭和元年～9年	9年間	62
	〃	昭和10年～14年	5年間	33
	〃	昭和15年～19年	5年間	15
最高裁時代	〃	昭和20年～24年	5年間	3
	〃	昭和25年～29年	5年間	19
	〃	昭和30年～34年	5年間	43
	〃	昭和35年～39年	5年間	63
	〃	昭和40年～44年	5年間	46
	〃	昭和45年～49年	5年間	49
	〃	昭和50年～54年	5年間	39
	〃	昭和55年～59年	5年間	62
	昭和・平成	昭和60年～平成元年	5年間	45
	平　成	平成2年～6年	5年間	14
	〃	平成7年～9年	3年間	4

　また参考として、『改訂版　境界の理論と実務』627頁以下の判例索引に取り上げられた関係判例数をみると、以下のとおりになる。

	元　号	期　　間		判例数
大審院時代	明　治	明治34年～45年	12年間	4
	大　正	大正元年～15年	15年間	12
	昭　和	昭和元年～9年	9年間	3
	〃	昭和10年～14年	5年間	2
	〃	昭和15年～19年	5年間	1
最高裁時代	〃	昭和20年～24年	5年間	1
	〃	昭和25年～29年	5年間	4

昭和	昭和30年〜34年	5年間	17
〃	昭和35年〜39年	5年間	33
〃	昭和40年〜44年	5年間	30
〃	昭和45年〜49年	5年間	33
〃	昭和50年〜54年	5年間	40
〃	昭和55年〜59年	5年間	53
昭和・平成	昭和60年〜平成元年	5年間	52
平　成	平成2年〜6年	5年間	36
〃	平成7年〜11年	5年間	46
〃	平成12年〜16年	5年間	11
〃	平成17年〜21年	5年間	6
〃	平成22年〜26年	5年間	17
〃	平成27年〜29年	3年間	10

　判例の詳細までは分からないが、この事件数を特色的に見ると、大審院時代（明治、大正、昭和の戦前、戦中）はまだそれ程不動産が経済取引の中心ではなかったこと、公図が権利の客体を表す図面ではなかったことなどから、土地の境界に対する意識は低かったものと思われる。

　それでも大正デモクラシーと呼ばれる平和な時代は少し増えている。そして、昭和の時代に入ると外に向かっての時代、すなわち戦争の時代であり、当然境界訴訟は極端に減っている。

　戦後の最高裁時代となるとこれも当然ではあるが国内の混乱期にあり、住む所の問題はあったとしても、境界どころではない。しかし都市部の境界が不明になっている所も多くなっていたことから、境界紛争の火種は存在していたのであろう。

　昭和25年以降を見ると、国内状況や国民の生活も安定しかけてきたこと、公図が登記所に移管されたことから、公図が権利の客体を表す図面としての位置付けとなったことで、徐々にではあるが境界にまつわる問題が表出しかけた時代ではなかろうか。

　昭和35年以降は高度経済成長の時代となり、不動産取引の活発化と、土地台帳と登記簿の一元化により公図と登記簿が一体化されたことか

ら、土地に関与する人たちの公図への意識が高まっていく時代となったものの、登記簿地積のままの売買（いわゆる「登記簿売買」）が中心の時代であり、公図はあくまでも参考図面の位置付けにすぎず、むしろ現況を重視した売買であったと思われる。

また、その後の不動産景気からバブルと呼ばれる時代も同様の時代であり、登記簿売買が長く続いた。ゆえに、直接境界の問題というよりも権利としての問題が多いのかもしれない。そして、バブル崩壊以降、境界訴訟件数は減少しているように見えるが、そこに筆界特定制度が加わることとなるのである。

それにしても、昭和50年代前半までの分筆時の公図への書入れは後掲するが※2、時代を反映して官公署を中心に机上分筆の申請もかなり多かったことなどから、公図の質を落としたことは間違いないであろう。

※2　第2章第3「分筆申告図と境界」参照

そして現在は、不動産への意識の反省を含め権利の客体たる不動産自体の本質が問われ、また相隣者間の問題として境界が問われる時代となっているのではないだろうか。

4　一つの判例と公図

最判昭31・12・28民集10・12・1639における「かかる境界は……客観的に固有するものというべく、当事者の合意によって変更処分し得ないものであって、……」とする意味は、そもそも筆界の概念を表しているのか。また、当事者の合意で左右することのできない境界というのは公図の境界線のことを言っているのか、現地における境界線のことを言っているのかということが、これまでの実務を通して考えてみると何か判然としない。

また、地租改正以後の「改租図」「地籍図」「更正図」※3の作成に至る歴史的検証を踏まえると、少なくとも一筆の固有の境界（現地における正確な境界）自体はこれらの公図には現れていないのではないかという疑問がわく。このことは、日頃の業務における疑問とも一致する。では現地における境界線の確認は、各筆界点に境界標等何らかの境界を明示するものがあれば別であるが、単に構造物だけであれば、その端であるのか、その構造物からどれだけ離れているのかという確認行為となるわけで、これも非常に不安定的要素の中での作業となる。

※3　「壬申地券地引絵図」を含めて4種の公図とする場合もあるが、団子絵図的であることから本書においては除外する。

少なくとも実務において、特に既存数値のない公図地域においては＜範囲の幅＞があり、互いの合意に基づいて決めざるを得ない実状があることから、＜許される範囲の幅＞がある※4。

※4　幅があるからこその立会いという確認作業ともいえる。

今後も、この＜許される範囲の幅＞すなわち、筆界が存する範囲を推定、特定していくことが、境界の専門家に求められる命題であり、作業であろう。

5　公図と地積測量図

　現在、測量機器の発達から測量方法は大きく変化した。また、求積の方法が座標をもって計算されることとなったことから、境界・筆界は非常に安定化している。しかし、このことが不動産バブル崩壊後であったことは、ある意味皮肉なことであり悔やまれる。そして「地図に準ずる図面」(不動産登記法14条4項に規定する図面)※5、いわゆる「公図」からようやく本来の正確な「地図」(不動産登記法14条1項に規定する図面)の作成となって法務局に備え置かれる状況は、法務行政にとっても、国民にとっても非常に望ましいものとなってきている。

　しかし公的事業によって数値(座標)地図となったからには、その前提条件として数値の開示がなされていることと、それぞれの各筆が地積測量図として備え置かれることが地図と現地との一体性の中において安定し、その目的と費用対効果としても将来にわたって有効に作用するものである。

※5　平成5年の不動産登記法改正により「地図に準ずる図面」と位置付けされる。
　また平成16年の不動産登記法の大改正からは、それまで同法17条に位置付けされていた地図として同法14条1項の地図としての規定となった。

第2　境　界

1　境界とは何か

(1)　所有権界と筆界※6

　ここでは、これまで言われてきた二つの境界の立ち位置のみを確認しておきたい。

$\Big\{$ 私法上の境界＝所有権界等…民法を棲家とする境界
公法上の境界＝筆界…………不動産登記法を棲家とする境界

※6　理論と実務参照。なお、明治地籍図139頁において「『筆』は江戸時代から使用され『地方凡例録』にも『一筆限ト唱ル事』(巻2)の解説があるが」と記されている。

<境界が相違した場合の例図>

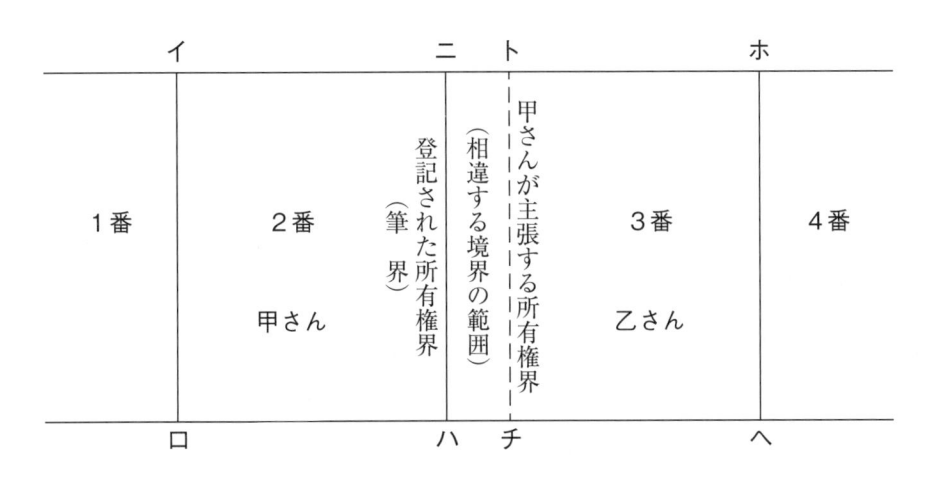

	イ		ニ　ト		ホ	
1番	2番　甲さん	登記された所有権界(筆界)	(相違する境界の範囲)	甲さんが主張する所有権界	3番　乙さん	4番
ロ			ハ　チ		ヘ	

　所有権界は現地における現時点のもの、筆界は原始的なもの。本来こ

の二つは境界として現地において一致すべきことが望ましいが、上記図面のように相違した時点で別のものとしての取扱いとなる※7。

※7　境界が相違して問題化した時の解決方法は251頁参照

(2)　「境」という意味※8

※8　鑑定の手引3頁、文字遊心参照

「境界の『境』という文字は支配地の果てを表し、『界』は田界を表す。現代語化前の民法（平成17年4月改正法施行前）では『疆界』とされていたが、この『疆』の字も田界を表す※9。平安期末の漢和辞典、類聚名義抄（るいじゅみょうぎしょう）でも『サカヒ』と訓する字に『界・堺・疆・関・境・邊』などがあり、田界、関所・辺境の意味をもつ。文字一つとってみても、所有あるいは支配関係が興味深く推察される。」

※9　「疆」の字は改正前民法209条・229条の条文中にある表記でもある。

(3)　旧民法（明治29年法律第89号）における境界関係条文

以下、左記アンダーラインは筆者が記す。

> 第3款　経　界
> 第239条　凡ソ相隣者ハ地方ノ慣習ニ従ヒ樹石杭杙※10ノ如キ標示物ヲ以テ其連接シタル所有地ノ界限ヲ定メント互ニ強要スルコトヲ得

※10　「杙」の字は「杭」のことであり、読みは「くい」

意訳【一般的に相隣者は地方の慣習に従って、樹木・石杭・杭等の標示物をもってその接する所有地の境界を協議し定めるため、互いに強要することができる。】

> 第242条　経界ハ界限ノ確定セサルトキ又ハ争論アルトキハ所有権ノ証書ニ記載シタル坪数及ヒ界限ニ従ヒテ之ヲ為ス※11其証書ナキトキハ之ニ代フルニ足ル他ノ証拠又ハ書類ニ依リテ之ヲ為ス
> 所有権ニ付キ争論アルトキハ先ツ其裁判ヲ受クルコト※12ヲ要ス

※11　左記アンダーラインの表現から、明らかに境界は所有権界としての成り立ちである。
※12　現在の所有権確認訴訟の位置付け

意訳【境界を確定できないとき又は争いがあるときは、所有権の証書に記載した坪数及び界限に従う。証書がないときはこれに代わるべき他の証拠又は書類によって協議する。所有権につき争いがあるときは、まずその裁判を受けなければならない。】

> 第244条　樹石杭杙ノ代価其設置ノ費用及ヒ証書並ニ訴訟ノ費用ハ相隣者平分シテ之ヲ負担ス※13然レトモ判決ニ因リテ不当ト為リタル争論ノミニ関スル訴訟費用ハ敗訴者之ヲ負担ス
> 測量費用ハ当事者其土地ノ広狭ニ応シテ之ヲ分担ス

※13　現民法223条（境界標の設置）、224条（境界標の設置及び保存の費用）へと引き継がれる。

意訳【樹木・石杭・杭等の材料費とその設置及び証書並びに訴訟の費用は、相隣者が平分してこれを負担する。しかし、判決で不当とされた争論のみに関する訴訟費用は敗訴者が負担する。測量費用は当事者が所有する土地の広狭に応じて分担する。】

（4）　現民法（平成16年法律第147号による改正後）における境界関係
　　条文

第2款　相隣関係

（境界標の設置）

第223条　土地の所有者は、隣地の所有者と共同の費用で、境界標を設け
　　ることができる※14。

（境界標の設置及び保存の費用）

第224条　境界標の設置及び保存の費用は、相隣者が等しい割合で負担
　　する。ただし、測量の費用は、その土地の広狭に応じて分担する※15。

（境界標等の共有の推定）

第229条　境界線上に設けた境界標、囲障、障壁、溝及び堀は、相隣者の
　　共有に属するものと推定する。

※14　旧民法239条への対
　　応

※15　旧民法244条への対
　　応

土地家屋調査士の視点 1　　旧民法と現民法の素朴な疑問

　旧民法における239条を素直に読めば「隣接する土地の境を明らか
にするため、境界標を設置する必要がある。そのためには隣接地所有
者同士がお互いに立会いして決める権利がある。」として具体的かつ
明快である。そのことは「界標設置権」及び「立会請求権」として理
解できる。

　また旧民法244条では、境界標の設置及び境界訴訟の費用、また測量
の費用についても明記されている。

　そのことは、現民法の223条と224条において境界標の設置と保存の
費用、及び測量費用の負担割合を規定し、さらに229条においては境界
線上の境界標の共有の推定についても明記された。

　しかし、解釈するまでもなく現民法の223条と224条が旧民法の244
条を受けた文言であることは明らかであるが、旧民法239条の立会い
までも「強要」することを含んでいるとは読めない。

　では、なぜ明快な旧民法239条の条文が現民法に規定されなかった
のか。そのことを単純に考えてみると、それは、そもそも互いの所有
権の境は互いに話合いによって決めればよいことであり、あるいは、
経界とする境界の性質が公法上の境界の意味合いが強いことから、民
法によって規定すべきものではないという判断が働いたのだろうか。

　生活基盤上、また社会経済基盤上、一筆地を確定するための規定が
存在しないことは、日々境界に携わる者だけではなく、隣人同士の生
活において不都合なこととなっている。そして境界を決めるための境
界確認協議（立会い）に応ずる義務がないことによって、境界確定を

する前提の立会いに応じてもらえないことから、訴訟をせざるを得ないという状況、あるいは筆界特定を利用しなければならない状況があるとしたら正に本末転倒のように思う。

　境界確認においては、隣接者同士の立会いは不可欠であり、少なくとも「信義則」※16として当然のこととしながらも、人の気持ちに期待するという曖昧な解釈からしか立会いが望めないとしたら、これは民法の不備ではないだろうか。

　そこで現民法において、旧民法239条同様立会いを要請する権利と、立会いに応ずる義務を明記してもよいのではないかと考える。

> ※16　信義誠実の原則：一般に社会生活上一定の状況の下において相手方のもつであろう正当な期待にそうように一方の行為者が行動すること（法律学小辞典）

弁護士の視点1　旧民法は隣地所有者の立会義務を認めていたか

1　境界紛争における立会請求権

　分筆等の表示登記申請や売主として確定測量するような場合に、隣地所有者に立会いを求めても出てきてくれず、苦慮することがある。国有財産法や国土調査法、あるいは不動産登記法上（登記官が実地調査する場合）の協力義務は存在するが、いわゆる民民境界について隣地所有者の立会義務を認めた規定はないと言われてきた。

　後述するように信義則上の交渉義務を認めた裁判例はあるが、確かに相隣関係に関する民法の規定を探してみても隣地所有者の立会義務を認めた条文は見つからない。

2　旧民法は立会義務を認めていた？

　旧民法239条を素直に読むと「樹石杭杙ノ如キ標示物」（境界標）をもって「所有地ノ界限」（所有権界）を確定することを相隣地所有者に「強要スル」（請求する）ことができるとしているように読める。そこで、旧民法においては、隣地所有者に対し、所有権界それ自体の確定を求める権利、例えば、現地に立ち会うなどして境界について、協議し、確定することまで請求できるとしていたのではないか、との疑問が生じる。

　しかしながら、一般に旧民法の上記239条を承継し、これを若干修正して作られたものが現民法223条（境界標の設置）「土地の所有者は、隣地の所有者と共同の費用で、境界標を設けることができる。」であると解されているところ※17※18、同条の一般的な解釈としては、むしろ境界について現に争いがないか、若しくは裁判上確定していることを前提として、境界標の設置に協力するように請求する権利（「界標設置権」と呼ばれている。）を定めたものと解されている※19。

> ※17　注釈民法(7)355頁
> ※18　旧民法244条を見ると杭は折半で測量費用は土地の広狭によって分担するとなっているので、現民法224条が

3　現民法223条に関する裁判例

　裁判例の中には、「右義務（筆者注：界標の設置に協力する義務）は経界が確定している場合に発生するものであり、隣接土地の所有者の一方は本来他方に対しまず界標の設置に協力することを求め他方がこれに応じない場合に右義務の履行を訴求し得るものであるが、本件の如く経界そのものに争いがあるときは直ちに右義務の履行を訴求し得るものと解する。」としているものがある[20]。

　しかし、これは、境界確定訴訟と境界標の埋設請求訴訟が併合されていた事案であるところ、これを同時に訴求しても妨げないという趣旨であって（実際に境界確定と境界標の設置が同時に言い渡されている。）、境界に争いがある場合にも民法223条に基づいて、境界（所有権界）それ自体の確定を求めることができるとしているものではないと解される。

4　現民法223条が立会義務を認めていると解する余地は全くないのか

　上記2の現民法223条に関する通説的見解や上記3の裁判例に照らすと、結局、旧民法239条の解釈としても、あくまでも、境界について現に争いがないか、既に確定していることを前提として、境界標の設置を求める権利を定めたものと解するのが相当かと思われる。

　しかし、他方、仮に旧民法239条が立会義務を認めていて、現民法223条がこれを承継したのであるとすると、現民法223条もこれを認めていると解すべき余地はないのであろうか。そもそも共同の費用で境界標を設けるためには、隣地所有者同士が立ち会って協議することは当然の前提であり、現民法223条がそれを含んでいるようにも思われるからである。

5　現民法下における隣地所有者の立会義務の法的根拠

　上記4に述べたように私見では、現民法223条は、境界標を設置するために立会いを求める権利、さらには境界について協議を求める権利を含んでいるのではないかと考えているが、通説的見解による限り現民法223条を根拠として隣地所有者の境界立会義務（境界について協議をする義務も含む）を認めるのは困難かと思われる。

　そこで、現民法下で、隣地所有者に対し、現地に立ち会うなどして境界について、協議し、その確定を求める権利があるかということになる。

　この点について、裁判例[21]の中に「相隣関係における円満を保持するために相隣者間に紛争が生じた場合には互譲の精神に基づき社会共同生活の一員として右紛争の円満な解決に向けて真摯に交渉すべき義

これを承継したものと解される。

※19　注釈民法(7)356頁、物権法193頁

※20　東京地判昭39・3・17下民15・3・535

※21　大阪高判平10・1・30判時1651・89

務があると解するのが相当である。」としたものがあり、相隣者間において境界紛争を円満に解決すべき信義則上の義務の一態様として、境界立会を求める権利・義務関係を認める余地はあると考える。

　上記裁判例の趣旨に照らして、立会協議を求められた隣地所有者としては、何ら合理的な理由もないまま、一切これに応じないということは許されないということになると思われる。

6　対価を求める隣地所有者

　境界について立会協議を求めると、対価を求める隣地所有者がいる。

　しかし、民法223条、224条の趣旨及び上記裁判例に照らして、相隣者間において境界について立会協議をして、これを確定することは、相互の利益になることであるから、立会協議に応じる条件として金銭その他の対価を要求する権利があるとは認められない。

　ただし、例えば、遠方から飛行機に乗って来た場合のように、相隣者間において、客観的にみて受忍すべきと認められる限度を超える不利益を生じる場合には、旅費・日当等を支払うことが正に相隣者間における信義則の内容として期待されているのではなかろうか。

　この点について興味深い裁判例がある。大阪地判平9・8・27判タ967・161は、境界確認書への署名捺印に対するいわゆる判付料として交付した320万円について、境界確認ができなければ土地建物の買主に違約金を支払わなければならない窮状に付け込んで要求されたものであり、支払は暴利行為として公序良俗に反し無効である旨主張し、その返還を求めた事案であるが、裁判所は、相隣者間の過去の紛争の性質、内容、320万円を支払うまでの経緯等に照らし、「320万円という金額は、右謝礼の趣旨としてはもとより、被告が感情を害した右事情について謝罪し、よって右紛争を解決する趣旨を考慮しても著しく高額であって、その目的と対比すると権衡を失していると評価せざるを得ない。」として「本件和解金のうち、20万円を超える部分については、その支払の合理的根拠を見出し難く、公序良俗に反し無効であると解するのが相当である。」と判示した。

　裁判所は、ここで20万円分だけ認容していることになるが、もともと320万円の法的性質として、相隣者間の過去の紛争に関する和解金としてとらえているので、境界確認書に署名押印することの対価として20万円が相当であると認めているわけではない。本来、無償が原則であることに変わりはない。

　そうはいっても分筆や売買等のために境界立会いを求める側としては、菓子折を持って本人（土地家屋調査士だけが依頼に行ったことに対し、本人が来なかったという不満を表明されたことがある）が挨拶に行く等のご近所同士の一般的礼節は尽くすべきであり、その後の円滑な立会協議のために必要と思われる。

7　立会協議に応じてもらえない場合の実務的な解決の方法

　ということで現民法下では、上記5に挙げた裁判例に従って、相隣者間には、境界紛争の円満な解決に向けて真摯に交渉すべき信義則上の義務があるとして、立会いを求めるということになるが、内容証明郵便を出して請求しても応じてもらえない場合は、①筆界特定、②ADR、③民事調停、④訴訟という選択肢の中から方針を決めなければならない[22]。

　①筆界特定は、お金も時間もかかることになるし、④の訴訟についてはそもそも交渉自体に応じてくれないと一体何が争点なのかも分からないし、やはりお金と時間がかかることになる。②ADRはお金も時間もあまりかからないが、ADRに応じるべき法的な義務がなく、不応諾で終わってしまう可能性が高い。

　そうすると最後の選択肢としては、③民事調停ということになる。一応、民事調停の場合は、正当な理由なく出頭しないと過料の制裁を受ける場合がある旨呼出状に注意書きがあることもあって（裁判所で聞いたところ、実際に過料になった人もいるらしい）、出頭してくる可能性が高いからである。出てきてくれさえすれば、なぜ、交渉や立会いに応じないのか理由も分かるし、解決の糸口が見つかるからである。

　筆者の経験では、依頼を受けた土地家屋調査士が何回か、協力を求めたものの全く応じてくれなかったので、やむを得ず民事調停の申立てをしたところ出頭され、なぜ、協力を拒んだのかの理由も判明し（実はささいなことであった）、2回目の調停期日は現地調停として成立に至ったことがある。

[22]　立会請求の選択肢

2　境界の種類

(1)　所有権の界限としての「所有権界」

ア　所有権の概念

　『「所有権」の誕生』169頁では、「基本的に、現行法体制における所有権概念は、土地に対する労務投下等によって発展してきた農業社会に典型的にみられる権利保護の必要性を基礎に発展してきたものであるということはできるであろう。これは近代文明の発生が基本的には農耕社会に起源をもつことの反映というべきであろう。」と言っている。

イ　所有権界とは

・所有権の界限[23]と他の所有権の界限がぶつかり合う境
・成立時点……土地所有権の創設時と土地分割時（一部譲渡）

　　　　　　　　　↓

・登記した時「筆界」となる。

[23]　「界限」という表現は前記1 (3)旧民法239条（経界）の条文中表現による。

・ゆえに、同一所有地間における筆界では、ぶつかり合う性質の所有権界はないこととなる[24]。

ウ　所有権の公証と境界の時代考察

江戸時代までは支配権ないし所持権の境であり、また藩主から耕作地として賜る拝領地の境であった。明治元年下記太政官布告を起源とする所有権が与えられたことにより、売買の対象となり、その土地の境は所有権の境として存在することになった。ゆえに本書で取り扱う境界は明治以降を対象としている[25]。

① 明治元年12月18日太政官布告第1096号

> 拝領地并ニ社寺地等ノ除地[26]ノ外、村々ノ地面ハ都テ百姓持ノ地タルヘク、然ル上ハ身分違ノ面々ニシテ買取候節ハ……

意訳【屋敷地並びに神社や寺の土地は除いて、村々の土地は全て百姓の所有とする。その上で身分の違う者同士が買い取った場合は……】

② 明治4年正月5日太政官布告第4号

> ……土地人民私有ノ姿ニ相成……[27]

③ 明治5年正月欠日大蔵省租税寮ヨリ各府県へ無号達「壬申地券」

> ……今度田畑売買差許地券発行ノ儀……[28]

④ 明治6年10月4日租税寮改正局日報第44号「地租改正ニ付人民心得書」

> 第6条
> 一　実地歩数ヲ定ルニハ先ツ村役員立会銘、持地ニ畝杭[29]ヲ建置キ然ル後ニ隣田畑持主共申合耕地へ臨ミ経界ヲ正シ[30]銘、限リ持地有ノ儘ノ形ヲ書キ入歩出歩等見計ヒ屈曲ヲ平均シテ縦何間横何間ト間数ヲ量リ其間数ニ応シ坪詰イタシ一筆毎右之通取調村役人へ差出シ[31]役オイテハ右絵図ヲ以尚又実地ニ臨ミ其地并隣地持主再ヒ為ル立会歩数ヲ改メ相違無之上ハ畝杭へ更正之反別ヲ認メ此絵図ヲ元ニシテ第五条ノ字限地図ヲ仕立可申事[32]　但持主……

（右の出典：国税庁ホームページ「畝杭」）

意訳【面積を決めるには村役員立会いのもと、所有者が各土地に畝杭を建て隣地所有者と立会いし、境界確認の上、一筆地形状図を書き、入ったところ、出たところの屈曲を平均し、縦横の間数を測り、それぞれ面積を出し、一筆ごとに役人に差し出す。役人は求積図により実地調査を

[24] 一物一権主義とすれば、所有権界はあると考えることもできる。

[25] 所有権界の起源

[26] 除地（じょち、よけち、のぞきち）：年貢を免除された土地のうち、朱印地・黒印地を除いたもの

[27] 土地は人民の所有と告げる。

[28] いわゆる「壬申地券」として所有権の公証

[29] 畝杭：土地一筆ごとの実地調査に当たり、所在、地番、地目、面積、所有者を記した標杭

[30] 地租改正においては関係者と立会いを実施し境界を確認した。

[31] 求積上、平均した上で丈量し、求積図（十字器竿入図、三斜丈量図）により面積を決めていた（21頁の絵図参照）。

[32] 所有権界線の起源であり後の原始筆界線の起源でもある。更に一筆地地形図を合わせて字限図を作成した。

して隣地所有者同士を再立会させ、正しい面積を畆杭に記載して、またこの絵図を元にして第5条の字限地図を作成すること※33】

⑤　字図の作成方法　栃木県「地租改正ニ付人民心得書」

※33　明治15年2月大蔵省「地租改正報告」竿入図、丈量図（21頁）参照

> 第1章　地引絵図編製之事
> 　第1条　地引絵図ヲ製スルニハ役人立会、左ノ雛形ノ通リ銘々持地ニ畆杭ヲ建（畆杭ハ現地ノ種類ト番号ト持主名面積トヲ可書、尤モ官有地モ其旨記載畆杭建置可申事）、隣地持主申合経界正シ置、木製新測量機※34ヲ以テ毎地有形ノ通リ及ビ道敷溝渠共図シ、西ノ内壱枚ヅツノ切絵図（西ノ内切絵図ハ一枚毎ニ東西南北並ニ番号ヲ記シ、耕地ノ順ニ随ヒ綴本ニ可致事）及ビ一村総絵図ト二タ通出来可申事。
> 　　但、本文木製新測量機ハ毎大区※35ヘ一ツ宛貸下ゲ官員出張村々用掛及ビ改正事務担当ノ者ヘ測量方教示致シ候事。
> 　　畆杭雛形　丸木　長地上三尺（畆杭雛形の図は省略）
> 　第2条　毎日野場ニテ図スル所ノ切絵図ハ当日ノ分紛乱無之様其夜必ズ一ト纏メニ編製可致、且一村総絵図ノ儀字境ヘハ朱飛点ヲ以区分シ、図面宅地田畑共彩色ヲ用スルニ不及、反別持主ヲ書入レズ只毎地ノ番号ノミヲ書シ、官有地道敷溝渠ノミ色分ケ可致事。

※34　「木製新測量機」とは平板測量機器をいう。早くに使用されたところでは改租図の精度が良い。
※35　大区とは明治時代に府県の下に置いた地方制度で、現在の郡のようなもの。その下には小区がある。

意訳【第1条　地引絵図の作成は役人が立ち会い、雛形のとおり各所有地に畆杭を設置し、（地目・地番・所有者・地籍を記載する。もっとも官有地もその旨を記載して畆杭を設置する）協議の上境界を定め木製の新測量機で導水路を含めた一筆ごとの地形を描画し、一枚ごとの切絵図（切絵図は方位と番号を記載して耕作地の順番に綴りこむこと）及び一村総絵図の二種類を作成すること。ただし木製の新測量機は大区ごとに貸し出し、官員が改正事務担当者に測量方法等を教えること。

　第2条　毎日現地で作成する切絵図はその日に整理し一つに編成すること。また一村総絵図の字境は朱色の点線で記載し、宅地・田・畑は図面に着色せず、面積・所有者も記載せず地番だけを記入し、官有地と道水路のみ色分けすること。】

≪コメント≫

　一筆図、字限図の作成について『明治期作成の地籍図』249頁に以下のような記述がある。

　　「一筆図は、前述のように各筆の地所の地形（輪郭）と縦横の間数が記入され」、「『府県改租紀要』栃木県の項でも『毎地実測ヲ製シ、図上ニ於テ三斜法ヲ用イ地積ヲ求メシメ』と言っているように、地積算出のものであった」が、また、字図及び全村図作製の基礎となった。前掲の栃木県「地所丈量順叙」の第3段第4条では、「現地で一筆図を作

成するとき、3枚紙を重ねて針痕を付けて複写し、1枚は官納、1枚は歩詰用とし、一番上のものは周囲を切って半紙に貼り付けておき」、全村図の編集用とするよう指示している。「つまり、一筆図を輪郭で切抜いておき、それを集合して字図※36、さらには全村図を編纂すべきことを示しているのである。」また、若松県の調方手続書に「字切絵図一筆毎の歩数を取調、字々一村残らす出来上がり候は一村絵図を製すへし」（第6条）とあり、「全村図は字図を連結し、繋がり具合を調節した」のであった。

※36 「字図」が「字切図」あざぎりずとされる語源か。

　しかし、「喰違いを防ぐために、字あるいは全村の周囲（境界）を廻り分間の手法で実測した場合もあった。」若松県「地租改正調方手続書」（明治8年4月）には、「字限周回絵図は成丈け分間測量をなし取調可申と雖も、従前村絵図等有之、境界判然たる分は必すしも分間に及はす。一体分間の儀は、只図取をなすとのことなれば、隣地境界を正しくすれは見取絵図にても差支無之……（第2条)」とあり、図取りのためなので見取図でもよいとしている。

⑥　明治7年10月3日大蔵省達第133号「地所売買譲渡ニ付地券渡方規則改正」※37

※37 「改正地券」として所有権の公証

> 本年第百四号布告候ニ付テ明治五年二月大蔵省布達地券渡方規則第十二条　自今※38廃シ候儀ト可心得此旨相達候事

※38 自今（じこん）：今からのち、今後

意訳【今年第104号において布告した明治5年2月大蔵省の布達「地券渡方規則第12条」は今からのち廃止したことを心得ておくよう通知する】

⑦　明治15年2月大蔵省「地租改正報告」※39

※39 第2章第1⑫（57頁）参照

> 第三款　検地
> 第一項　地押丈量
> 　一筆毎ノ形状ヲ見取図ニ製シ之レヲ連合シテ一字限リ及ヒ一村限図ヲ製シ

意訳【一筆ごとの形を見取図にして、これをつなぎ合わせて一つの字限図及び一つの村限図を作成する。】

＜竿入図、丈量図＞

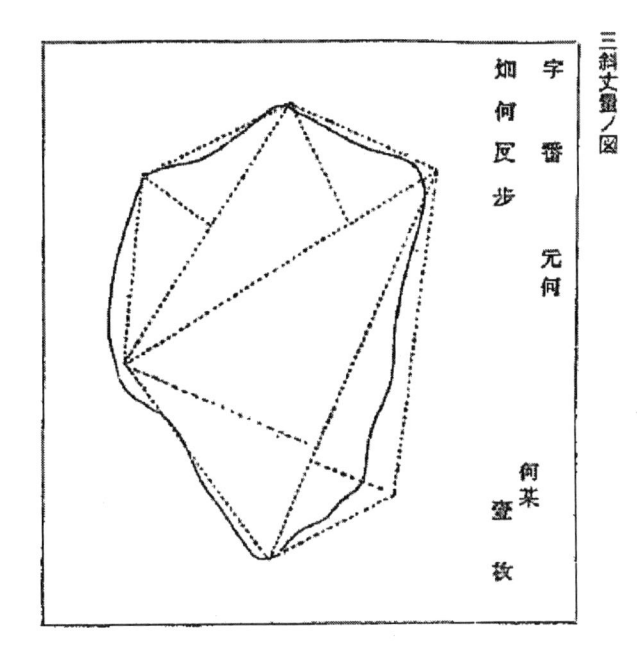

三斜丈量ノ図

字　番　元何

畑　如何反歩

何某　壹　枚

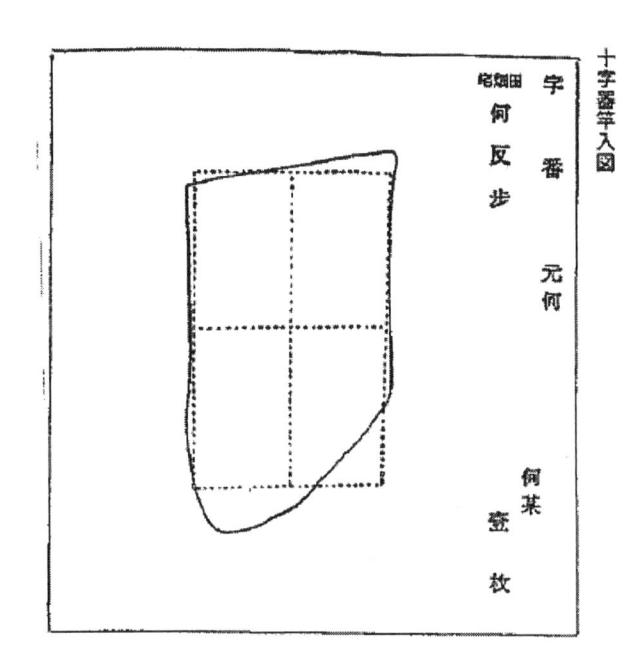

十字番竿入図

字　番　元何

畑田　何反歩

何某　壹　枚

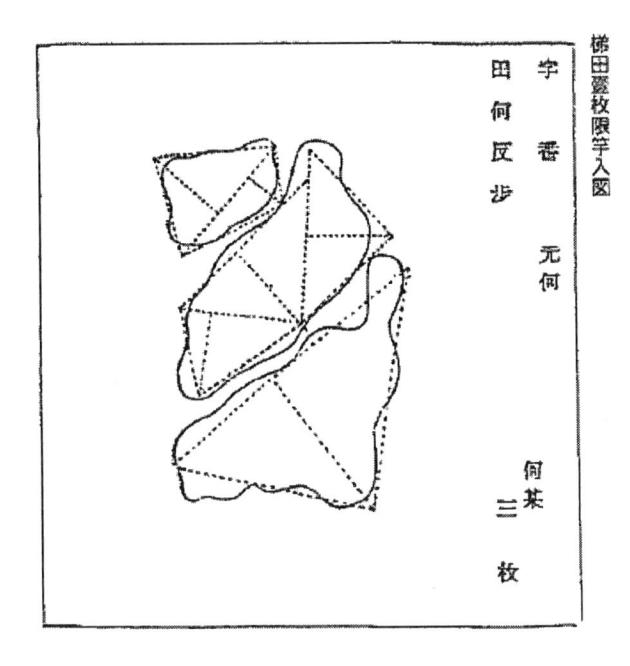

梯田壹枚限竿入図

字　番　元何

田　何反歩

何某　三　枚

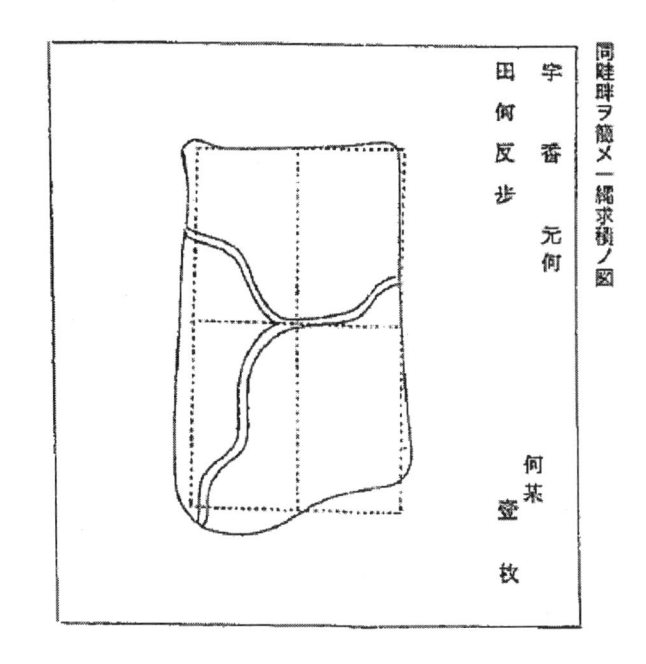

同畦畔ヲ籠メ一縄求積ノ図

字　番　元何

田　何反歩

何某　壹　枚

（明治15年2月大蔵省「地租改正報告」）

土地家屋調査士の視点2	求積のための測量図の作図

　筆界の誕生時には所有権界と筆界は一致していたので、所有権界を無視して筆界を語るわけにはいかない。

　地租改正の目的は、地租を徴収するために所有者（納税者）を明確にして土地の面積を決めることであった。

　したがって、明治6年の地租改正条例から明治17年の地租条例ができるまでの各種規則を紐解くと、現地における境界の形状及び面積の求め方については各地それぞれの記載があり、理解することができる。

　現地における不整形な土地境界を測量していた形跡はなく、前頁の図のように現地形状をフリーハンドで描き、そして求積（面積）は四角形、三角形に整形し直して土地の面積を求めている。それは地租徴収が第一の目的にあり、曲線を含む不整形な現地土地形状を忠実に測量によって図化することは不可能であるがゆえに、この二つの線が描画されていると考えられる。そしてこの二面性（二つの線）の不安定要素は現代にまで及んで、実務家・法曹関係者等に理解されずに推移してきたように思われる[40]。

　また歴史的検証を踏まえると、上記のように一筆の土地の境界線（形状）を、あくまでも野取図にフリーハンドで描き一筆図として切り抜き、それを貼り合わせて字図（改租図）を作成していることから、改租図は、そもそも筆界を正確に表した図面ではないのではないかとの疑問と一致する。

　さらに、『明治期作成の地籍図』102頁を見ると、「『但銘々持地へ立会の儀六ヶ敷候はば、前以て村役へ相頼置、就ては調印を以て村役請持可申候』と記載されている。下調べは勿論のこと、持主が故障のときは代理の役目まで負わせ、調査はまったく村役に責任をもたせることによって進められたのであった。このように担当責任者が村民の代表でもあるので、村民一同が後日いささかも苦情はいわないからお願いするとの一札を入れている場合が多くみられる。」、また「府県や町村で形式に違いがあったにしても、各地に書類が残っているのをみれば、かなり一般的であったとみられる。それは村民の自発的なものというよりも、むしろ、官員の示唆あるいは強制によったものと思われる。」の記載があり、改租図は一般的に農民が調査・測量をして作成したものであるから精度が良くないと言われていたが、地方によっては村民一同が「後日いささかも苦情は言わない」とするいわゆる白紙委任状を村役（村方三役）[41]に提出して、改租作業が進められたようである。

※40　現地における境界の形状とそれを図化した地図に準ずる図面が示す形状のどちらが筆界なのであろうか。特に曲線を描画することは現代においても困難である（25頁以下参照）。

※41　村方三役とは、明治地籍図116頁によれば、「加藤高文『地方大概

　なお、明治期の地図、地籍の実体については『明治期作成の地籍図』を抜きにしては語ることができず、境界の実務や理論に携わる人は必見であり、筆者も座右の書としている。

(2)　一筆の土地と隣接する土地との登記された境＝「筆界」

成立時点……原始筆界形成時と分筆時、そして後発的原始筆界成立時

ア　不動産登記法123条

不動産登記法123条1号では、「筆界」として、

「表題登記がある一筆の土地（以下単に「一筆の土地」という。）とこれに隣接する他の土地（表題登記がない土地を含む。以下同じ。）との間において、<u>当該一筆の土地が登記された時にその境を構成するものとされた二以上の点及びこれらを結ぶ直線をいう。</u>」

と規定されている[42]。

集』には『名主・組頭・百姓代を村方三役と唱る』とあり、村方三役とは藩によって名称に違いがあったが、名主（庄屋、肝煎）・組頭（年寄、長百姓）・百姓代（長人、触頭）で、地方三役ともいわれた」と記している。

[42]　この法律によって初めて「筆界」の定義が法文上明記される。
　登記法上、求積する座標から点と点を結ぶ結線情報として直線としている。

＜不動産登記法123条1号（筆界）の理解図例＞

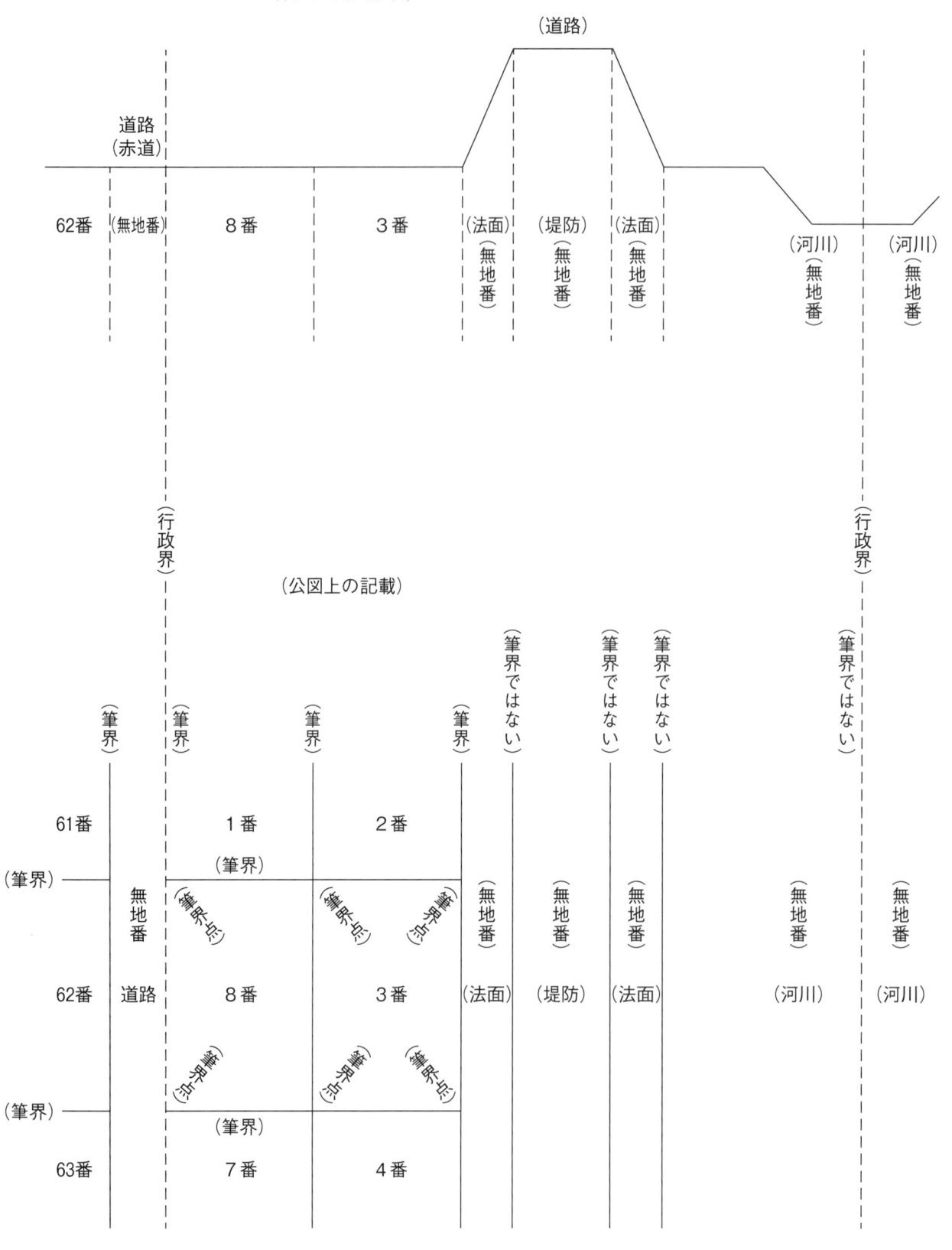

（現地の断面形状）

（公図上の記載）

※括弧書きはあくまでも理解するための表現であり、公図には表現されていない。

イ　結線情報と曲線

　X、Y2次元座標軸（平面直角座標系）をもって筆界点を表すことから
このような条文表現に落ち着いたものと考えられる。しかし、境界線と
して曲線も当然にあり得る。また、一口に曲線といってもいろいろな形
状が考えられるとともに、曲線境界の現地に境界標を設置することので
きない現実的問題がある。

　法概念上、筆界は直線である。曲線は点と点の集合であって、接近す
るこれらの点として考えればその間は直線である。

　実務上は、求積可能な曲線（扇形等）は許されている場合もあるが、
境界標はある程度の間隔（直線とみなせる程度）を空けて設置している
のが実状である。

　求積においては扇形状（円弧）を認めてはいるが、境界線としては連
続した折れ線という解釈なのかもしれない。

ウ　筆界の定義成立時の国会質疑

≪参　考≫

第162回国会（平成17年4月5日）参議院法務委員会第9号

○井上哲士参議院議員

　今日は3人の参考人の皆さん、ありがとうございます。

　まず、西本参考人にお伺いをいたします。

　……今回の筆界の定義を見ますと、二つの点を結ぶ直線ということ
になっておるんですね。これ、法務省に聞きますと、技術上そういう
ことしかできないんだというようなことを言われておったんですが、
衆議院の参考人質疑のときの西本参考人のお話を見ますと、今、大変
技術としてはソフトが発展をしていて、カーブ計算などが十分にでき
るようになっている、三点を通るカーブなどもすぐ求めるようなソフ
トがあるんだと、こういうふうな技術が非常に発展しているというお
話なんですね。そうしますと、実際の境界はいろんなカーブもあるわ
けですから、むしろそれに合わせた筆界という考え方もあるんじゃな
いかと思うんですが[43]、この点、この定義の問題についてどうお考え
か、まず、よろしくお願いします。

※43　境界の曲線を認めて
いる

○参考人（西本孔昭君）

　先生おっしゃいますように、特定の点を結ぶ直線というのは、表現
としてはどうかなと思うんですが、これを連続した折れ線であるとか
いうようなふうにするのも難しかろうと思いますし、曲線というのも
難しかろうと思いますが、境界には曲線は付き物でございます。例え
ば道路境界、例えばこんな決め方をします。半径160メートル、内角95
度とか、その間がその曲線であるという決め方をします。ですから、
最近の都市計画道路に面したところは全国どこでも曲線で境界が指示

されているところがございます。あるいは、不定曲線※44といいまして、これが短い期間に、なかなか規則的ではない曲線が連続するところがあります。あるいは高速道路のように、それを、運転者を眠らせないために計算し尽くされた不定曲線※45というのもありますが、どちらにしても曲線ということは今後、当然境界に用いられることであろうというふうに考えております。

エ　実務としての曲線問題

境界として、前掲ウの国会質疑を踏まえなくとも、曲線は当然にある。この場合三つの状況が考えられる。

一つ目は、明治の地租改正以来現地の形状が特に道水路界において緩やかな曲線形状であるところでは、改租図、地籍図、更正図作成あたりまでの図面は、手書きの曲線として現地の形状を描画して一致していたものが、以後の書換え時において公図（ポリエステルフィルム＝マイラー化を含む）が直線化、折点化してこなかったかという問題が考えられる。

二つ目は、境界立会時において、関係当事者が境界を目に見える形で確認するために、ある確認点を持って折点化しなかったか、あるいは曲線として実測できないことや、杭設置の困難さもあり、ある程度の間隔をもって折点化してこなかったか、という問題がある。特に第9章でも述べるが、現在の地籍調査事業や折点とされた公図による現地立会いによって、折点化した確定測量図をもって更に錯誤の固定化をしてしまっているように思われる※46。

三つ目は、新たな計画によるカーブを新設する場合の曲線境界として、それは図面上の確認はできるとしても、現地における曲線をどのように施工（形成）するのかという問題がある※47。

もちろん構造物をもって施工してしまえば目による確認はできるが、特殊な既製品や現場打ち（既製品は使わず形状に合わせた形で施工（形成）すること）ならともかく、その施工時の既製品（例えばＵ字溝やＬ字溝）による現地設置では線形が曲線とはなっておらず、また後日の測量では曲線そのものを直接観測できないという問題もある※48。

さらに境界杭設置を要請された場合、起終点には設置ができたとしても曲線上の杭設置はあり得るのかという問題となって悩ましい。よって、あえて折点化とせざるを得ないのか。

オ　地図への曲線記入

平成20年、土地家屋調査士会員が登記申請に当たり法務局に曲線を含む地積測量図を提出したところ、法務局の地図に曲線を記入する場合、電子的公図となっても定形曲線、不定形曲線いずれの場合も描画するこ

※44　不定曲線とは、狭義において円弧以外の曲線を指すと思われる。

※45　クロソイド曲線

※46　境界は線であることに間違いないが、それを現実的に地表に表すには、物理的に囲障・工作物等を設置するか、境界点を定めその二点間が直線であると認識する方法しかないのであろうか。

特に自然の地形や道水路境界等は、現地における境界も非常にファジーな取扱いで、直線でもなかったが、少なくともその時々で現地の維持管理を行っていたと考えられる。

必要に応じてこれを図化（地形図・測量図・公図・地図）してきたわけであるが、これら図面の現地復元性の問題があり、境界はやはりどの時代でも現地の管理が重要であると考える。

とが難しいことから問題となった。

　そこで愛知県土地家屋調査士会が名古屋法務局と事務打合せ協議をした席上の記憶では、およそ「システム改善が図られるまでの間、提出される地積測量図は曲線のままとして、別途曲線上の、例えば曲線上における20cm間隔の点とする任意の点を座標値データとして提出したら、公図上の処理はできるのではないか」とするような議論があったように思う。

　このように前記エ（実務としての曲線問題）を含め、定形曲線、不定形曲線と多様な曲線が考えられることから、実務においても、法務局の地図記入においても、理屈としては理解されるものの、実務として明確な回答が出せない状況にあるのが現実ではないであろうか。

カ　不動産登記法123条１号前文と曲線問題

　さて、この曲線問題は、不動産登記法の第６章「筆界特定」123条（定義）一号（筆界）において「……二以上の点及びこれらを結ぶ直線をいう。」と定義したことと曲線との関係の問題となっている。また、同章123条1号の前文として「この章において」と前置していることから、では、他の章では、筆界として限定的ではなく、所有権界も含めて境界全体として考えているのだろうかと考えてしまう。

　そこで考えておくべきは、単なる現地での境界標の設置や公図への入力の問題だけではなく、第６章の「筆界特定」が不動産登記法に盛り込まれたことは、実は平成10年頃から検討された司法制度改革の一環としての「境界確定訴訟」を代替して、法務局が行う「境界確定制度」として、大いに議論されて法制化されようとしていたところ、突然のように変化して生まれた制度であることであり、その結果、筆界として極めて限定的になってしまったようにも感じている。

　ゆえに個人的には、境界（筆界）確定訴訟と筆界特定制度との関係や、業際[49]の問題とも関わる前提を踏まえた上で、境界そして、曲線問題を考えるべきでもあると考える。

キ　点と線

　「点」は図面に落とした時点で円形状となり、「線」は図面に引いた時点で巾の連続となる。

　筆界線は目に見えないものであるが、実務的には現地において境界標を設置することによって視覚的に明示し、現在では各筆界点を座標値として表している。そしてこれらを結ぶ線とすることによって、幅のない直線としている。

※47　この場合の曲線問題のそのほとんどは、ある目的をもって創設された分筆線において起こる。計画（目的）どおりに現地が施工管理されているか、あるいは現地に境界を創設してからそのとおりに分筆しているのか。
　また、既に施工されてしまった曲線をどのように取り扱い解釈するかの問題でもある。

※48　これは目に見えない円弧を正確には測量できないという意味であるが、概念的には直線も同様である。

※49　「業際」とは「異なる事業分野にまたがること」

　しかしながら、細かい話をすれば図形化した時点で幅を有することとなり、たとえ数値として表現した筆界であっても、これを現地に戻す場合には、設置誤差という名の極めて細い幅を持つこととなる。

≪ちょっと一服≫

　「『……君が書いた直線には始まりと終わりがあるね。……本来の直線の定義には端がない。……とりあえずの線分を、本物と了解し合っているに過ぎないんだ。……どんなに鋭利なナイフで入念に尖らせたとしても、鉛筆の芯には太さがある。よってここにある直線には幅が生じている。面積がある。つまり、現実の紙に、本物の直線を描くことは不可能なのだ……真実の直線はどこにあるか。それはここにしかない』博士は自分の胸に手を当てた。……『物質にも自然現象にも感情にも左右されない、永遠の真実は、目には見えないのだ。』」※50

※50　『博士の愛した数式』179頁

ク　表題登記、分筆登記による後発創設筆界

　公有水面埋立や、土地が海上に隆起した場合の表題筆界も、分筆筆界も新たな所有権の境であり、創設筆界となるが、無地番の土地、例えば地番の付けられていない地租改正時からのいわゆる「赤道」を表題登記する場合は、地番のある土地に囲まれているので、単に新たに地番を付けるのみであり、創設筆界ではない。ただし、赤道を区切った線は創設筆界となる。

(3)　塀や垣根等で囲まれた境としての「占有界」

ア　民法186条（占有の態様等に関する推定）1項

　占有者は、所有の意思をもって、善意で、平穏に、かつ、公然と占有をするものと推定する。

イ　民法186条（占有の態様等に関する推定）2項

　前後の両時点において占有をした証拠があるときは、占有は、その間継続したものと推定する。

ウ　民法188条（占有物について行使する権利の適法の推定）

　占有者が占有物について行使する権利は、適法に有するものと推定する。

エ　占有と所有権界

　「『占有のあるところ所有権界あり』と事実上の推定（民法188条）が働く」が、他の証拠が出てくればその境は覆されるので調査の正確性、信憑性が要求される※51。

※51　理論と実務27頁、関連して、28頁では「現況主義」に言及されている。

土地家屋調査士の視点3	占有界と所有権界の不一致

　土地境界の現地調査において最初に行うものが占有界の調査・確認となる。これにより事実上推定できる所有権界と実際の所有者間の認識を聴取し、占有界と所有権界の一致を確認する。不一致の場合は、境界の争いになる可能性があることとなる。

　各種資料の精査と、現地基準点・多角点・引照点等から導く筆界又は、境界標・地物等から導き出せる推定筆界と、占有界・所有権界が一致すればそこが現地における筆界である。仮に一致しない場合でも、処理方法が見つからないだけでは境界に争いがあるとはいえず、合意しない場合に争いがあるといえる。

弁護士の視点2	境界紛争における「占有」の意義

1　「筆界」の争いにおいて「占有」していることは有利といえるか

　民法188条は、「占有者が占有物について行使する権利は、適法に有するものと推定する。」と定めており、占有のあるところに所有権あり、所有権のあるところに筆界ありという論理が成り立つとするならば、不法占拠であろうと何だろうと事実上の支配をしてしまいさえすれば、圧倒的に有利になりそうであるが、実際には必ずしもそうとは言い切れない。

　実際の境界紛争のうち、「筆界」の争いにおいて、占有界がそのまま所有権界であり、さらに筆界であるという認定がされる可能性が高いとは必ずしもいえないからである。

　筆界確定訴訟について言えば、「筆界認定」の資料となるのは、①公図・その他の図面（地図又は地図に準ずる図面、地積測量図、換地図等）、②係争土地の過去の経過（分合筆経過、所有経過）あるいは利用形態、③過去から現在に至る占有支配状況、④現地の境界標識（境界杭、境界石、境界木等）あるいは構造物（工作物、囲障等）、⑤現地の地形(尾根、崖、谷、法面等)、⑥公簿面積と実測面積、⑦その他(山林の場合の林相、官民境界の場合の官民境界確定協議等)であり、これらを総合考慮することになる[52][53]。

　これらの認定資料の中で過去から現在に至る占有支配状況は、筆界認定に当たっての極めて重要な資料ではあるが、あくまでも一資料にすぎない。

　また、「現在」占有していることではなく、「過去から現在に至るま

[52] 訴訟運営4頁以下、訴訟運営(2)22頁以下、実務上の諸問題172頁以下参照

[53] 筆界特定においては、①登記記録、②地図又は地図に準ずる図

での」占有支配状況が認定資料なので、当然のことながら訴訟提起の直近に占有が開始された場合は、筆界の認定資料としての価値は非常に乏しいことになる。

　さらに「過去から現在に至るまでの占有支配状況」が、「安定的に推移してきた」ことが重要であって、先祖代々、境界争いを続けてきたような場合は、認定資料としての価値が減殺されることになる[54]。

　そもそも筆界確定訴訟は、その訴訟の特質から証明責任の法理の適用がないため、民法188条の推定規定によって筆界の立証責任が非占有者側に移るということがない。裁判所としては、筆界を認定するに「足りない」、つまり立証責任を果たしていないからといって請求棄却にすることができず、自ら筆界を確定しなければならず、筆界確定訴訟において民法188条の推定規定を根拠として直ちに占有界＝筆界であるという認定がされるわけではない。

2　筆界確定訴訟における主張・立証の実情

　以上のとおり、筆界確定訴訟においては、現在、係争地を占有しているからといって、民法188条に基づいてその占有界が筆界であると事実上の推定が働くわけではないし、主張・立証責任が非占有者側に移るわけでもない。

　筆界確定訴訟における当事者の主張・立証については、原告側（非占有者）が上記1に述べたような筆界認定の資料を裏付ける根拠事実や証拠を提出し、被告側（占有者）が逐一、これに反論・反証しているというのが実情であって、民法188条によって占有者側の主張・立証責任が緩和されているとはいえないのが実情である。

3　それでも「長年にわたり安定的に推移してきた占有支配状況」は極めて重要

　以上から、少なくとも筆界確定訴訟においては、「過去の占有支配状況」はあくまでも筆界認定のための一資料にすぎないが、第7章に示された三つの時代区分その1（数値資料のない筆界）におけるように公図による現地復元の危険性が高い地域においては、昔から安定的に推移してきた占有支配状況の資料としての重要性が相対的に高くなることになる。

　また、筆界確定訴訟においても筆界特定手続においても、最後は、「総合的」な判断をすることになるが、長年にわたって安定的に推移してきた占有支配状況をあえて覆すことが必ずしも境界紛争の解決につながらず（かえって新たな境界紛争を生むこともある）、周辺地域に与える影響が大きいと認められる場合も少なくない[55]。

　なお、土地の工作物等によって長年にわたって占有支配をしている場合は、もとより取得時効が完成している場合が多いと思われるが、

面及び登記簿の附属書類の内容、③対象土地及び関係土地の地形、④地目、⑤面積及び形状並びに工作物、⑥囲障又は境界標の有無その他の状況及びこれらの設置の経緯その他の事情を総合的に考慮する（不登143①）とされており、占有支配状況は⑥に含まれるということであろうか。

[54]　ちなみに筆界特定書において、占有支配状況が長年にわたって安定的に推移してきたことが筆界認定の根拠に挙げられることもあるが、当事者からすると「文句を言っても取り合ってもらえなかっただけであって、安定的に推移してきたわけではない」という不満が出ることがある。

[55]　弁護士の視点10（172頁）において述べるとおり、筆界特定と筆界確定訴訟と比較した場

筆界確定訴訟において一筆の土地の一部（越境部分）を時効取得したとしてもそれは専ら所有権界に関するものであって、筆界確定訴訟においては抗弁となるわけではない。筆界確定訴訟においては、あくまでも長年にわたって安定的（平穏、公然）に推移してきた占有支配状況が筆界認定の資料になるという主張を展開することになる。

| 弁護士の視点3 | 境界紛争における「占有」の限界事例─庇の下等─ |

1　占有の意義

　民法180条は、「占有権は、自己のためにする意思をもって物を所持することによって取得する。」としており、「自己のためにする意思」と「所持」を要素とするとされているが、「自己のためにする意思」は緩やかにあるいは無視する見解が少なくない[56]。

　実務的にも境界関係訴訟において、「自己のためにする意思」の有無が争点になることはまずないといって差し支えない[57]。

　なお、取得時効の要件である「所有の意思」（民162）の有無すなわち自主占有が認められるか否かについては、争点になることが多いがここでは特に触れない。

　占有が認められるか否かについて、実務的に問題になるのは、「自己のためにする意思」ではなく、専ら「所持」の方であると言って差し支えない。

　「所持」とは、人が物について事実上の支配をしていることが社会通念上認められるような人と物との事実的関係をいうとされている[58]。

　さらに時効取得の基礎となる占有については、客観的に明確な程度に排他的な支配状態を続けなければならないとされている[59]。また、特に範囲の明確化を求めている裁判例もある[60]。

2　判断のポイントは排他性、明認性、継続性

　取得時効の基礎となる占有が認められるか否かの判断要素は、結局、「排他性」、「明認性」、「継続性」であるとされている[61]。

　「排他性」とは読んで字のごとくであり、他者の支配介入を排斥して独占していることであり、「明認性」とは、その排他的な占有支配が客観的に明らかになっていることであり、占有範囲の明確性を含んでいる。そして「継続性」とは、「恒常性」、「永続性」と置き換えてもよいかもしれないが、一時的な支配状態ではなく、それが相当程度継続するものでなければならないという意味である。

合、少なくとも筆界特定制度が始まった初期の頃、法務局の筆界特定は、裁判所における筆界確定訴訟に比べて、どちらかと言えば、公図偏重の傾向が見られ、過去、安定的に推移してきた占有支配状況のいかんにかかわらず、当事者が意外に思うような筆界が認定されるケースが少なからずあったような気がする。

※56　注釈民法(7)13頁が各説を紹介している。

※57　ただし、道路管理者について自己のためにする意思を否定した裁判例（東京高判平13・10・30判時1781・102）と肯定した判例（その上告審最判平18・2・21民集60・2・508）がある。

※58　大判昭15・10・24新聞4637・10等

※59　最判昭46・3・30裁判集民102・371

※60　佐賀地判昭41・6・16訟月12・7・1068等

※61　新版注釈民法(7)16頁

3　限界事例－庇の下、地中－

多くの境界紛争においては、ブロック塀その他の囲障で囲まれた内側やあるいは建物の構成部分（壁や土台）の下など占有の事実及び占有の範囲（占有界）が明らかであるが、以下のようにこの点が微妙な場合もあり、取得時効の基礎となる占有が認められるか否かが問題となる事例がある。

（1）　空中の工作物－庇の下は占有していることになるか－

庇が越境しているというのは、境界紛争の一形態として少なからず見受けられる。

判例の中には、社会通念上、所有家屋の屋根の下は家屋の所有者がこれを支配しているものと見ることができるとし、取得時効の基礎になる占有を認めたものがある[62]。

他方、東京地判平19・10・16（平19（ワ）2031・平19（ワ）22028）は、「仮に本件建物の屋根の軒先、窓の霧除、雨樋、出窓上の庇が、被告主張のように本件4の土地の上部にあったとしても、特段の事情がない限り、このような空中設置物の設置をもって敷地の占有とは認められないというべきところ、本件において上記特段の事情は認められない。」として、取得時効の基礎となる占有を否定している。

庇の直下までの占有を認める場合というのは、当然のことながらその直下部分に相手方の支配が全く及んでいないことが前提であり、例えば、その下に相手方隣接地所有の塀や建物の庇が出ているような場合は、占有を認めることができない。「排他性」の要素を満たしていないからである。地域によっては住宅が密集して庇が重なり合っている場合があるが、そのような場合はいずれも排他的な占有を認めることができないことになると思われる。

結局は、社会通念上、庇の直下の土地まで建物所有者が支配しているものと認められるか否かであるが、多くの裁判例が、「排他的な事実上の支配」とか、「他人の干渉を全面的に排して」と述べていることに照らすと、上記大審院の判例はあるものの、上記東京地裁判決が判示するとおり、一般的には時効取得の基礎となる占有を認めることについては消極的に解すべきであろう。

なお、上記東京地裁判決は、「特段の事情がない限り」と述べているが、この「特段の事情」が具体的に何を指すのかは判示されていない[63]。

なお、隣地所有者の建物の庇が越境している場合、庇によって自己の所有地が占有されていると考えれば、建物の庇を撤去して同土地を明け渡せという土地返還（明渡）請求訴訟になり、占有しているとまではいえない場合は、妨害排除請求訴訟になる。一般的に越境している庇の撤去を求める場合、土地返還請求の形にすると相手方の占有を認めることになるため、相手方の占有自体を争う場合は、土地返還請求

※62　大判昭16・12・12新聞4753・9

※63　取得時効87頁は、庇の下に何もなく雨樋のない庇の先から雨水が落ちた部分が溝になっているような場合は格別であるとしている。

ではなく、妨害排除請求として構成する場合が多いと思われる。

ちなみに、妨害排除請求訴訟で庇の撤去を求めると被告側から権利の濫用であると主張されることが非常に多い。庇を切ると建物本体に与える影響があるため、相手方が被る損害が非常に大きいのに対し、庇が越境していることによって土地所有者が被る損害が小さいからである。

(2)　地中の工作物－地中の土台、配水管によって土地を占有していることになるか－

地上では、擁壁等による占有界が明確であるが、地下に擁壁の土台部分が相手方隣地に越境している場合や配水管が通っている場合がある。

地上に現れた擁壁の壁面が境界であると主張するのに対して地中の土台の分だけ本来の境界から控えているので、地中の土台部分までが境界であるとし（L字型工法だとそのようなことは少ないが、逆T字型工法だと地中の土台が隣地に伸びることになる。）、さらに土台が本来の筆界から越境していたとしても、地中の土台が及ぶ範囲内まで占有しているとして取得時効の主張をすることが考えられる。

擁壁と土台は一体の工作物であるから、社会通念上、擁壁によって形成される事実上の排他的支配は地中の土台部分まで及んでいると認められると思う。

ただし、これも庇の下の場合と同様に、土台の上の地表部分に隣地所有者らの支配が及んでいないことが前提であり、隣地所有者がその部分に植栽している場合や地表にコンクリートを流し込んだりしている場合は検討が必要となる。

私見になるが、地表に小さな花卉類を植えたり、ざっと砂利を引いた程度では、地中の土台による事実上の支配を排斥するに足りないが（個人的に担当した事件で、裁判所はざっと砂利を撒いただけでは占有に当たらないとして、取得時効を認めなかった。）、本格的な花壇を作ったり、駐車場にする等の目的で地表にコンクリートを流し込んだ場合には、地中の土台よりも地表の事実的支配の方がより明確になるから、社会通念上、地中の土台による占有が否定される可能性があると思う。

なお、地中の配水管等についても擁壁の土台と同じようにも思われるが、裁判例では、「本件土地（イ）の地中を配水管を通すことにより利用している事実は、本件土地（イ）について本件土地2の所有者のために地役権が設定されていることを推認させる事実ではあるが、本件土地2と本件土地（イ）が一筆の土地であることを推認させる事実とまではいえない※64。」とするなど、地役権の問題※65としてとらえられているようである。地下の配水管の場合は、地表の使用・収益は普通に行われていることが多く、社会通念上、地下の配水管をもって、地表を

※64　東京地判平27・9・29（平24（ワ）35517・平25（ワ）3995・平26（ワ）33782）

含む土地を排他的に支配しているとはいえないであろう。時効取得が認められるとしても地役権の時効取得にとどまると思われる。

　　(3)　境界標と占有─境界標があれば占有を認められるか─

　境界標を設けることは、土地の占有と認められるだろうか。

　裁判例では、村が議会の決議を経て寄贈を受けた土地に標石を建設したような場合は、その所有権の所在を明確にして管理しているものと言うことができ、所有の意思をもって平穏かつ公然にこれを占有したものと推定されるとしたものがある※66。

　他方、土地の取得時効の要件である占有とは、当該土地を排他的、独占的に支配、管理していることを要するが、係争山林につき、当初ある程度の明認方法を施したほかは、ある期間バスを置いて境界線の一部に鉄条網を張り、立札を立て、境界石を埋設するなどの行為をしたとか、時々現地を訪れて様子を見たというにすぎないときには、時効取得の基礎となる占有があったとは認められないとしたものがある※67。

　境界標を設けることによって、「明認性」の要素や「継続性」の要素は満たすかもしれないが、「排他性」については疑問がある。一般的には、境界標を設置することによって第三者の侵入を心理的に抑制する効果はあるかもしれないが、開放された部分から他者の自由な立入りが可能であるとすると、排他的な支配を確立したとはいえないであろう。やはり柵を設けるなど何らかの物理的な排除措置が必要と思われる。上記東京地裁判決に照らすと、特に山林や広大な土地の場合に排他的な支配を確立することはかなり困難であるといわざるを得ない。

(4)　地上権界・地役権界・借地権界

　これらは物理的に使用する範囲の土地の利用権であり、一筆の土地の一部又は全部、あるいは数筆にまたがってその権利が及ぶ境である※68。

　特に今後地上権界は地役権界と相まって地上利用権、ドローンを使用しての地上空間利用、リニア新幹線を代表とする地下空間利用※69などの立体的登記の検討から、地上利用権、地下利用権の境として登記されるとしたら、三次元の境界の対象として存在することになる。ただし、第三者の権利であるこれらの権利は一筆の中の利用権であることから、本来の境界とは異質のものである。

　また、地上権者の境界確認への当事者適格は、判例からみれば有しないとされている（最判昭57・7・15訟月29・2・192は、境界確定の訴えにおける地上権者の当事者適格について「地上権者は、土地境界確定訴訟の当事者適格を有しない。」と判示している。）。

※65　地上権の時効取得を認めた裁判例として、名古屋高判平17・5・30判タ1232・264

※66　大判昭17・2・26法学12・432

※67　東京地判昭62・1・27判タ639・165

※68　理論と実務29頁参照

※69　リニア新幹線を代表とする大深度地下空間利用権

弁護士の視点4　　境界紛争における借地権者の立場

1　境界紛争に登場する借地権者

　土地を借りて建物を建て、長年にわたって住み続けていると、地主よりもはるかに土地の来歴に詳しい場合がある。

　本来、賃借権は債権であるが、登記することが可能であり、借地借家法10条により借地上の建物について所有権保存登記を備えているといわゆる対抗力が認められることになり[70]、対抗力を備えた借地権には物権的な妨害排除請求権が認められている[71]。

　これを「賃借権の物権化」と呼んでいる。

　また、一筆の土地の一部を賃借している場合もあるが、一筆の土地全部を賃借している場合は、事実上、借地権の範囲＝所有権界ということになるし、筆界＝所有権界であるとすると借地権者は、筆界に関しても利害関係を有していることになる。

　ところが、当然のことながら借地権者は、底地について所有権を有するものではないし、処分権限も有していないから隣地当事者間の所有権界に関する和解については当事者適格を有しないことになる[72]。

　したがって、一般的に所有権界に関する和解であると考えられている官民境界確定協議の当事者適格を有せず、後述2(3)のとおり、借地権者から官民境界確定協議の申請が出されても受理しないとの扱いをしている自治体が多い。

2　借地権者にはできないこと

(1)　所有権界に関する合意の当事者となることはできない（ただし、対抗力のある借地権者に所有権界の合意の効力が及ぶか否か疑問がある）

　上記1のとおり、借地権者は、底地の処分権限を有しないので所有権界に関する合意の当事者になることができない。

　ただし、後述するとおり、対抗力を有する借地権者すなわち当該土地を賃借して登記を経由した建物を所有する賃借人については、いわゆる賃借権の物権化として固有の妨害排除請求権が認められたり、固有の囲繞地通行権が認められるなどしていることや、一筆の土地全部を賃借している場合に所有権界の合意によって借地権の効力の及ぶ範囲が狭められ、借地権が侵害される結果になり得ること等を考慮すると対抗力を有する借地権者は、所有権界の合意について法律上の利害関係を有する者に該当する余地があると思う。

　すなわち、所有権界の合意を内容とする境界立会において、対抗力を有する借地権者を除外して、所有者同士で合意してもその結果を第三者である借地権者に対抗できない場合があるのではないかと考える。

※70　旧建物保護ニ関スル法律による対抗力に関する最判昭50・2・13民集29・2・83

※71　最判昭28・12・18民集7・12・1515等は、単に賃借権を有するだけでは原則として妨害排除請求を認めないが、旧民法605条、旧建物保護ニ関スル法律、旧罹災都市借地借家臨時処理法等により対抗力を認められた賃借権に限りこれを認めてきた。

※72　理論と実務166頁

(2)　筆界特定申請をすることはできない

筆界特定の申請することができる者は、隣接する土地の一方あるいは双方の所有権登記名義人に限られており（不登131・146②～④）、借地権者には申請権がない。

(3)　官民境界確定協議の当事者になることはできない

前述1のとおり、官民境界確定協議は、一般的に所有権界に関する和解であると考えられており、当該土地の所有権に関する処分権限を有しない借地権者が、官民境界確定協議の当事者になることはできない。

したがって、借地権者は、官民境界確定協議の申請者となることができない[73]。

(4)　筆界確定訴訟の当事者となることはできない

筆界確定訴訟は、相隣接する土地の所有者のみが当事者適格を有すると解されている[74]。

3　借地権者にできること

(1)　固有の妨害排除請求権の行使（対抗力を備えた借地権）

上記1のとおり対抗力を備えた借地権については、いわゆる賃借権の物権化として妨害排除請求権が認められており、例えば、東京地判平29・10・17（平28（ワ）20999）は、甲土地について所有者Aからこれを賃借して借地権を有する原告が、係争地部分が甲土地に含まれるとし、隣地である乙土地の所有者を被告として本件係争地内にあるブロック塀及びコンクリート土留めの撤去を求めた事案である。

この事案では、既に甲土地の所有者Aが所有権確認訴訟を起こして敗訴しているにもかかわらず、同じ争点（つまり本件係争地が甲土地に所属するのか乙土地に所属するのか）を争点とする訴訟を借地権者の立場から提起したものであるが、同判決は、結論として、係争地部分は乙土地に属するとの理由により原告の請求を棄却している[75]。

同判決の事案は、借地権者が、借地権に基づき、係争地部分は底地の所有権の範囲内にあるとして越境物の撤去を請求したものであるが、そのような請求自体は認めていることになる。すなわち、借地権者は、実質的に境界を争点とする訴訟を提起することも可能であるということになる。

この場合、対抗力を有する借地権の場合は、債権者代位権（民423）つまり底地所有者が妨害排除請求権を行使しないからこれに代わって妨害排除請求をするという構成をとる必要がないことになる[76]。

(2)　債権者代位権の行使

借地権者が賃借権に基づいて不法占拠者に対し地主に代位して明渡請求権の行使を認めるのが判例の立場である[77]。

ただし、例えば、二重賃貸借の場合等は、賃貸人は二重賃借人に対して請求をなし得ない関係にあるので、債権者代位権を行使することができない。対抗力のある賃借権に基づいて固有の妨害排除請求権等

[73]　「大阪府都市整備部所管公共用地境界確定事務取扱要綱運用基準」第2章第1節第3条1項の解釈「……所有権者でない土地の賃借人、地上権者などは依頼者となることはできない。」のこの「依頼者」とは、申請人を指している。公共用財産管理121頁も、借地人から申請があっても協議の対象者になり得ないとしている。

[74]　最判昭43・5・23裁判集民91・65、最判平7・3・7民集49・3・919

[75]　本事案において、借地権者は、想定筆界線に基づいて係争地は甲土地に属すると主張をしたのに対して、隣地所有者は境界に関する協定書に基づいて係争地が乙土地に属するとの主張がされていた。同判決は、筆界と異なる所有権界の合意をした場合は、これに挟まれる部分（係争地）は、甲土地所有者から乙土地所有者に移転するとしている。

[76]　ちなみに対抗力を有する借地権者は、固有の囲繞地通行権を有するとされている（東京

を認める実益は、このような場合も請求権を行使できる点にある。

　なお、土地を無償で借りている使用借人については、妨害排除請求権を認めることについて否定的である※78。

　(3)　借地権の範囲について確認を求める訴訟を提起する

　隣地所有者などが借地権の範囲を争う場合に借地権の範囲（借地権界）の確認を求める訴訟を提起することは可能である。

　例えば、東京地判昭31・10・6下民7・10・2858は、甲地を賃借している原告が、隣接する乙地上の被告所有建物の出窓が張り出しているとしてその撤去を求めた訴訟であるが、被告側は、越境部分は乙地に属するとしてこれを争ったため、自己の借地権の及ぶ範囲内の確認も合わせて求めたものである。

　同判決は、その主文において「別紙（省略）物件目録記載の土地につき原告が賃貸人A、賃料1ケ月坪当り金7円、期間昭和25年8月1日から昭和40年までなる賃借権を有することおよび右土地の東側に隣接し被告がAから賃借中なる土地と右土地との境界が右目録記載の（イ）点と（ハ）点とを結ぶ直線であることを確認する。」としており、いわゆる借地権の及ぶ範囲を確認している※79。

　(4)　境界立会いに参加

　前述したとおり、借地権者は、底地の所有権について処分権限を有しないものの、一筆の土地全部が借地権の範囲であるとされる場合は、借地権の範囲＝所有権界であるから所有権の範囲について法律上の利害関係を有することになると思われる。例えば、底地所有者が隣地所有者との間で所有権界の合意をした結果、借地権の行使の範囲がそれによって狭められることになると借地権を侵害されることになるし、特に対抗力を備えた借地権であれば、所有権界の合意の効力が第三者である借地権者に及ばない場合もあり得る。

　これは私見ではあるが、少なくとも対抗力を有した借地権者についていえば、所有権界に関する立会いについて、法律上の利害関係人あるいは当事者として参加を求めるべきではないかと考える。さらに言えば、借地人は、自分が協議に参加しなかった境界立会いの結果については争う余地があると思われる。

　したがって、一般的に所有権界の和解であると考えられている官民境界確定協議においても、対抗力を有する借地人すなわち当該土地を賃借し、登記を経由した建物を所有している者については利害関係人（あるいは当事者）として立会いを求めるのが相当ではないかと考える。実務的にも借地権者の全く関知しないところでなされた官民境界確定協議は、事案によっては、後日、トラブルになることが予想される。

　他方、一般的には、筆界は、所有権界と一致していることが想定されているから、借地権者は、筆界についても「事実上の」利害関係があると言い得るし、実務的には借地権者の立会いを求めることが無難であることが多いと思われるが、あくまでも事実上の利害関係あるい

高判昭53・11・29判夕380・88）。

※77　最判昭39・10・15民集18・8・1671、最判昭43・3・28裁判集民90・831等

※78　東京高判平4・11・25判夕863・199、東京地判昭41・12・24下民17・11＝12・1319

※79　同判決は、出窓が4.5寸だけ張り出しているにすぎないから、いわゆる権利濫用法理により撤去請求は退けている。立入禁止や物干杭の撤去、井戸の使用妨害の禁止は認めている。

は将来の紛争予防の政策的観点にとどまるものであるから、筆界の確認のための境界立会いにおいて借地権者の立会いは必須であるとまではいえないであろう。

(5) 行政界（都道府県界、市町村界）

ア 行政界とは※80

行政界とは、行政管理上の一つの範囲（都道府県、市町村）を囲った境界線である。一筆地と道路・河川等の無地番地との境をなす場合や、道路や河川等の無地番地の中間をなす場合もある。

イ 地方自治法9条1項

市町村の境界に関し争論があるときは、都道府県知事は、関係市町村の申請に基づきこれを第251条の2の規定による調停に付すことができる※81。

≪参　考≫
・地方自治法251条の2第1項

……当事者の文書による申請に基づき又は職権により、紛争の解決のため、……自治紛争処理委員を任命し、その調停に付することができる。

・地方自治法251条の2第9項

自治紛争処理委員は、……調停案を作成するため……、当事者及び関係人の出頭及び陳述を求め、又は……並びに紛争に係る事件に関係のある者に対し、紛争の調停のため必要な記録の提出を求めることができる。

ウ 地方自治法9条の2第1項

市町村の境界が判明でない場合において、その境界に関し争論がないときは、都道府県知事は、関係市町村の意見を聴いてこれを決定することができる。

エ 歴史から見る行政界

① 明治8年7月8日「地所処分仮規則」

第1条　道路堤塘河川ノ両国郡村市ノ中間ニアルモノハ各村市ニ就テ其証跡ヲ正シ其景況ニヨツテ其中央ヲ経界トナスカ又ハ左右一方ノ傍側ヲ以テ経界トナスカヲ明瞭取調旧慣ノ侭据置カタキ分ハ地方官協議ノ上伺ヒ出ヘキ事

※80　「不動産登記法123条1号（筆界）の理解図例」24頁参照

※81　市町村の境が争われた判例として、①最判昭61・5・29民集40・4・603（いわゆる「筑波山頂事件」）、②最判平10・11・10判自185・18（いわゆる「和歌山マリーナシティ事件」）がある。

> 第2条　神社ノ両国境上ニ跨リ経界ノ標目トナシ来ルモノモ第一条同様
> 　　　　区域明瞭取調ヘキ事

意訳【第1条　道路・堤塘・河川の市町村県境にあるものは各村市につい
　　　　て証拠調べをしてその場のあり様によって中央を境界とするか
　　　　又は左右一方の岸辺を境界とするかを明瞭に取り調べ旧慣のま
　　　　まにできないときは地方官協議の上伺い出ること
　　　第2条　神社の県境上に跨る境界で目印がなくても第1条同様に区
　　　　域を明瞭に取り調べること】

② 　明治9年5月23日「地籍編製地方官心得書」※82

> 第二章　経界釐定
> 第7条　土地ノ経界不分明ナルモノハ其証跡ヲ正シ従来ノ慣習実地ノ景
> 　　　　況及左ノ3項ニ随ヒ之ヲ定ムルモノトス
> 　　　一　国郡村ノ経界ニ関スルモノハ伺出ヘシ
> 　　　二　海ト陸地ノ経界ハ満潮ヲ以テ其区別ヲナスヘシ
> 　　　三　水流ヲ界トスルモノハ其中心ヲ以テシ山頂ヲ界トスルモノハ雨水
> 　　　　分派スル所ヲ以テシ道路ヲ界トスルモノハ其中央ヲ以テスヘシ

意訳【境界が不明な土地は証拠調べをして従来の慣習と実地のあり様及
　　　び次の3項に従いこれを定めるものとする
　　　一　国郡村の境界に関するものは伺い出ること
　　　二　海と陸地の境界は満潮をもって境界とすること
　　　三　水流を界とするものはその中心とし、山頂を界とするものは
　　　　分水界（分水嶺）とし、道路を界とするものはその中央を境界
　　　とすること】

土地家屋調査士の視点4	行政界と筆界

　　無地番同士の境が行政界である場合は、それは筆界ではない。実務上
これらが比較的幅員の狭い道水路であった場合は、両側の民有地と双
方の市町村の確認が必要となる。市町村の認識が一致しない場合は筆
界特定ではなく、都道府県知事が調停に付すことになる。民有地との境
界、すなわち筆界の場合は、筆界特定において筆界特定登記官の認識
により確認するか、あるいは裁判として確定判決を得ることとなろう。

(6)　公物管理界

　公物管理界とは、道路や水路等の公物につき機能管理をする権限を有
する者が、自らの管理区域を明らかにするために定めた境界である※83。

※82　明治7年12月28日内
務省乙第84号「地籍編
纂調査ノ達」による「地
籍編製事業」の担当官
心得書をいう。

※83　理論と実務29頁以下
参照

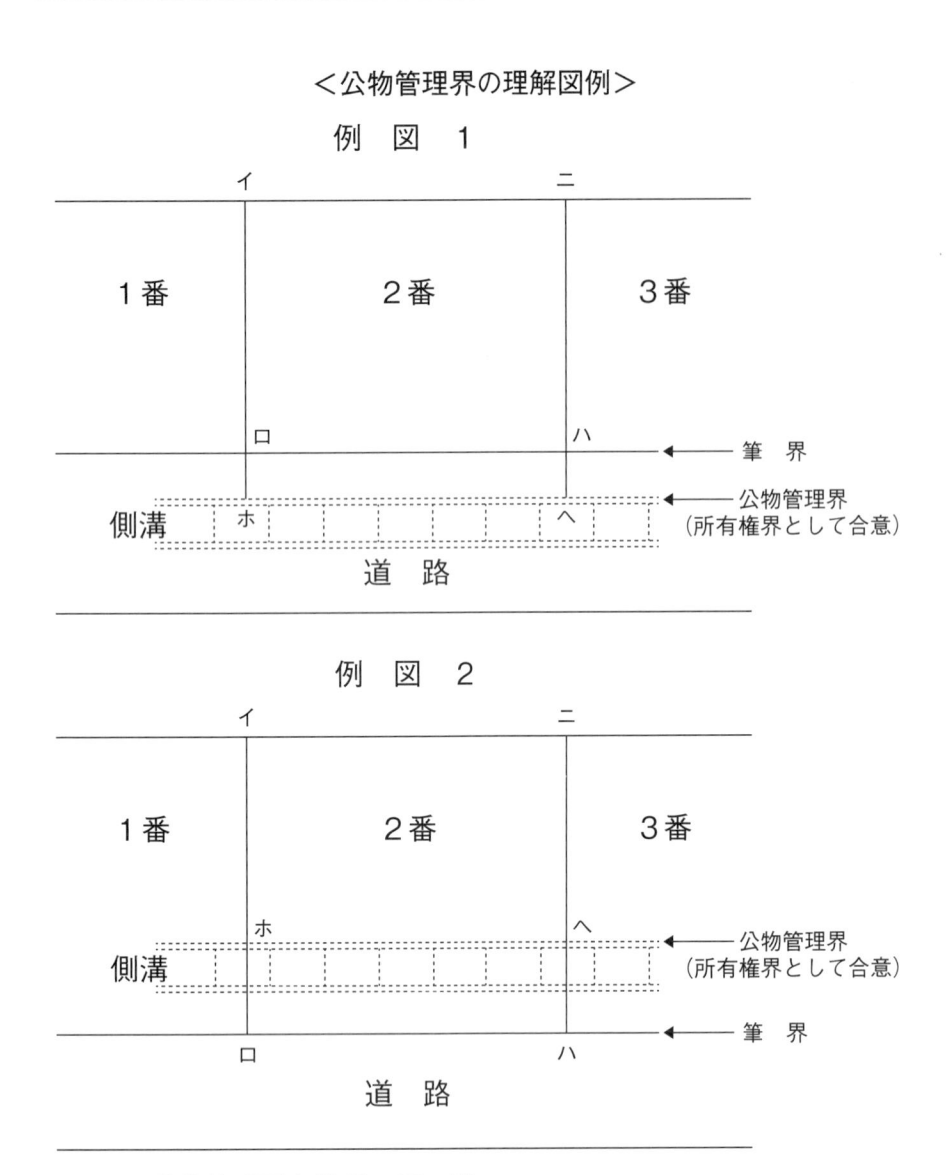

<公物管理界の理解図例>

例　図　1

例　図　2

ア　公物管理界と筆界の不一致

前掲例図において簡単な不一致例を提示するが、境界協議で筆界を念頭におけば、いずれもロ―ハで協議すべきである。

仮に公物管理界を所有権界として協議・合意した場合、ホ―ヘが新たな所有権界となることから、所有権界と筆界の不一致が生じることになる。

結果、例図1においては、ロホヘハロで囲まれた範囲を2番所有者に所有権を譲渡してしまう行為となりかねず、例図2においては、ホロハヘホで囲まれた範囲を官に所有権を譲渡してしまう行為となりかねない。

イ　境界の移動と裁判例

① 真実の土地境界線と異なる境界線が協定された場合の両境界線内の中間土地の所有権の変動（大阪高判昭38・11・29下民14・11・2350）

真実の土地境界線と異なる境界線が協定された場合、特別の意思表示がない限り右両線にはさまれた中間土地は一方から他方に譲渡する旨の暗黙の合意がなされたものと認めるのが相当である。

②　境界契約があった場合の土地所有権の範囲の認定（大阪高判昭57・2・9判タ470・136）

　甲番の土地の所有者Aと隣地の乙番の土地の所有者Bとが右両土地の境界線を合意した場合には、特別の事情のない限り、右合意は右境界線をもって各所有土地の所有権の限界線を定めたものであり、合意による境界線と真実の境界線とが合致しないときは、両境界線にはさまれた土地の所有権を一方から他方へ譲渡する合意をしたものと解するのが相当である。

ウ　境界査定と境界協議

　国有地と民有地との間の境界を確定する制度としては、旧国有林野法（明治32年3月22日法律第85号）の境界査定があり、その後、旧国有財産法に継承され、さらに現国有財産法（昭和23年6月30日法律第73号）31条の3の境界確定協議に至っているが、旧国有林野法4条の境界査定や旧国有財産法10条の境界査定は、いずれも行政処分であるとされている[84]。

　その結果、国有地と民有地の境界は、境界査定処分によって確定し、以後、官有地とされた区域については、民側が所有権を主張することが許されなくなる（仮に民有地が含まれていたとしても消滅する）とされており、更に筆界も境界査定どおりに移動するという形成的効果も認められていた[85]。

　これに対し、現国有財産法31条の3の境界確定協議あるいはこれに倣って各自治体が制定した公物管理条例やその施行規則、境界確定事務取扱要領等に基づいて行われる官民境界確定協議は、所有権界に関する私法上の契約であるとするのが通説・判例である[86]。

　このように現在の官民境界確定協議は、旧国有林野法や旧国有財産法における境界査定処分とは異なり、筆界に関する形成的効果を有しないことになるが、官民境界確定協議においても当事者らは、筆界を探索し、筆界としての合理性が認められる範囲内で合意しているはずであり、だからこそ官民境界に関する境界（筆界）確定訴訟においては、過去に成立した官民境界確定協議が筆界認定に当たっても重要な資料とされているのである[87]。

　そのような意味で、官民境界確定協議は、筆界を移動させる形成的効力こそ認められていないが、筆界の認定判断と切り離して考えることができないのは当然である。

　なお、現行の官民境界確定協議は、所有権界に関する私法上の契約として、基本的には、公有財産の財産管理に関するものとして理論的には整理されているが、実際には、道路、水路等としての機能管理と切り離

[84]　旧国有林野法4条による境界査定について、①仙台地古川支判昭36・4・24訟月7・5・1038、②東京高判昭43・3・27訟月14・5・494、③東京地判昭53・8・17訟月24・11・2161等、旧国有財産法10条の境界査定について、④東京高判昭35・9・21訟月6・10・1895、⑤前橋地判昭57・9・28訟月29・3・400

[85]　理論と実務62頁。なお、境界査定は、徴税目的より地籍編纂事業に通じる者があり、境界査定図・境界査定簿は、古い時代のものであっても信頼性が高いとされている。同61・62頁

[86]　国有財産法上の官民境界確定協議について、東京地判昭56・3・30判時1007・45等、自治体の官民境界確定協議について、福岡高判平21・2・4（平20（行コ）22）等

[87]　実務上の諸問題174頁

して考えることができないので、同時に公物管理界についてもこれを明示あるいは確定する機能を果たしているともいえる※88。

※88　むしろ実務的には、それが正しいあり方かどうかは別にして、公物の機能管理の観点が先行し、公物管理界として確定された境界がそのまま所有権界になっているという実態があるように思われることが少なくない。

弁護士の視点5	旧法定外公共物をめぐる紛争

1　紛争の態様

青道、赤道と呼ばれている旧法定外公共物については、必ずしも管理が十分になされておらず、いつしか道路や水路としての機能を喪失し、さらに形骸化し、最終的には現地に痕跡すらなくなり、私人が長年にわたって占有しているというケースがある。

ある日、売却しようと思って公図を取り寄せてみたところ、土地の真ん中に里道や水路が横断していることが分かったというケースには少なからず遭遇する。

解決に向けての手順としては、譲与後の法定外公共物について、機能管理だけでなく財産管理の権限をも有するに至った市町村と交渉することになるが、水路などについては付替えができる場合もあるので、用途廃止と払下げ、付替えの手続を経て解決できる場合がある。なお、用途廃止と払下げの交渉をする過程で時効援用権の喪失と認められる場合があり得るので注意が必要である。

市町村としては、完全に機能喪失していたとするとそもそも譲与の対象にならなかったことになるし、そう簡単に機能喪失を認めるわけにもいかないので付替えの余地があれば、用途廃止と払下げの手続をもって解決したいと考えることになる。

そのような交渉が不調になった場合は、旧法定外公共物を時効取得したとして訴訟提起を考えることになる。

2　旧法定外公共物の時効取得についての判例
(1)　最判昭51・12・24民集30・11・1104

官公有地であっても直接一般公衆の用に供されていない普通財産については、民法の時効取得の要件を満たせば、時効取得が認められることについては異論がない。

他方、直接一般公衆の用に供されている公共用物についても時効取得が認められるか否かについてはかつて判例はこれを否定していた※89。

有体物には、公物と私物があるとされており、私物はたとえ国や公共団体が所有しているものであっても一般私法の適用を受けることになるが、公物は、本来、公法の適用を受け、私的取引が制限されていると解されてきたからであり、学説上も、①否定説、②制限説、③黙示の公用廃止説、④肯定説の対立があった。

※89　①大判大10・2・1民録27・160（道路）、②大判昭4・12・11民集8・914（下水溝）、③山形地判昭33・10・13訟月4・12・1502（要存置国有林）

そうした中で、最判昭51・12・24民集30・11・1104は、

㋐　公共用財産が、長年の間、事実上、公の目的に供されることなく
　放置され、

㋑　公共用財産としての形態、機能を全く喪失し、

㋒　その物の上に他人の平穏かつ公然の占有が継続したが、そのため
　に実際上公の目的が害されることもなく、

㋓　もはやその物を公共用財産として維持すべき理由がなくなった
場合には、公共用財産について黙示的に公用が廃止されたものとして
取得時効の成立を妨げないとした。

　すなわち、同最高裁判決は、公物のままでは取得時効を認めないが、
上記㋐ないし㋓の要件を満たす場合は黙示の公用廃止があったものと
認め、それ以後、時効取得の対象になり得るとしたのである。

　この最高裁判決及びこれに続く最判昭52・4・28裁判集民120・549が
いわゆるリーディングケースとなり、その後、これに従った下級審判
決が陸続と現れ、既に判例として確立している。

(2)　各要件の検討

　ア　長年の間、事実上公の目的に供されることなく放置されてき
　　たこと

　この「長年」というのが、具体的に何年以上を指すのかは必ずしも
明らかではないが、原告が占有を開始した時点で、農業用水が無許可
で埋め立てられてから6年を経過していたにすぎないとし、この要件
を満たしていないとした判例（大阪高判平4・10・29訟月39・8・1404）があ
ることに照らすと、少なくとも「長年」というのは5～6年では足りな
いということができようか。

　イ　公共用財産としての形態、機能を全く喪失していること

　この要件を検討するに当たってのポイントは、おおむね以下のとお
りであると解する。

　　(ア)　地域的広がりをもった全体的観察

　当該部分だけを局所的に観察すると形態、機能を喪失しているよう
に見える場合も、長狭物である里道・水路については、その前後のつな
がりや地域住民らとの関わりを含めて、ある程度の地域的広がりを持
った全体として観察すると、形態、機能を喪失したとまではいえない
場合がある。

　東京高判平3・2・26訟月38・2・177は、「右黙示の公用廃止認定の要
件の一つである公共用財産としての形態、機能の喪失が認められるた
めには、当該部分のみに着目するのではなく、公共用財産を供用され
た目的に、即ち地域的広がりをもった全体として観察し、原状回復が
可能か否かを判断すべきである。」と判示している。

　この「地域的広がりをもった全体としての観察」という観点は、山
口地判昭55・1・23訟月26・3・463や長野地判昭61・4・30訟月33・7・

1753、大阪地判平7・9・19判自143・78、水戸地判平元・7・18公刊物未登載、『公共用財産管理の手引　判例編』268頁などにも共通していると思われる。

　　　（イ）　形態、機能が一部残存している場合

　道路敷や水路敷の形態、機能が一部でも残存している場合は、「機能を全く喪失」したとは認められないことになる。公物の時効取得が認められている事案の多くは、里道・水路が公図上存在しているものの現地においては、その痕跡すら見当たらないような場合である。

　例えば、前掲水戸地判平元・7・18は、水路について、部分的には公共用財産としての形態、機能を全く喪失しているとはいえないとしても、現在、なお水路としての形態、機能を喪失していない部分がある場合は、全体が一体としてその機能を果たすべきであることを理由として黙示の公用廃止を否定している。

　広島高判昭61・3・20訟月33・4・839は、里道のうち建物敷地部分については、形態、機能の喪失を認めたが、その余の部分に日常的には使用されていなかったものの、家の修繕や便所のくみ取り、プロパンガスの取替えの際に周辺住民が利用していたことを理由に黙示の公用廃止を否定している。

　　　（ウ）　原状回復が可能である場合

　現時点では、形態、機能を喪失しているように見受けられるが、原状回復が比較的容易に可能であるような場合は、形態、機能の喪失に至っていないとされる場合がある。

　例えば、前掲長野地判昭61・4・30は、善光寺の参道についての時効取得が主張された事案について、地域的な広がりを持った全体的視点から風致地区として参道と一体となって通行者に心理的余裕を与えるべき部分が必要であるとした上で、現在でも竹垣さえ撤去すれば通行の用に供することができるとし、道路としての形態、機能を喪失していないとした。

　なお、徳島地判平7・3・30訟月42・12・2819は、公有水面における無願埋立地について、埋立地全体の自主占有を開始した時点で埋立地の原状回復の義務を免除されていたわけではなく、公有水面として復元される余地も残されていたのであるから黙示の公用廃止を認めるべき客観的状況が存在していなかったとしている。

　　ウ　その物の上に他人の平穏かつ公然の占有が継続したがそのため実際上、公の目的が害されることがないこと

　単に道路は通行できさえすればいいわけではなく、その該当箇所だけ現地での幅員が狭くなっていたりすれば、公の目的は阻害されていると評価されることになる。

　前掲大阪地判平7・9・19は、通行に支障さえなければよいとしてしまうと、道路敷の一部を私人が勝手に占有すれば、たちまちその部分について公用廃止がされたことにもなりかねないとし、「そもそも、本

件係争土地付近の道路は、前記認定のとおり、その南北側より広い幅員で道路認定がされているものであり、……本来、真っ直ぐに設置されているはずの本件道路が、原告らの不法占拠により本件係争地を含む『市場への越境区域』付近において、現況はやや東に寄っている形になっている上、本件係争土地を原告らに占有されていることにより、その分交通が阻害されていることは明らか」であるとして黙示の公用廃止を認めなかった。

　　　エ　もはやその物を公共用財産として維持すべき理由がなくなったこと

　前掲大阪高判平4・10・29は、無権限で付け替えられ、埋め立てられた水路について「公の目的に支障が生じなかったとしても、前記認定のとおり第三者の所有地に事実上新水路が設置され、公共用財産に代わるものとして利用された結果にすぎず、基準時当時新水路の敷地の所有権者において、水路としての利用につき異議が述べられた場合には、本件水路を含む新水路を回復する必要性が現実化することになるのであり、右観点からも本件水路について基準時当時『公共用財産として維持すべき理由がなくなった』と見ることはできない」として黙示の公用廃止を認めなかった。

　(3)　四つの要件を具備すべき時期

　前掲最判昭51・12・24によれば、黙示の公用廃止が認められて普通財産になって初めて時効取得の対象となり得るのであるから、占有の開始時期において既にこの四つの要件が備わっていなければならないことになる。

　この点を明らかにした裁判例として、①広島高判昭61・3・20訟月33・4・839、②京都地判昭61・8・8判タ623・106、③東京高判平3・2・26訟月38・2・177、④大阪高判平4・10・29訟月39・8・1404、⑤大阪地判平7・9・19判自143・78等がある。

　したがって、基本的に里道や水路等を自ら埋め立てるなどして取り込んでしまった者が時効の主張をしても認められないことになる（公有水面について、那覇地判昭55・1・22訟月26・3・456）。

　判例において時効取得が認められているのは、里道や水路の形態、機能が失われてから後に当該土地を買い受けたという事案が多い※90。

　(4)　取得時効の援用権の喪失

　　　ア　取得時効の援用が信義則に反するとして許されないことがある

　時効援用権の喪失の理論は、主として消滅時効の完成後の債務の承認について展開されてきたものであり※91、消滅時効の完成後に債務を承認した場合は、時効の完成を知らなかったときでも信義則に照らして、その後は時効の援用をすることが許されなくなるという法理である。時効援用権の喪失理論と呼ばれている。

※90　①最判昭51・12・24民集30・11・1104、②最判昭52・4・28裁判集民120・549、③福岡地判昭54・7・12訟月25・11・2775、④東京地判昭60・9・25判タ612・49、⑤東京地判昭63・8・25判時1307・115、⑥東京地判平2・7・20判時1382・90等

※91　最判昭41・4・20民集20・4・702

　時効援用権喪失の理論については、取得時効についても適用を否定すべき理由がない。例えば、時効完成後に相手方の所有権を認めるなど時効取得の主張と相容れない行為があった場合に、取得時効の援用をすることが信義則上許されなくなる場合もあり得る。

　　イ　官民境界確定協議により時効援用権が喪失する場合

　時効完成後に官民境界確定協議がなされ、係争地部分について一旦官公有地であることを認めて、確定図と一体となった境界確認書に署名押印したり、境界が確定した旨の通知に異議を述べなかったりした場合に、もはや時効の主張をすることが信義則上許されなくなる場合があり得る。このような考え方から時効援用権の喪失を認めた裁判例として、①東京地判平12・2・4訟月47・1・164、②東京地判平12・2・8訟月47・1・171がある。

　他方、援用権の喪失を認めなかった裁判例として、訟月47・1・171に、①横浜地判平8・12・8（平6（ワ）1988）（国の担当者の不適切な対応により、自己所有地に影響を及ぼすものではないと軽信して境界確定協議書に署名押印したような場合）、②伊丹簡判平3・4・11（平2（ハ）5）（官民境界確定協議が、用途廃止申請や売払申請と共に係争地の所有権取得に向けた一連の行為と認められる場合）が紹介されている。

　これらの裁判例や前掲東京地判平12・2・4が、一般論として「境界の確定そのものは時効主張の前提行為と考えることも不可能ではなく、そうすると境界の確定に応じたことと取得時効の主張を行うことは必ずしも相容れないものではない。」（ただし、同事案では否定）としていること等に照らすと、官民境界確定協議が成立していたからといって常にこれと異なる時効取得の援用が否定されるとは限らないことになる※92。

　　ウ　境界明示

　時効完成後、境界明示に立ち会って係争土地の一部について国有地であることを承認していたことを理由に時効取得の援用権が喪失したとした裁判例として、神戸地判昭58・11・29訟月30・5・773がある。

　　エ　用途廃止申請

　水路について、用途廃止を申請した場合であっても、用途廃止申請が所有権を取得するための手段であって時効取得の主張と反するものではないとの理由で時効利益の放棄又は援用権の喪失に当たらないとした裁判例として東京地判昭61・6・26判時1207・67がある。

　　オ　その他

　前掲神戸地判昭58・11・29は、国有財産管理機関（近畿財務局神戸財務部）に赴いて国有地取得手続について相談したとしても、それは仮に国有地であるとすれば、払下げを受けたいと考えてその手続がどうなるか相談したにすぎないとの理由で援用権の喪失を否定している（ただし、前述のとおり、その後、境界明示に立ち会って国有地であ

※92　境界確定申請をしたにとどまる場合に援用権の喪失を認めなかった裁判例として、大阪地判昭61・6・27民事研修382・35がある。

ることを承認したことをもって援用権の喪失事由に当たるとしている。）。

(5)　旧法定外公共物の譲与と取得時効の関係

ア　時効完成後の第三取得者には登記なくして時効取得を対抗できない

時効完成後に当該土地について登記を経た第三取得者に対し、時効取得者は登記なくして時効取得を対抗し得ないというのが確定した判例である[93]。

そうすると旧法定外公共物である里道や水路、二線引畦畔について、私人による時効取得が完成していたとしても地方分権一括法（「地方分権の推進を図るための関係法律の整備等に関する法律」）により譲与を受けて登記を経由した市町村に対しては、登記なくして時効取得を対抗できないことになる。

イ　自治体が時効完成後の第三取得者であることを理由に登記の欠缺を主張することが信義則に反するとされた事例

東京高判平20・10・30判時2037・30は、自治体が時効完成後の第三取得者であるとして、時効取得者の登記の欠缺を主張することが信義則に反して許されないとした。

同事件は、自宅敷地の道路に面した幅約2.7mの部分（以下「係争部分」という。）について東京都の特別区に対して、所有権の確認を求めた事案であるが、原告は、仮に係争部分が、原告所有の甲土地の一部でなかったとしても時効取得した旨主張した。これに対し、被告である特別区は、時効期間経過後である平成16年4月1日に国から係争部分を含む土地の譲与を受けたことを理由に、原告の時効取得を認めないと主張した。

原審（東京地判平20・3・25（平18（ワ）21955））は、被告特別区が時効完成後の第三取得者に当たるとして、所有権移転登記を具備していない原告は時効取得の主張をすることができないとして原告の請求を棄却した。

これに対し、控訴審である前掲東京高判平20・10・30は、本件係争地を含む譲与がなされたのは、被告が機能管理をしている法定外公共物について財産管理も被告に一元化するためであったこと、及び被告が調査を怠った結果、本来譲与の対象とすべきでなかった本件係争地が譲与の対象とされたこと等の事情を考慮したときには、被告が原告に対して登記の欠缺を主張することは信義誠実の原則に反し許されないとした。

ウ　前掲東京高判平20・10・30が意味すること

地方分権一括法による旧法定外公共物の譲与については、里道あるいは水路が、現に公共の用に供されているものであることが前提であり、現に公物としての機能を喪失してしまっている里道や水路は譲与の対象から除外されている。

[93]　最判昭33・8・28民集12・12・1936、最判昭36・7・20民集15・7・1903、最判昭48・10・5民集27・9・1110等

しかるに実際には、「現に公共の用に供されている」かの判定手続は簡略化されており、ほぼ市町村の裁量的判断に任されていたため、実際には、現に公共の用に供されていないにもかかわらず、一括して譲与の対象とされ、市町村に譲与された例が少なからず存在すると言われている。

このような場合、市町村は、公物の時効取得それ自体を争ったり、時効完成後に譲与によって係争部分の所有権を取得した第三取得者に当たるとして時効取得者に対して登記の欠缺を主張して所有権取得を争い、買取りの方法によって解決を図ろうとすることが多いと言われている[94]。

しかし、同判決の趣旨に照らすと、もともと十分な調査もせずに一括譲与を受けた旧法定外公共物について、現に公共の用に供されておらず、本来、譲与の対象とすべきではなかったと思われるような場合には、時効完成後の第三取得者の主張をしても認められるとは限らないことになる。

他方、時効取得を主張する側としては、訴訟に伴う負担との兼ね合いということになるが、安易に買取請求に応じる必要はないかもしれない。

3　実務的な対応

里道、水路あるいは二線引畦畔について、時効取得が主張できる場合というのは、現地において何らの痕跡すら認められない場合であり、かつ、自己が前主から譲り受けた時点では、既に前述の四つの要件を備える状態になってから相当の年数を経ている場合と考えてほぼ間違いないであろう。

これらの要件を満たして時効取得が主張できる場合、自治体との交渉の過程で係争部分が官公有地であることを認めるような言動をしてしまうと、時効援用権の喪失を主張される場合があるので、用途廃止や払下げの申出をする際は、あくまでも本来、時効取得によって当該係争部分を取得しているけれども早期円満解決の手法として、払下げを求めるものであることを明らかにしておくべきであろう。そこで、まず、取得時効を援用する旨の内容証明郵便を提出した上で自治体と交渉し、訴訟負担等を勘案しながら事案によっては払下げの方法による解決を図ることも考えられるであろう。

他方、自治体側としては、前掲四つの要件を満たしているか否か、占有開始時期においてこれらの要件が具備されていたか否かを検証するとともに、過去に官民境界確定協議が行われて官公有地であることを認めていた等援用権喪失事由があるか否かを確認することになる。

[94]　「公物をめぐる近時の諸問題」16頁は、被告となった区では、本件訴訟提起前に同様の事例で141件総額4億4,000万円の買取請求事例が発生していたとしている。

第 2 章

境界の誕生（歴史的考察）

50

第1　視覚化される境界

　明治前半における境界の歴史的経緯を見ることによって、所有権界と筆界の基本的な理解が得られるものと考える。

① 明治3年7月欠日大蔵省達第505号「検見規則」

> 3条　一村ノ耕地ヲ熟覧平均シ[※1]、坪刈[※2]登量ノ多寡ニ由リ其取箇[※3]ヲ定ムルモノナレハ最モ不平均ナキヲ要シ、別紙雛形　雛形略ス以下同シ　ノ如ク内見帳[※4]及耕地絵図ヲ出サシムヘシ[※5]。

意訳【一つの村の耕地全体をよく見て平均し、一坪の稲を刈り取り、これを基礎として全体の収穫量を予測する場合は、不平均にならないよう正確にするため、別紙雛型のとおり、内見帳と耕地絵図面を提出すること】

② 明治5年9月4日大蔵省達第126号「地券渡方規則」

> 15条以下頒布23条
> 一　従前切歩[※6]致シ検地帳[※7]名寄帳[※8]小拾帳等に突合サルトモ現地ノ景況ニ随ヒ総テ地引絵図可差出旨説示可致事

意訳【既に一部分割した土地は、検地帳、名寄帳、小拾帳（こびろいちょう）等に突き合わせたとしても、現地の在り様に従い、全て地引絵図を提出する旨、分かるように説明すること】

③ 明治6年10月4日租税寮改正局日報第44号「地租改正ニ付人民心得書」

> 第5条　従前用来候反別ハ往古ノ検地帳或ハ名寄帳等ニ拠リ候事ニテ検地ハ土地ニ寄地所ノ余歩ヲ取ルニ種々ノ方法アリ又古今ノ規則一様ナラス名寄ハ村方限リニテ調タル帳簿ナレハ誤来レルモノ少カラス総テ年歴ヲ経天災地変等ノ為ニ帳簿上ト実地ト大ニ相違イタシ或ハ広ク或ハ地詰リニナリ来レルモノ多ケレハ御規則第二則ノ通リ是迄ノ帳簿ニ撚ル時ハ地ノ広狭適実ナラス陰ニ地価ノ昂低ヲナシ其相当ヲ失ヒ候ニ付現ニ今有スル所ノ全ノ歩数ヲ更ニ精密ニ取調[※9]別紙形……ノ振合ニ字一筆限ノ地図ヲ製シ然シテ一邨ノ惣絵図ヲ仕立之ヲ以テ根本トシ諸事取調可致事

意訳【従前用いた古い検地帳、あるいは名寄帳等による検地面積は、土地の求積に種々の方法があり、また規則が統一されておらず、誤りも少なくない。時の経過と天災地変等で相違、増減したものが多いため、第2則のとおり帳簿と照合するときは、面積に適応した地価でなければ地租が少なくなるため、現在の全ての歩数を更に精密に取り調べ、別紙の形……により一筆限図と一村限図を作成し、これを原本とすること[※10]】

※1　あくまでも年貢の取立ての関係から郡村地を対象としている。

※2　坪刈（つぼかり）：一坪の稲を刈り取り、これを基礎として全体の収穫量を予測すること

※3　取箇（とりか）：田畑に課した年貢

※4　内見帳：江戸時代、代官の検見に先立ち、村役人、耕作者が立ち会い、田地一筆ごとの稲の量を調べ、これを記した帳簿

※5　絵図的なものであり、境界線とまではいえない。

※6　切歩（きりせぶ）：江戸時代、検地帳に登録された田畑を分割して、質入れ、又は売買すること

※7　検地（けんち）：年貢高・諸役などを算定するために田畑などを測量調査すること

※8　名寄帳：地租賦課のための土地台帳

※9　あくまでも土地の面積を求めることにある。

※10　改租図の誕生

> 第6条
> 一　実地歩数ヲ定ルニハ先ツ村役員立会銘〻持地ニ畝杭ヲ建置キ然ル後
> 　　ニ隣田畑持主共申合耕地ヘ臨ミ経界ヲ正シ※11銘〻限リ持地有ノ儘ノ
> 　　形ヲ書キ入歩出歩等見計ヒ屈曲ヲ平均シテ縦何間横何間ト間数ヲ量リ
> 　　其間数ニ応シ坪詰イタシ一筆毎右之通取調村役人ヘ差出シ役オイテハ
> 　　右絵図ヲ以尚又実地ニ臨ミ其地并隣地持主再ヒ為ル立会歩数ヲ改メ相
> 　　違無之上ハ畝杭ヘ更正之反別ヲ認メ此絵図ヲ元ニシテ第五条ノ字限地
> 　　図※12ヲ仕立可申事　但持主……

意訳【18頁参照】

≪コメント≫

　先に村役員の立会いのもとそれぞれの地主が畝杭の建て置きをする。その後村役人の検査においても土地所有者、隣地所有者の再度の立会いをもって面積の確定をしている。

　このとき、ありのままの一筆地の地形図的な絵図をもって字限図を作成するよう指示している※13。

> 第7条
> 一　字限地図并一邨惣絵図出来ノ上ハ之ヲ掛リ官員出張取調所ヘ差出シ
> 　　検査ヲ受夫ヨリ地価取調帳ヲ相仕立可申事

意訳【一字限図と一村限図ができたら、係官が出張して取調所へ提出し
　　　検査を受けて地価取調帳を作ること】

≪コメント≫

　あくまでも地租、地価のための附属地図であり、土地の境界を確認する目的の地図ではない。よって法務局の旧図として改租図備付の地域では、それが書き写されただけの現在公図はほとんど当てにならず、実務において活用されていないのが実情である。

④　明治7年12月28日内務省達乙第84号「地籍編纂調査ノ達」

> 　全国地籍編纂調査トシテ※14来明治八年三月上旬ヨリ官員令派出※15別
> 紙雛形ノ通一村毎取調候条其節差支無之様緊要ノ書類取調置可申此旨相
> 違候事

意訳【全国の地籍編纂調査として来年の明治8年3月上旬から官員派出の
　　　令別紙雛形のとおり一村ごとに取り調べるので、その時に差し支
　　　えないように必要な書類を取り調べておくことを申し伝える】

⑤　明治8年1月18日大蔵省・内務省「租税寮改正局体裁改革ノ儀ニ付太
　　政官ヘ伺」

> 　……昨年一月内務省設立以降地所ト地租ノ処分両省ニ分割候ニ付、
> 一〻其主務ニ区分シ整理セサルヲ得ス。就テハ実際着手ノ時ニ臨ミ一事
> 両岐ニ分レ其間矛盾疑滞ノ弊ヲ醸シ、従テ民費モ相高ミ一層民間ノ苦情

※11　境界についての隣接持主との申合せ及び、隣接持主との再立会による所有権界としての現地の正確性

※12　それまでの「絵図」から「地図」という表現となる（「地図」という言葉の起源か）。

※13　「竿入図、丈量図」21頁参照

※14　内務省による地籍調査事業として全国に発せられた。

※15　官員（出張官）の派遣については2名の出張官が複数の県に派遣されたとの記載があることから全て詳細に調べられたかは疑問の残るところである。『明治前期の地籍編製事業について』参照

> ヲ増シ候儀ニテ決シテ行ハルヘカラス。然ラハ之ヲ一省ニ管センカ土地
> ノ広狭錯雑ヲ糾正スルハ内務省ノ主掌、地価ノ当否租税ヲ計較スルハ大
> 蔵省ノ事務ニシテ決シテ之ヲ一省ニ帰スルヲ得ス。依テ両省中別ニ地租
> 改正事務局ヲ設立シ、改正ニ属スル万般ノ事務ヲ総テ統轄整理シ、成功
> ノ上之ヲ主務ノ各寮ヘ送付致候様……

意訳【……昨年1月の内務省設立以降の地所と地租の処分を両省に分割
　　　したことについて、一々その主務に区分し整理する必要がある。
　　　ついては実際に着手する時に事務ごとに分担し、矛盾を疑わせ、
　　　民費も割高になることから民間の苦情を増加させることを決して
　　　行ってはいけない。よって、これを一省の所管とし、土地の広狭
　　　錯雑を整理するのは内務省の主掌とし、地価の当否租税を計較す
　　　るのは大蔵省の事務とし、決して一省に帰す必要はない。両省中
　　　別に地租改正事務局を設立し、改正に属する万般の事務を全て統
　　　轄整理し、成功の上これを主務の各寮へ送付する。】

≪コメント≫
　内務省は土地の広さを意識して地籍調査する目的、大蔵省は地価の設
定から地租を算出する目的である。

⑥　明治8年3月24日太政官達第38号「地租改正事務局設置」

> 内務大蔵両省間ニ地租改正事務局ヲ置キ地租改正ニ関スル一切ノ事務
> 管掌セシメ候条此旨相達候事[16]

※16　事務局の統一

意訳【内務・大蔵の両省間に地租改正事務局を置き地租改正に関する一
　　　切の事務を管掌させる】

≪コメント≫
　内務省・大蔵省の間に合同事務局を設置して地租改正の全ての事務を
管轄した。このことが実は地図作成の認識に重要なことであり、そのこ
との理解をもって以後の取扱いを考えると地図の内容が納得できる。

⑦　明治8年7月8日地租改正事務局議定「地租改正条例細目」

> 第二章　土地丈量[17]ノ事
> 第5条　山林原野池沼等ノ広漠タル地ニシテ実測ナリカタキモノハ四至
> 　ノ境界ヲ明白ニ記注セシメ[18]凡ソ反別ヲ記載スヘキコト
> 第6条　道路河川堤塘及ヒ畦畔溝渠等ハ実測ヲ要セスト雖モ経界ヲ判然
> 　調査[18]シ従前道敷道幅等ノ記録有之分ハ其旨記シ置ヘキコト[19]

※17　丈量（じょうりょう）：田畑などの土地の広さを測量すること
※18　「実測ナリカタキモノハ四至ノ境界ヲ明白ニ記注セシメ」「実測ヲ要セスト雖モ経界ヲ判然調査」の表現は理解に苦しむ。
※19　地籍図・地籍帳への記載

意訳【第5条　山林・原野・池沼等の広漠な土地で実測できないものは東
　　　　　西南北の境界を明白に記載させ概算の面積を記載すること
　　　第6条　道路・河川・堤塘及び畦畔・溝渠等は実測の必要はないが、
　　　　　境界をしっかり調査し、従前の境界寸法や幅員等の記録がある
　　　　　場合は記載すること】

≪コメント≫

　第5条は広漠たる地も明白にとはいっているものの、要するに地租が取れないので、実測をせずに、およその境界と面積を記録することにとどめた。

　第6条の道路・河川等も地租徴収を目的とする土地ではないので実測は必要ないけれども、境界をはっきりさせるためにその長さや幅を記録しておくこととした。この記載はほぼ同時進行する内務省の地籍編纂事業の地籍図・地籍帳への記載と考えれば理解できる。

⑧　明治8年7月8日地租改正事務局議定「地所処分仮規則」

> 第一章　処分方綱領
> 第1条　道路堤塘河川ノ両国郡村市ノ中間ニアルモノハ各村市ニ就テ其
> 　　　証跡ヲ正シ其景況ニヨツテ其中央ヲ経界トナスカ又ハ左右一方ノ傍側
> 　　　ヲ以テ経界トナスカヲ明瞭取調旧慣ノ依据置カタキ分ハ地方官協議ノ
> 　　　上伺ヒ出ヘキ事

意訳【道路・堤塘・河川が両国郡村市の中間にあるときは、各村市で調
　　　査して、その中央を境界とするか、左右のどちらかとするかの認
　　　識が合わないときは地方官と協議すること】

≪コメント≫

　現在の地方自治法9条（市町村の境界に争論があるとき）及び9条の2（市町村の境界が判明でない場合において、その境界に関し争論がないとき）に引き継がれている。

> 第2条　神社ノ両国境上ニ跨リ経界ノ標目トナシ来ルモノモ第一条同様
> 　　　区域明瞭取調ヘキ事[20]

※20　行政界（38頁）参照

≪コメント≫

　この事例に近い紛争として代表的なものとして筑波山における行政界と神社が関係する争い（最判昭61・5・29民集40・4・603）がある。

> 第3条　持主一人ノ地ト雖モ道路等ヲ隔テタル地ハ各別ニ取調一筆ト致
> 　　　間敷事

意訳【同一所有者であっても道路等を隔てた土地は各々調査して一筆と
　　　しないこと】

≪コメント≫

　実際には道路を挟んでの2区画が一筆の土地となっている場合は意外と存在しており、いわゆる「めがね地」と呼ばれている。しかし公図を見る上で不都合なこともあり、現在では分筆時においてそれぞれ付番する取扱いとなっている。

・めがね地事例

＜法務局備付和紙旧公図＞

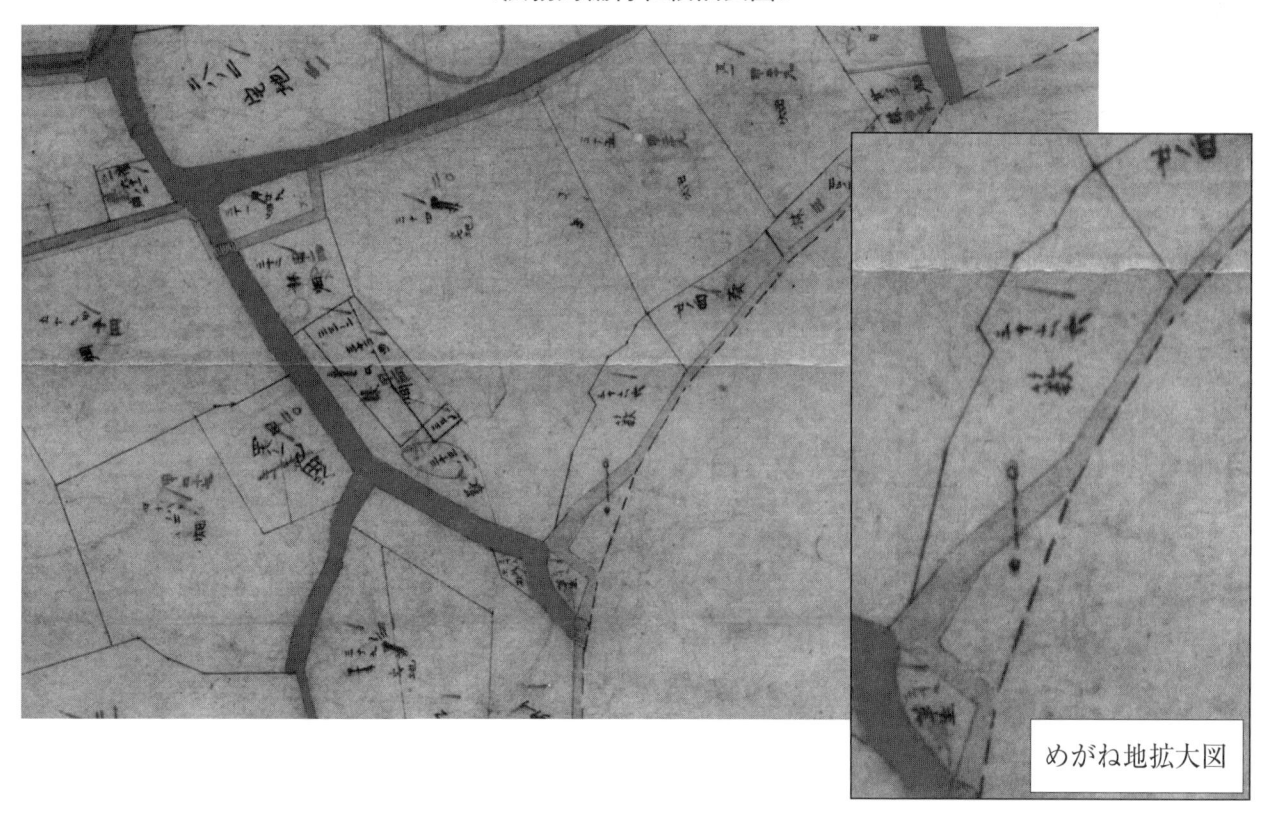

めがね地拡大図

＜法務局備付現在公図＞

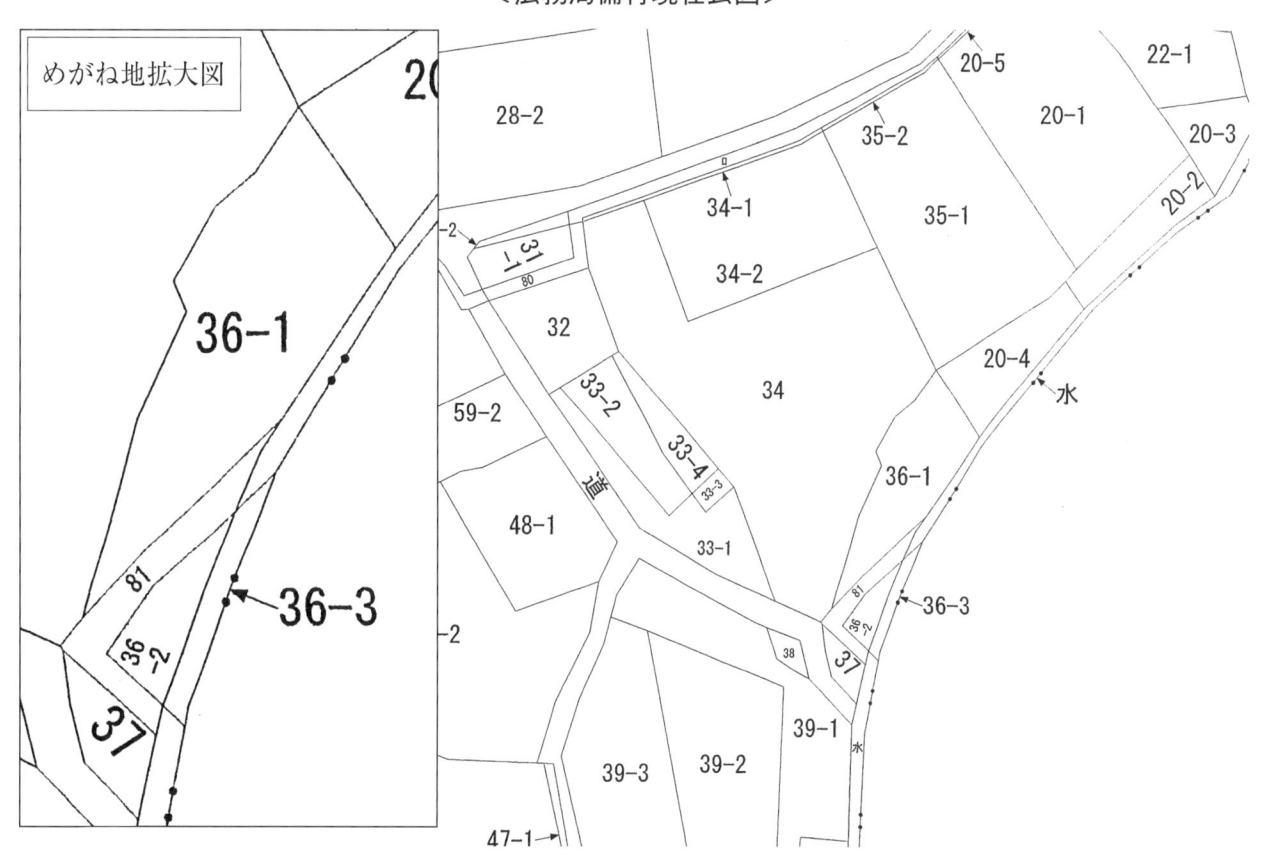

めがね地拡大図

⑨ 明治9年5月23日内務省達丙第35号「地籍編製地方官心得書」

第1章 心得要領

第2条 地図地籍ハ相待テ用ヲ為スモノユエ地図詳覈ナラサレハ実地明瞭ナラス其之ヲ製スルニ当リ甲乙両管ノ接壌不分明ナルトキハ双方ノ経界聯続ヲ誤ラサル様甲乙地方官厚ク協議ヲ経テ図籍ヲ製スヘシ※21

※21 「地籍編製」とは「地籍編纂事業」のうち下記第3条の具体的業務内容を指す

意訳【地図と地籍は一対で用をなすので地図が詳しく突き詰めて調べられないと現地は明瞭にならない。地図作成に当たり甲乙両管がせめぎあい不明なときは双方の境界のつながりを間違えないように甲乙の地方官はよく協議をして図籍を作成すること】

第3条 地籍編製着手ノ順序ヲ小別スレハ左ノ如シ

1 経界ヲ釐定スル事
2 地種名称ヲ調理スル事
3 実地ヲ丈量シ方積ヲ求ムル事
4 地図ヲ編製スル事
5 地籍ヲ整頓スル事

意訳【地籍編製の着手順序は次のとおり

1 境界を定めること
2 課税できる土地、できない土地を種類別に整理すること
3 実測して面積を求めること
4 地図を作製すること
5 地番、地目、面積、所有者を整頓すること】

第4条 地籍編製ノ為ニ土地ヲ調整スルハ官民地ヲ問ワス一般ニ其本地ニ於テ調査スルモノトス

意訳【地籍編製のために土地の調査は官地民地を問わず一般に本地を調査するものとする】

第2章 経界釐定

第7条 土地ノ経界不分明ナルモノハ其証跡ヲ正シ従来ノ慣習実地ノ景況及左ノ3項ニ随ヒ之ヲ定ムルモノトス

一 国郡村ノ経界ニ関スルモノハ伺出ヘシ
二 海ト陸地ノ経界ハ満潮ヲ以テ其区別ヲナスヘシ
三 水流ヲ界トスルモノハ其中心ヲ以テシ山頂ヲ界トスルモノハ雨水分派スル所ヲ以テシ道路ヲ界トスルモノハ其中央ヲ以テスヘシ

意訳【境界が不明な土地は証拠調べをして従来の慣習と実地調査及び次の3項に従いこれを定めるものとする。

　一　国郡村の境界に関するものは伺い出ること

　二　海と陸地の境界は満潮をもって境界とすること

　三　水流を界とするものはその中心とし、山頂を界とするものは
　　　分水界（分水嶺）とし、道路を界とするものはその中央を境界
　　　とすること】

≪コメント≫

　ただし、三につきいわゆる赤線、青線といわれる旧道、旧水路は現在
の公図を見る限り、どちらか一方の公図に記載されている場合が多い。

第6章　製籍順序及検認

第15条　地籍地図※22ヲ編製スルノ順序ハ前条の如クナリト雖今新ニ製
　　　スルハ地租改正ノ為メ調査セシメ方積ヲ憑拠トシ未タ調査ヲ経サルモ
　　　ノハ其方法ニ照シ拾収登記スヘシ

※22　地籍図のこと

意訳【地籍地図を編製する順序は前条の様ではあるが、今般新たに作る
　　　のは地租改正のための調査をさせ、面積を根拠としいまだ調査を
　　　していないものはその方法に照らして記録すること】

⑩　明治10年2月8日地租改正事務局別報第69号達「崖地処分規則」

第1条　凡ソ甲乙両地ノ中間ニ在ル崖地ハ上層ノ所属トスヘシ※23其従来
　　　ヨリ下底所属ノ確証アルモノハ旧慣ノ侭ニ据置クヘシ

※23　崖地の基本的取扱い

意訳【一般的には甲乙両地の中間にある崖地は、上層の所属とする。従
　　　来から下底所属の確証あるものは旧慣のままとする。】

⑪　明治14年6月30日大蔵省太政官達第59号「地租改正事務局ヲ廃ス」

　地租改正事務局本月三十日限相廃シ残務ノ儀ハ大蔵省ニ於テ取扱候條
此旨相達候事

意訳【地租改正事務局は明治14年6月30日をもって廃止したが残務処理
　　　については別に定め布達した。】

⑫　明治15年2月大蔵省（参議兼大蔵卿松方正義ヨリ太政大臣三条実美
　　アテ）「地租改正報告」

第三款　検地

第一項　地押※24丈量
　　　……其番号地順ニ随ヒ一筆毎ノ形状ヲ見取図ニ製シ之レヲ連合シテ一
　　　字限リ及ヒ一村限図ヲ製シ地引帳ト共ニ之ヲ管轄庁ニ上進セシム而後
　　　官吏其本村ニ臨ミ地主ハ勿論本村総代人等ヲ会集シ其畝杭ト其地引帳
　　　地引絵図トヲ照合シ※25地番ノ重複或ハ脱漏ナキヲ確認スルニ至ル……

※24　地押（じおし）：品
　　　位・高盛は変えずに面
　　　積のみ検査すること

※25　この作成方法につい
　　　ての記述は第1章第2

意訳【地番順に従い一筆ごとの形状を見取図に作成し、これをつなぎ合わせて一字図※26及び一村図※27を作成し、地引帳と共にこれを管轄庁に提出する。その後役人がその村に出向き地主はもちろんのこと、総代人等も集め、畝杭・地引帳・地引絵図を照合して地番の重複あるいは脱漏がないことを確認する。】

2(1)ウ⑤「字図の作成方法」≪コメント≫19頁及び「竿入図、丈量図」21頁を参照
※26 字限図（あざかぎりず）
※27 村限図（むらかぎりず）

<一字図>

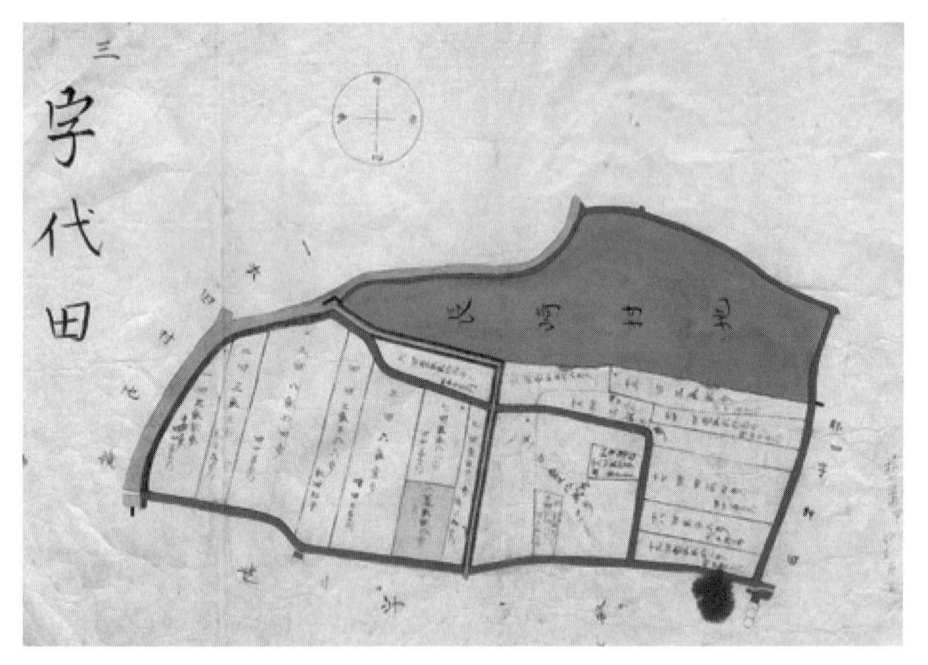

（福井県文書館所蔵）

<一村図>

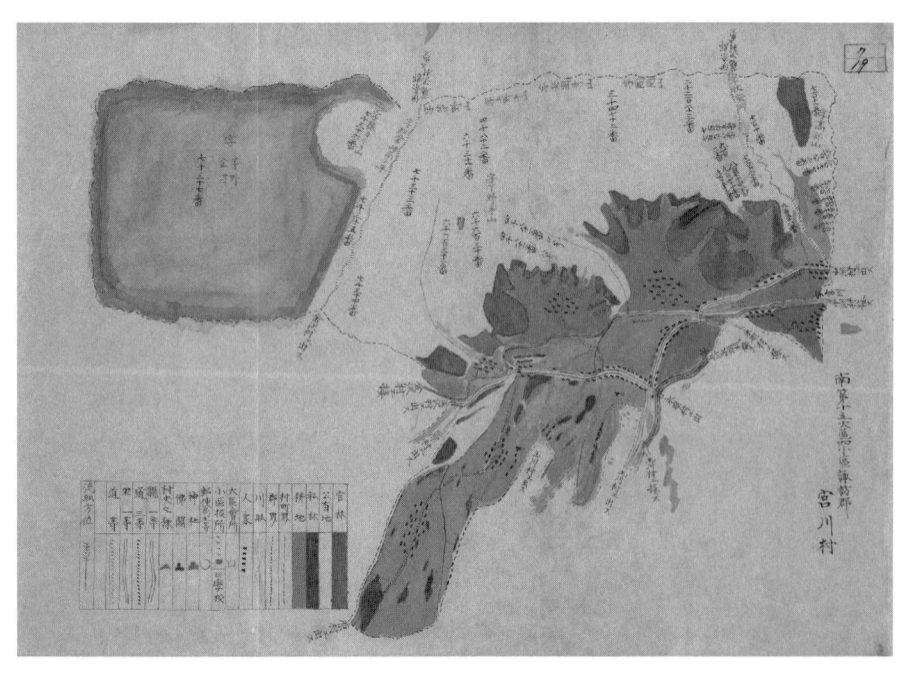

（長野県立歴史館所蔵）

⑬　明治16年4月20日内務省達乙第16号（東京府　函館縣　札幌縣　根
　室縣　沖縄縣ヲ除ク）

> 明治7年12月當省乙第84号達地籍雛形別紙之通更正候條右ニ準據編製
> 可致此旨相達候事

≪コメント≫

　明治16年の達であるが、地租改正が全国的に一応終わったことから明
治7年12月の雛形をもって延期されていた地籍編製を行うよう指示がな
された。

⑭　明治17年4月5日大蔵省達号外「地租条例取扱心得書」

> 第3条　凡土地ノ丈量ハ三斜方ヲ用イ其地主ヲシテ之ヲ為サシメ其段別
> 及ヒ野取絵図（第一号雛形ノ如ク）ヲ差出サシメ然ル上主務官吏ヲ派
> 遣シテ其当否ヲ検査セシムヘシ

意訳【一般的に土地の丈量は三斜法を用いて地主が行い、その面積及び
　　　野取絵図（第一号雛形参照）を提出させた上で主務役人を派遣し
　　　て、実地検査をすること】

⑮　明治17年6月30日愛知県布達乙第48号「地租条例細目」

> 第二章　地盤丈量
> 第5条　凡土地ノ丈量ハ三斜法ヲ用ヒ其地主ニ於テ之レヲ為シ其反別及
> ヒ野取実測絵図帳ヲ取調尚戸長※28照検ノ上進達スヘシ
> 第7条　田畑ノ丈量ハ畦畔際ヨリ宅地ハ境界線ヨリ打詰ニ為スヘシ

※28　戸長（こちょう）：大
区・少区制による地方
制度改革で、少区ごと
に置かれた役人

意訳【第5条　一般的に土地の測量は三斜法を使い地主が行い求積し野
　　　　取実測絵図帳を取り調べる。なお戸長が点検し提出すること
　　　　第7条　田畑の測量は畦際より測量し、宅地は境界線より測量す
　　　　ること】

⑯　明治18年2月18日大蔵大臣訓令主秘第10号（大蔵大臣ヨリ各府県知
　事県令ヘ発シタル訓示）「地押調査ノ件」

> （明治十八年二月十八日大蔵卿ヨリ各府県知事県令ヘ発シタル訓示）
> 　改租ノ事業整頓以来開墾荒地々目変換等ノ事故ニヨリ実地検査ノ義ヲ
> 請求スルモノハ外ハ絶テ一体ノ実地検査ヲナスコト無カリシニヨリ自然
> 在来ノ帳簿図面ト実地ト離齬スルモノ尠ナカラサルヤノ聞ヘアリ然ルニ
> 客年当省第八十九号ヲ以テ相達候帳簿様式中ニ示ス土地台帳ノ如キハ毎
> 町村毎地ノ地目反別地価地租等ヲ明カナラシムモノニシテ固ヨリ必要欠
> クヘカラサルモノニ有之今此帳簿ヲ編製スルニ当リテハ只ニ在来ノ帳簿
> ノミニ憑拠シテ謄写スルトキハ或ハ実地ト離齬スル帳簿ヲ従来ニ伝フル
> ノ虞アルノミナラス若シ他日其離齬ヲ発見スルトキハ仮令事ノ有心ニ出
> テシモノニアラサルモ処分ヲ免レサル義ニ有之候ニ付テハ此際適宜期限

ヲ定メ毎町村ニ於テ在来ノ帳簿図面ニ対照シ一応実地ノ取調ヲナサシメ
以テ事情相違ノ有無ヲ申告候様管内ニ諭達シ予メ犯則ニ陥ル等ノ不幸ナ
カラシムル様致スヘシ然ルニ猶該事実ヲ申告セス不都合ト認ムル場合ニ
於テハ臨時収税官吏ヲ派遣シテ地押調査ヲナサシメ以テ地租改正ノ成績
ヲ鞏固ニシ且将来実地ト帳簿トニ齟齬錯乱ナカラシムル様致スヘシ

意訳【地租改正事業の結果、開墾、荒地、地目変換などの誤りにより、
　　　実地検査を求めるもの以外は全て全体の実地検査をすることはな
　　　かったことから、当然に帳簿と図面が現地と相違しているものが
　　　少なくないと聞いている。
　　　　しかるに、昨年大蔵省第89号において通達した帳簿様式中に示
　　　す土地台帳については、町村一筆ごとの地目、面積、地価、地租
　　　などを明らかにするもので、もとより重要なものであって欠けて
　　　いてはいけないものである。今この土地台帳を作成するに当たっ
　　　て、これまでの帳簿だけによって書き写すとき、あるいは現地と
　　　相違する帳簿であると伝えられていたと知っていたとき、もし後
　　　日その誤りを発見したときはそれを知っていて申し出なかった者
　　　は処分されることとなる。
　　　　ついては、この際期限を定めて全ての町村において、これまで
　　　の帳簿図面と照らし合わせて一応現地調査をさせることにより、
　　　その内容と相違があるかないかを申し出させるよう管内に通知し
　　　て、あらかじめ罰則されるような不幸にならないようにすること。
　　　しかるに、その事実を申し出ず、相違していると認められる場合
　　　は、特別に収税官吏を派遣して調査測量させる。そして地租改正
　　　の記録をより正しいものにし、かつ将来にわたって現地と帳簿が
　　　一致して混乱のないようにすること。】

≪コメント≫
　地租改正の不備を指摘し、再度調査・測量を行うという各府県への達
も、短期間の限定と、ある意味脅かしとも受け取られるような指示で、
果たして全国的な成果はどうであったか。
　また、測量に当たっては、初めて平板測量の指示が明治18年の「地押
調査の件」によってなされ「地図更正の件」が明治20年であることから、
地押調査図が全て平板測量によって作成されているかどうかが疑わし
い。そのことは『公図の研究〔5訂版〕』8・9頁にも記載がある。
⑰　明治19年1月欠日大蔵省主税局「地租便覧」

　二　丈量　絵図
　　　字ヲ定メ地番ヲ附セシ上ハ土地ノ丈量ニ着手スルナリ丈量ニ十字法

三斜法等ノ別アリ概ネ早ク成功セシ地方ハ十字法ヲ用ヒ遅ク成功セシ地方ハ三斜法ヲ用ヒタリ

　丈量ニ当リテハ<u>野取図</u>※29及ヒ丈量帳反別帳又ハ地引帳ト名ツク各二通ヲ作クレリ<u>野取図ハ土地ノ形状ヲ画キ丈量線ヲ引キ間数ヲ記入シ丈量帳ハ字番号地目反別及ヒ一縄ノ縦横間数坪数ヲ記入セルナリ</u>

　一町村ノ丈量成功ニ至ルトキハ野取図及ヒ丈量帳一通ヲ地方庁ニ差出シ検査ヲ請ヘリ但一通ハ其町村ニ備ヘ置ケリ

　地方庁ハ其際官吏ヲ派遣シ一町村毎二十五筆乃至三十筆ノ丈量ヲ検査シテ※30其可否ヲ決シ其可ナルモノハ之ヲ認可シ否ナルモノハ再調ヲ命セリ

　官吏丈量ノ可否ヲ決スルハ検査歩数ト村方丈量ノ歩数トノ差異壱反ニ付凡ソ拾歩内外ニ止マルヤ否ヤニアリ乃チ其以内ニ止マルモノハ之ヲ認可シ然ラサルモノハ再調ヲ命シタリ※31

　官吏丈量検査ノ上之ヲ認可セシトキハ各町村ヨリ差出セシ丈量帳ヲ検算シ而シテ各町村ノ反別ヲ定メリ是ニ於テ地方庁ト町村トニ於テ各公正ナル野取図及ヒ丈量帳ヲ完備セリ

　<u>丈量ヲ了セシ後絵図ヲ製セリ其絵図ハ多ク一町村全図ト字限絵図アリ一村全図トハ一村内ノ重モナル道路溝渠堤塘ヲ描キ字ノ境界線ヲ引キ以テ一村ノ大体ヲ明ニシ字限リ絵図ハ一字ヲ一図トナシ道路溝渠ハ勿論字内毎筆ノ境界ヲ画シ之ニ地番地目田数等ヲ記入シ以テ土地ノ位置ヲ明カニスルモノナリ</u>絵図モ各二通ヲ製シ一通ヲ地方庁ニ差出シ一通ヲ町村ニ備置クナリ

※29　野取図とは一筆限図のこと

※30　一町村における検査が25筆から30筆では少なくないか。

※31　申請丈量面積と検査官の検査結果がおよそ1反（300歩）につき10歩以内をもって誤差内とするか、再検査をするかの判断とした。10歩は宅地にすると10坪のことであり、すなわち33㎡。旧土地台帳附属地図地域における境界確定に当たっては、この許容誤差が前提としてあることを意識しておく必要がある。

意訳【字を決め地番を付した土地は丈量に着手した。丈量は十字法と三斜法があり、おおむね早く着手した地方は十字法を用い、遅く着手した地方は三斜法を用いた。丈量では野取図及び丈量帳又は反別帳あるいは地引帳という名称の帳簿を各2通作った。野取図は土地の形状を描画し丈量線を引き間数を記入した。丈量帳は字番号・地目・反別（面積）・一縄の縦横の間数及び坪数を記入した。一町村の丈量が終わると野取図及び丈量帳1通を地方庁に提出し検査を受けた。ただし1通はその町村に備え付けた。地方庁はその際、役人を派遣し一町村ごとに15筆から30筆の丈量を検査して、その精度を検証し制限内は認可し、超えるものは再調査を命じた。役人が丈量の可否を決めるのは検査した歩数と村人が丈量した歩数との差が、1反につきおおむね10歩以内とした。すなわち10歩以内であれば認可し、超えるものは再調査を命じた。役人の丈量検査において認可されたときは、各町村が提出した丈量帳を検算して、そして各町村の反別を定めた。これで地方庁と町村にそれぞれ公正な野取図及び丈量帳を完備した。丈量完了後に絵図を作

製した。その絵図は多く、一町村全図と字限絵図がある。一村全
図とは一村内の主なる道路・溝渠・堤塘を描画し、字の境界線で
一村の大体を明らかにし、字限絵図は一字で一図とし道路・溝渠
はもちろん、字内の各筆の境界を描画し、これに地番・地目・田
数等を記入して土地の位置を明らかにするものである。絵図も各
2通を作製し、1通を地方庁に提出し1通を町村に備え置いた】

⑱　明治20年6月20日大蔵大臣内訓「地図更正ノ件」

<u>地租改正ノ際調製セシ町村地図ハ各地方ノ便宜ニ任セ、技術不熟練ナ
ル人民ノ手ニナリシモノナルカ故ニ</u>※32概ネ一筆ノ広狭状況等実地ニ適
合セス、或ハ脱漏重複又ハ位置ヲ転倒スル等不完備ヲ免カレサルモノ多
キニ居ル※33。加之地租改正以後十余年間頻繁地目ノ異動アルモ地図ハ
改正ヲ加ヘサルカ為メニ目今ニ至テハ頗ル錯雑ヲ極メ実地ト離齬スルモ
ノ夥多ニシテ、到底地図ノ用ヲナス能ハサル※34ヨリ往々地図更正ニ着
手ノ地方アリ。一体地図トハ各町村ノ実況ヲ詳カナラシムルモノニシテ
地租ノ調査上ハ勿論土地百般ノ徴証ニ欠クヘカラサルモノトス。依テ今
後地図ヲ更正スルモノハ別冊準則ニ憑スルモノトス。
　　右内訓ス。

※32　農民の手による未熟
　　な測量

※33　実地の土地と合って
　　いない（脱漏・重複・
　　位置の間違い）。

※34　改租図は南北逆（第
　　3章第3　7「南北逆
　　転の公図」116頁参照）

意訳【地租改正の際に調製した町村地図は各地方の都合に任せ、技術未
　　熟な人民が測量したためか、おおむね一筆の形状・大きさ等は現
　　地と一致せず、あるいは脱漏・重複又は位置を転倒する等不完備
　　なものが多い。さらに地租改正以後10年あまり経過し、頻繁に地
　　目の変更があるものも地図には反映しておらず、現在では大いに
　　混乱し実地と離齬するものが大変多く、到底地図の用を成してい
　　ないため、地図更正に着手する地方がある。そもそも地図とは各
　　町村の詳細な実態を公示するもので、地租の調査上はもちろん、
　　土地全般の基礎資料として欠くことのできないものである。よっ
　　て今後、地図を更正する者は別冊準則によって行うこと。以上伝
　　える。】

≪コメント≫

　地租改正以降、明治20年まで地目変更、分筆の異動につき修正してい
ないので、かなり地図の用を成していない。にもかかわらず、地方によ
って地図の更正に着手している状況であり、全国全てではない。

⑲　明治20年6月20日大蔵省内訓第3890号「町村地図調整及更正手続」

（町村製図略法）
第1項　地図ヲ調整スルニハ別紙町村製図略法ニ拠ルモノトス但シ従来
　　ノ分間※35法等ニ拠ルモ便宜タルヘシ

※35　分間（ぶんけん）：距
　　離等を測量すること

> 第2項　地図ハ村図字図ノ二種ヲ製スルモノトス村図ニハ（イ）号雛形ノ如ク毎字ノ地形ヲ画キ字図ニハ（ロ）号雛形ノ如ク毎筆ノ地形ヲ画クモノトス
>
> 第5項　町村図ハ五間ヲ以テ曲尺一分（即チ三千分ノ一）トシ字図ハ一間ヲ以テ曲尺一分（即チ六百分ノ一）トス
>
> 第8項　町村図ハ一部字図ハ正副各一部ヲ府県庁及戸長役場ニ備置モノトス
>
> 第11項　地図ハ年々移動地ヲ修正セシ副図ニ就キ<u>正図及ヒ副図トモ十ケ年毎ニ更ニ調整シ年月ヲ記載シ図者之ニ記名捺印スルモノトス</u><u>但シ本図明瞭ニシテ其儘使用シ得ラルヘキモノハ新調スルノ降ニアラス</u>

意訳【第1項　地図の作製は別紙町村製図略法によるものとする。ただし従来の分間法等によることもできる。

第2項　地図は村図・字図の2種とし、村図には（い）号雛形のように各字の地形を描画し、字図には（ろ）号雛形のように各筆の地形を描画する。

第5項　町村図は5間を曲尺1分（3,000分の1）とし、字図は1間を曲尺1分（600分の1）とする。

第8項　町村図は1部、字図は正副各1部を府県庁及び戸長役場に備え付ける。

第11項　地図は毎年、移動地を修正し、正図及び副図共10年ごとに更に調整し、作製年月を記載し作製者が記名捺印するものとする。ただし本図が明瞭であればそのまま使用し、新調しなくてもよい。】※36

≪参　考≫

明治24年3月24日法律第3号「度量衡法」の換算※37

第三条　度量衡ノ名称命位ヲ定ムルコト左ノ如シ		
＜度＞　（長さのことであり一尺を基準にしている。）		
毛	尺ノ万分ノ一	（0.03㎜）
厘	尺ノ千分ノ一	（0.3㎜）
分	尺ノ百分ノ一	（3㎜）
寸	尺ノ十分ノ一	（3.03㎝）
尺		（30.3㎝）
丈	十尺	（3.03m）

※36　10年ごとの修正、又は再製として全国的にどうであったか。第3章第2　5「公図の加筆・修正・改製」≪コメント≫100頁参照

※37　表中の（　）書部分は筆者による。
　「度量衡」として全国的に長さ、量の単位が統一されたが、それまでは地方によって例えば六尺一歩をもって一間としていたり、六尺二歩をもって一間としているなどいろいろの尺度であったことから、一般的に「縄のび」という表現を使って解釈しようとしてきた。
　特に福井県のように非常に精度の高い改租図をもって現在公図としている地域において

間	六尺	（1.818m）
町	三百六十尺（六十間）	（109.8m）
里	一万二千九百六十尺（三十六町）	（3952.8m）

＜量＞	（面積のことであり、一歩を基準としている。一歩は宅地における一坪と同じ。）	
勺	歩ノ百分ノ一	（0.033㎡）
合	歩ノ十分ノ一	（0.33㎡）
歩或ハ坪	（六尺平方）	（3.305785㎡）
畝	三十歩（30坪）	（99.17355㎡）
段	三百歩（300坪）	（991.7355㎡）
町	三千歩（3000坪）	（9917.355㎡）

⑳　明治20年7月13日福島県知事訓令甲第250号「町村地図調整式及更正手続」

> （土地丈量心得書）
> 一　土地ヲ丈量スルニハ先ツ第一ニ地盤ノ境界ヲ正スコ※38肝心ナリ故ニ其実地ヲ絵図面及ヒ隣地等ニ引合シテ以テ境界ニ誤リナキヲ確知シタル上ニアラサレハ丈量ニ着手スヘカラス
> 一　隣地トノ境界判然シテ現地相違ノ廉ナケレハ梵天※39ヲ建テ始ムヘシ扨テ此梵天ナルモノハ土地ノ境界又ハ曲リ目ニ立ルモノニシテ其建方ノ当否ニ因テ坪数ニ多少ノ差違ヲ生スルノ恐レアリ又タ梵天ノ数ヲ略セントテ出歩入歩ヲ想像ノ上ニテ差引スルカ如キハ反別ノ相違ヲ来ス基ヒナレハ最モ注意シ可成折レ曲リタル所ヘハ左図ノ如ク梵天ヲ建ツヘシ※40但梵天ハ当ニ十五本内外ヲ準備シ置クヘシ……

意訳【一　土地を丈量して面積を出すには、境界を正すことが重要である。そして、その実測を絵図面に描き、また隣地等と立会いして、境界に誤りがないことを確認した上でなければ着手してはいけない。

　　　一　隣地との境界がはっきりしていて、現地も間違いなければ、梵天（計測ポール）を建てることから始める。梵天とは土地の境界又は屈曲点に立てるもので、立てる位置によって坪数に多

※38　「コ」は「こと」と読む。

※39　梵天とは今の計測ポールのこと

※40　屈曲点又は、曲線のある点を屈曲点とする測量方法

は、縄のび比率をもって筆界幅を検討しているようである。しかし、精度の低い改租図をもって現在公図としている地域では縄のび比率をもって検証することはできないと考えたほうがよいのではないだろうか。

少の差違を生ずるおそれがある。また梵天の数を省略しようと
すると出歩・入歩によって想像以上に面積が相違する原因とな
るので、最善の注意を払い屈曲点には左図のように梵天を打つ
こと。梵天は25本ほど準備すること】

≪コメント≫

　地租改正初期は十字法にて計測していたので梵天は4本としていたが、
地租改正後期は三斜法により計測することとなったので梵天も多数使用
することとなった。

第2　分筆と地形図・測量図から見た境界

　ここでは、分筆の歴史を見ながらそこに添付される地形図と測量図の
内容がどのような内容であったかを確認する。

　そのことが理解されれば、これまでの実務から気付かされる部分が多
くあると思われるし、またこれからの実務に大いに役立てられる部分で
はないだろうか。

① 　明治15年1月31日太政官※41布達第2号「土地分割取扱手続」

※41　太政官（だじょうか
ん）：律令制における
国政の最高機関

> 第1条　売買譲渡等ノ為メ一筆ノ土地ヲ分割シテ奥書割印ヲ受ケ地券書
> 　　換ヲ請ハント欲スルモノハ境界ヲ明瞭ニシテ其反別ヲ正シ地位ノ優劣
> 　　ニヨリ全筆ノ地価ヲ分配シ其書面ヲ戸長役場ニ差出スヘシ

意訳【売買や譲渡等のため、一筆の土地を分割して奥書割印を受け地券
　　　の書換えを申請する者は、境界を明らかにし面積を更正した上で、
　　　利用状況により全筆の地価を分配した書面を戸長役場に提出する
　　　こと】

② 　明治20年4月11日大蔵省訓令第25号「土地分合筆手続」

> 第1条　一筆ノ土地ヲ分割シ二筆以上ノ土地ヲ合併セントスル者ハ其段
> 　　別地価及野取図ヲ添ヘテ戸長役場ヲ経由シ郡役所へ届出ヘシ

意訳【一筆の土地を分割して二筆以上の土地を合併しようとする者は、
　　　その面積・地価及び野取図を添付して戸長役場を経由して郡役所
　　　に届出すること】

≪コメント≫

　土地台帳制への移行を踏まえての取扱いである。基本的には分割した
土地は同一所有地となった土地と合併して一つの土地とする意向があっ
たようで、現代の分合筆の登記手続へとそのまま推移している。

③　大正3年3月28日東京税務監督局長訓令第20号「地租事務規程」

> 第29条　分筆地ノ反別ハ分筆地ノ一方ヲ測量シ其ノ反別ヲ元反別ヨリ控除シ残反別ヲ以テ他ノ反別トス但シ分筆地ノ各筆ヲ測量シタル場合ニ於テハ其ノ測量反別ヲ以テ各筆ノ反別トス[42]

意訳【分筆地の面積は分筆地の一方を測量しその面積を台帳面積から差引きし残地面積とする。ただし分筆地の各筆を測量した場合、その測量面積とする。】

≪コメント≫

　分筆地のみを測量した場合はいわゆる「残地求積」の取扱いであることから、残地形状は公図形状か、又は現地形状の概略を記した図面であり、境界確認の参考にはできない[43]。

　また、一筆地本来の境界確認をしていないことは筆界というよりも、まだ境界というものが、単なる所有権界として考えられていることの証左にもなるのではないか。

> 第30条　前条但書ノ場合ニハ分筆届ニ測量図ヲ添付セシムヘシ

意訳【前条ただし書の場合には分筆届に測量図を添付すること】

≪コメント≫

　前条ただし書は両地求積の場合をいっているので、その場合は測量図を提出することとしている。よって、分筆地のみを測量とする残地求積の場合は測量図を提出する必要はないと解されることから、地形図の提出でよいこととなる[44]。

> 第49条　丈量誤謬ハ土地台帳登録反別ニ対シ宅地ハ百分ノ五宅地以外ノ第一類地[45]ハ百分ノ十第二類地[46]ハ百分ノ二十以上ノ差異アル場合ニ限リ訂正スヘシ但シ特殊ノ事由アルモノハ此限ニアラス

意訳【地積更正は土地台帳登録面積に対し宅地は100分の5、宅地以外の第一類地は100分の10、第二類地は100分の20以上の誤差がある場合に訂正すること、ただし特殊な事由があるものはこの限りではない。】

≪コメント≫

　土地の面積は地租改正時代より土地所有者による丈量と申告であったことから、かなり緩い誤差としていた。

　また、申告面積は一定の比率でもって申告したわけではないことから、その誤差は一筆ごとにばらばらである。

※42　いわゆる「残地求積」とする片方求積と「両地求積」の内容

※43　後掲第3「分筆申告図と境界」69頁参照

※44　後掲④「地租事務規程」（昭和10年8月1日）はそのことをより明確に表現している。

※45　第一類地とは、田、畑、郡村宅地、市街宅地、塩田、鉱泉地

※46　第二類地とは、池沼、山林、原野、雑種地

⇒重要なポイント

　よって、隣地との境界確定に当たっては面積按分できないと考えるべきである。

④　昭和10年8月1日東京税務監督局長訓令第6号「地租事務規程」

> 第55条　分筆申告書ニハ左ノ各号ニ依リ測量図又ハ地形図ヲ添附セシムヘシ
> 一　地積ニ増減アルモノニ付テハ測量図ヲ添附セシムルモノトス
> 二　地積ニ増減ナキモノニ付テハ地形図ヲ添附セシメ其ノ必要ト認ムル場合ニ於テハ測量図ヲ提出セシムルモノトス
> 三　前号ノ地形図ニハ分筆境界点ニ対シ屈曲点ヲ起点トシタル間数ヲ記入セシムルモノトス
> 第56条　分筆地ノ地積ハ一方ヲ測量シテ之ヲ原地ノ地積ヨリ控除シタルモノヲ以テ他ノ一方ノ地積ト為スモ妨ケナシ但シ……

≪コメント≫

　この訓令は前掲③大正3年3月28日東京税務監督局長訓令第20号の規定をより明確にしたものである。

　前解説どおり分筆申告書（分筆届）には「測量図又は地形図」を添付することにしている。

　一号、二号において「地積に増減あるもの」は測量図を添付するということから、一方のみを測量した場合のもう一方は元反別より差引きしているので地積に増減はないこととなる。よって、測量図の添付は要せず、必要と認める場合を除き地形図のみを添付する取扱いである。

　このことから、分筆地は地積測量図をもっての求積ではなく、地形図の添付だけでよいといっていることから、この取扱いの時代では分筆地であるから登記地積程度に実測面積があるとは限らないことになる。このことも、これまで分筆地であるにもかかわらず面積が公簿と合わなかったことの疑問への解消となる。

　また、三号の地形図の内容は、起点とする屈曲点から分筆境界点までの距離（間数）を記入することとしているのみである。

⇒重要なポイント
後掲第3　1「申告書・申告図の変遷と特徴」(5)(6)(7)の申告図参照

⑤　昭和29年6月30日民事甲第1321号民事局長通達「土地台帳事務取扱要領」

> 第64　分筆の申告をする場合において、土地台帳の地積に増減がないときは、地積の測量図に代えて、分筆境界点に対し屈曲点を起点とした間尺を記載した地形図を提出させてもさしつかえないものとする。但し、登記官吏において地積の測量図を提出させる必要があると認めるときは、この限りでない。
> 第65　合筆の申告をする場合には、土地台帳の地積に増減がないときは、

> 申告書に地積の測量図を添附させることを要しない※47。この場合には、土地台帳法施行細則第二条の地図と同一の縮尺により合筆すべき土地の形状を記載した図面を添附させるものとする。

≪コメント≫

　昭和35年法律第14号不動産の表示に関する登記制度の新設による地積測量図の添付後の規定から、原則として分筆地の登記地積と実測地積がほぼ一致してくることとなる※48。

　よってそれ以降の分筆された土地の境界確定については登記地積に注意を払う必要がある。

⑥　昭和38年10月8日民事甲第2885号法務省民事局通達

> （分筆線記入）
> 　公図に正確な分筆線を記入することができない場合には、おおよその位置に分筆線を記入し……

≪コメント≫

　旧不動産登記事務取扱手続準則123条においては、

　「分筆の登記の申請書には、分割前の土地を図示し、分割線を明らかにした分割後の土地の地積の測量図を添付するものとする。ただし、分割後の土地のうち一筆については、必ずしも求積及びその方法を明らかにすることを要しない。」

とされ、旧同準則124条においては、

　「分筆の登記を申請する場合において、分筆前の地積と分筆後の地積の差が、分筆前の地積を基準にして第97条第3項の地積の測量図の誤差の限度内であるときは、地積の更正の登記の申請を必要としない。この場合における分筆の登記の申請書には、分割後の各土地の求積及びその方法を明らかにした地積の測量図を提出しなければならない。」

とされていた。

　よって原則は分筆前の土地全部を実測し確定して両地求積による分筆登記を求めていたものと考えられるが、なぜかこのただし書による分筆地のみを求積（いわゆる「残地求積」）した図面※49をもってする分筆登記が実務の中心であったように思う。

　これは土地台帳時代の取扱いをそのまま登記においても継承されたものと考えられる原因である。

　この取扱いは平成16年の不動産登記法全面改正によって、特別な事情を除いて両地求積に改められた※50が、それまでも一筆地を確定しながらあえて残地求積の図面をもっての分筆登記申請がなされてきたことに、改めて罪深さのようなものを覚える。

※47　この取扱いから見ると、合筆後の地積が増える場合、地積測量図を添付して合筆と地積更正が同時にできる規定と読める。

※48　表示登記実務16頁には、「合筆時に合筆前の土地の合計面積との差が公差以内の誤差であれば地積測量図を添付しても受理してくれるか」との問いに対して、「答」として「合筆の登記を申請する場合には、地積測量図が添付情報とされていないことから、原則として受理することはできない。しかし、実務においては、合筆登記の申請情報に合わせて地積測量図が提供された場合には、便宜、受理して差し支えないものと考える。」としている。

※49　土地台帳時代にも「地図」の規定あり。この図面は地形図のこと。

※50　不動産登記規則78

第3　分筆申告図と境界

　土地台帳時代は土地変換に当たって申告書と申告図をもって申請していた。

　特に、申告図が公図記入のための地形図と測量図をもって成り立っていることから、現在の登記申請の添付図面と似ている。

　しかし、現在の公図への分筆線記入に当たっても、公図形状と提出する分筆地積測量図との形状が同一でないことから、地形図は法定添付書類ではないものの、公図線記入のために便宜地形図を添付しているのが実状である。

　このことをもってしても、公図の形状が良くないことは、法務局の実務担当官や土地家屋調査士は実感している※51。

　（分筆地積測量図が縮尺500分の1で作成されている場合、法務局の地図が不動産登記法14条1項に規定される地図であれば、縮尺500分の1として同一であることから、そのまま分筆地積測量図をもって分筆線を記入できるので、地形図の添付は要しないとされている。）

　さらに、これまで残地求積の場合、その地形図における分筆線記入は、求積地の距離をとって記入する場合や、一筆地全体を考えて比例按分的に記入している場合などいろいろであることから、筆界の探求に当たって公図の分筆線はほとんど信頼がおけないものと考えてよいのではないか（下記1「申告書・申告図の変遷と特徴」参照）。

　ゆえに、筆界の探求に当たっては、分筆の意思をもってなした現地の状況を中心に考えることが重要な要素となってくる。

1　申告書・申告図の変遷と特徴

(1)　大正3年の分筆申告書（以下前掲第2「分筆と地形図・測量図から見た境界」参照）

　これは税務署長宛の分筆届とする申告書と申告図である。

　申告地番は3番と4番の合併地で、地目変換のためと摘要欄にもあるように、どちらか一方を地目変換する前提での申告であり、合併地番の解消も含めた3番と4番に分筆する届となっている。

　公図が南北逆転の公図であったことから、分筆地形図も下が北になって記載されている。

　丈量図では上を北とした分筆地4番が三斜法による求積地となっているが辺長記載がない。

※51　例えば、改租図が現在公図となって混在している三重県南部では、改租図は活用せず、明治時代からの申告書類が法務局に保存されていることから、境界確定の実務においては分筆申告図を参考にしているとのことであった。しかし、それ以上に現地形状を第一の基本としているのが実情であるようだ。

　一方の土地である3番は、元反別（坪数）より差引きした面積となって
分筆届に記載されているいわゆる残地求積地である。よって地積の増減
がない。

　またこの図面の作成者は測板丈量者との表現があることから、平板測
量によって丈量求積したようである。

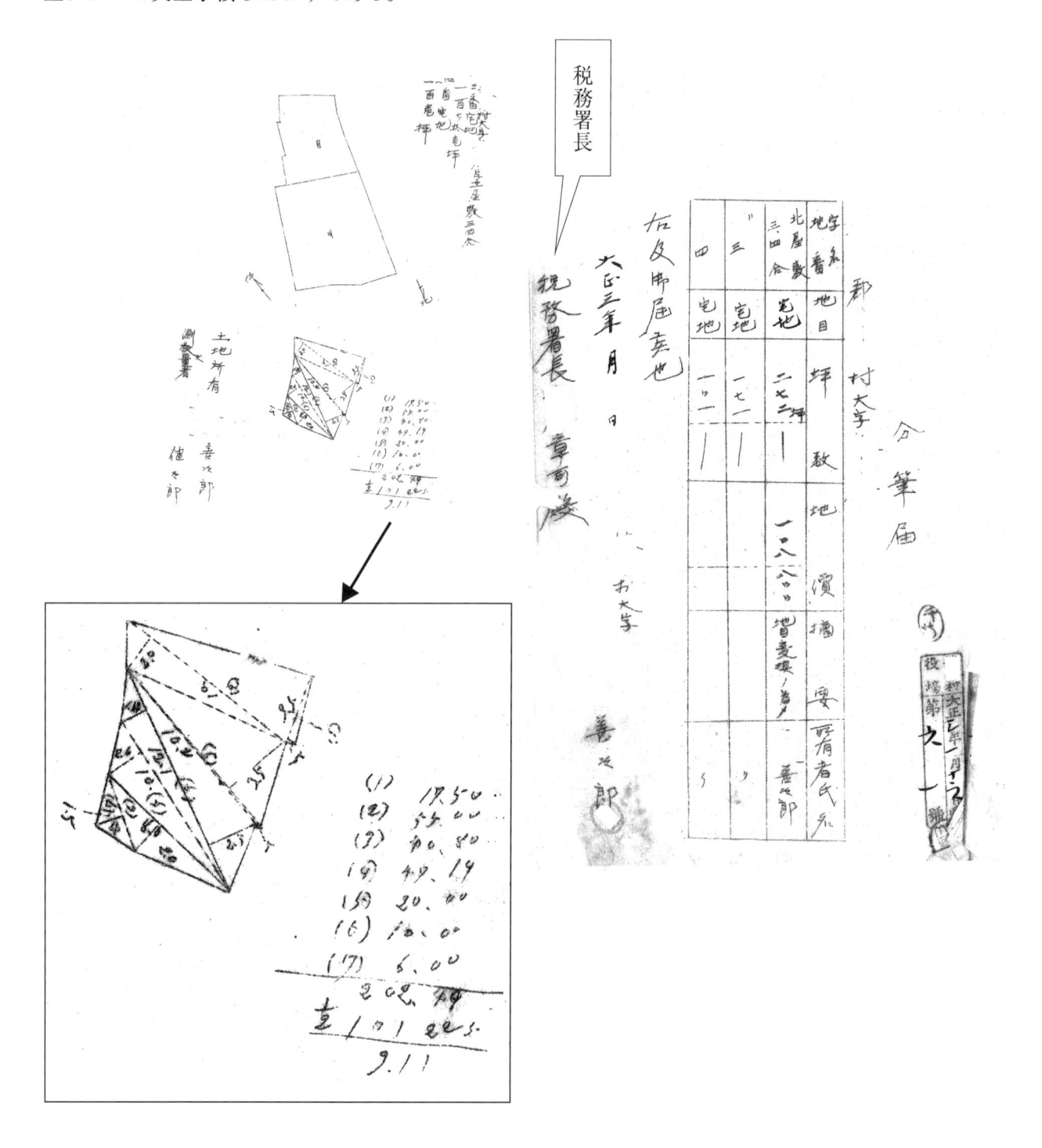

(2)　大正3年の合筆申告書

　前掲(1)と同一所有者の他の土地であり、3筆を1筆にする合筆届である。

　地形図は公図形状をそのまま申請人が記載したもののようである。

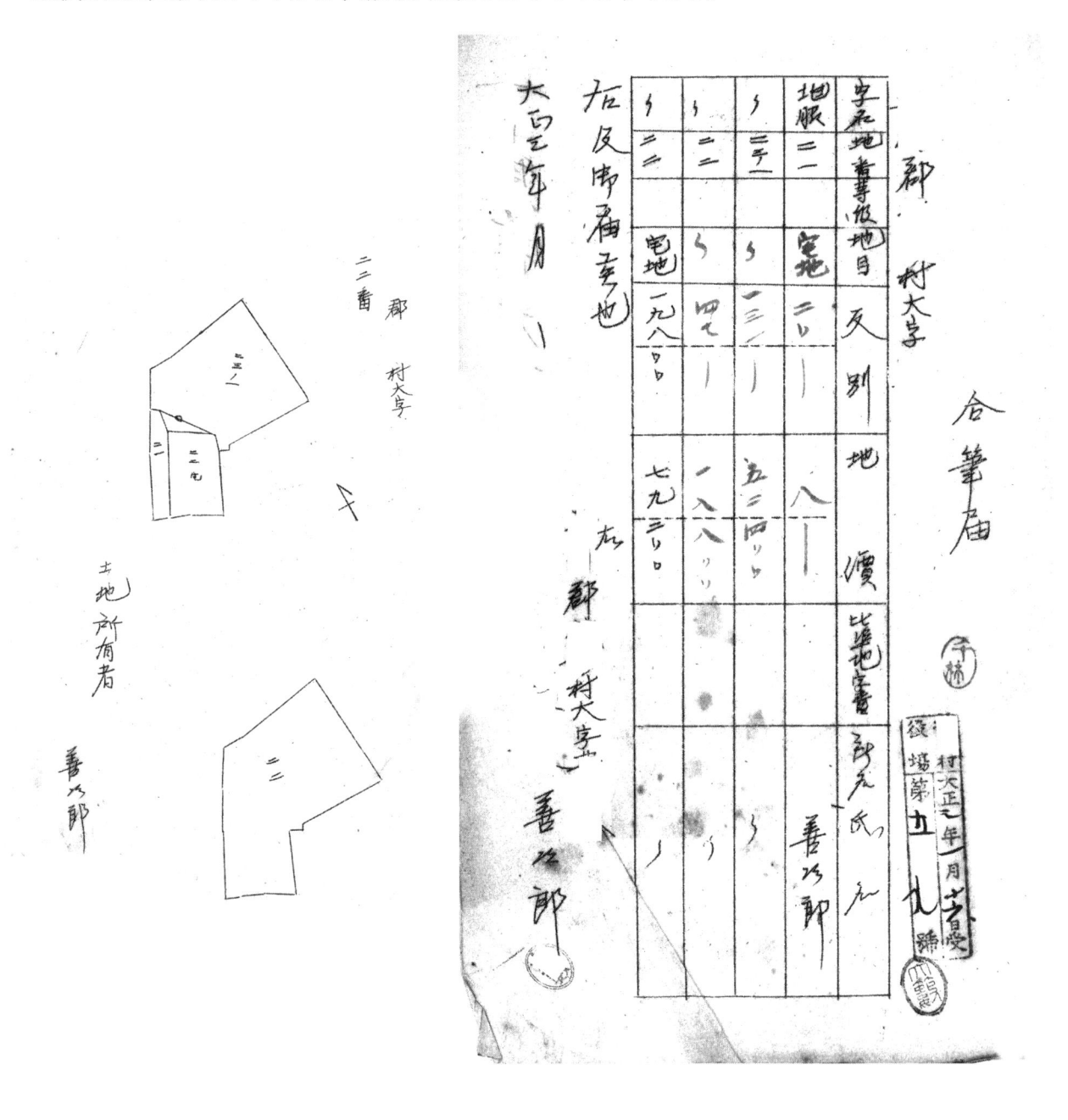

(3)　大正3年の開墾地成功届（申告）

いわゆる山林を開墾したことによる地目変更届である。

丈量図は野取図として求積1の部分は四角形を二つの三斜求積にして14.1間掛ける1.3間足す1.79間の倍面積を求め、求積2の部分は三角形を一つの三斜求積にして14.2間掛ける0.3間の倍面積を求め、その二つを合計して2で割り反別（面積）23坪9合を算出している。

しかし、届出書では歩以下の記載がないことから繰り上げて24歩としているようである。

また野取図の作成者（求積者）は、届出書と同様の字体であることから届出人本人の作成（求積）によるもののようである（なお、野取図での単位は坪としているが、宅地が坪で、農地等は歩の単位として読むのが本来である。）。

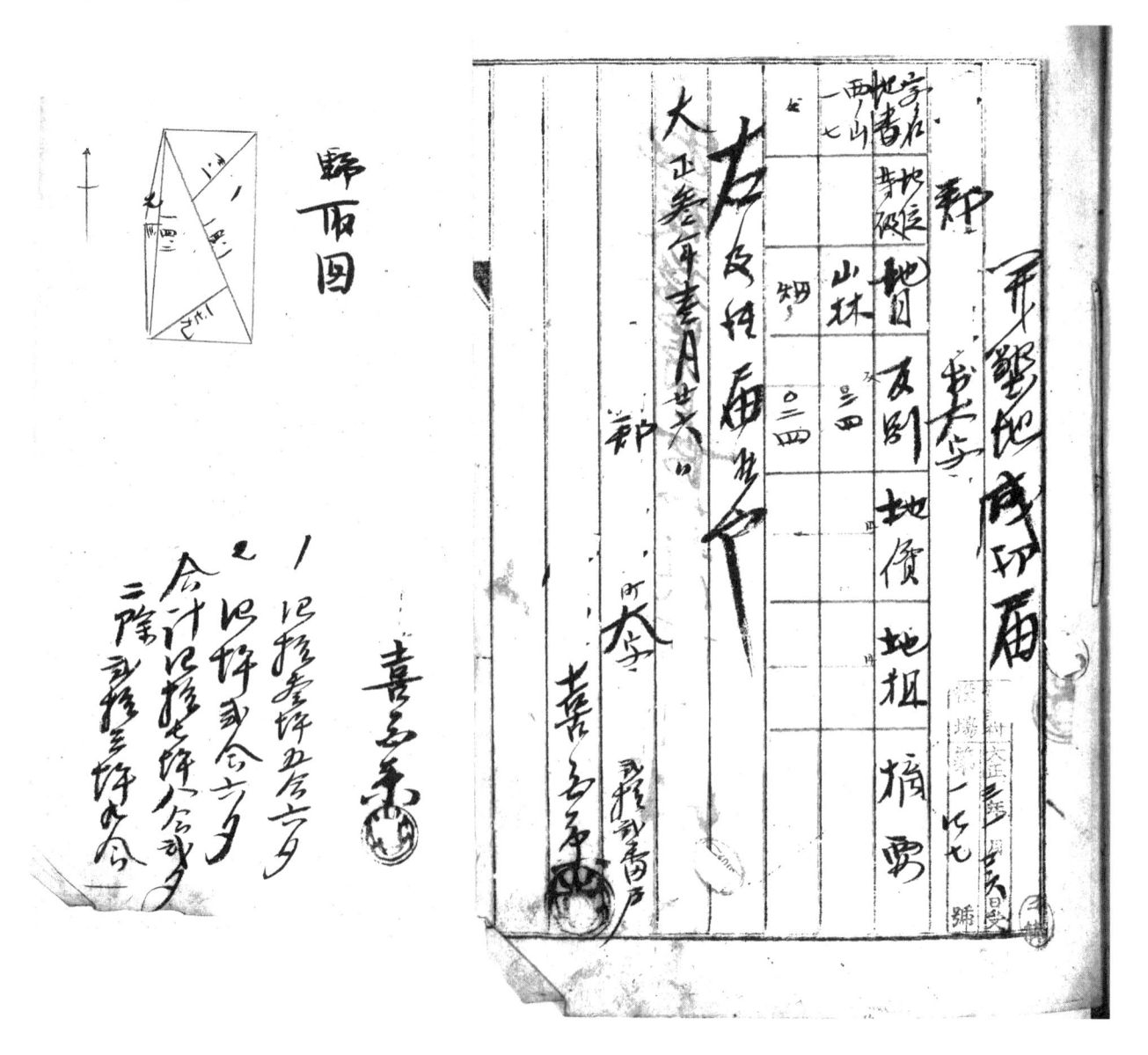

(4)　大正3年の地目変換届

前掲(3)の開墾地成功届と違って、宅地を畑にしたことによる地目変換届である。

届出地は合併地であり、次行の記載として地位等級が下げられたことと、摘要の欄に「比準地」として地価の判断基準値とする近傍の土地が記載されていることから地租の変更の目的が含められている。

なお、申告書の元地（宅地）記載は朱書きされており変更前の土地との意味合いがある。

また申告図の求積（字体）は前掲(3)同様申告届と同じ字体であり、申告図は届出人本人の求積によるもののようである。

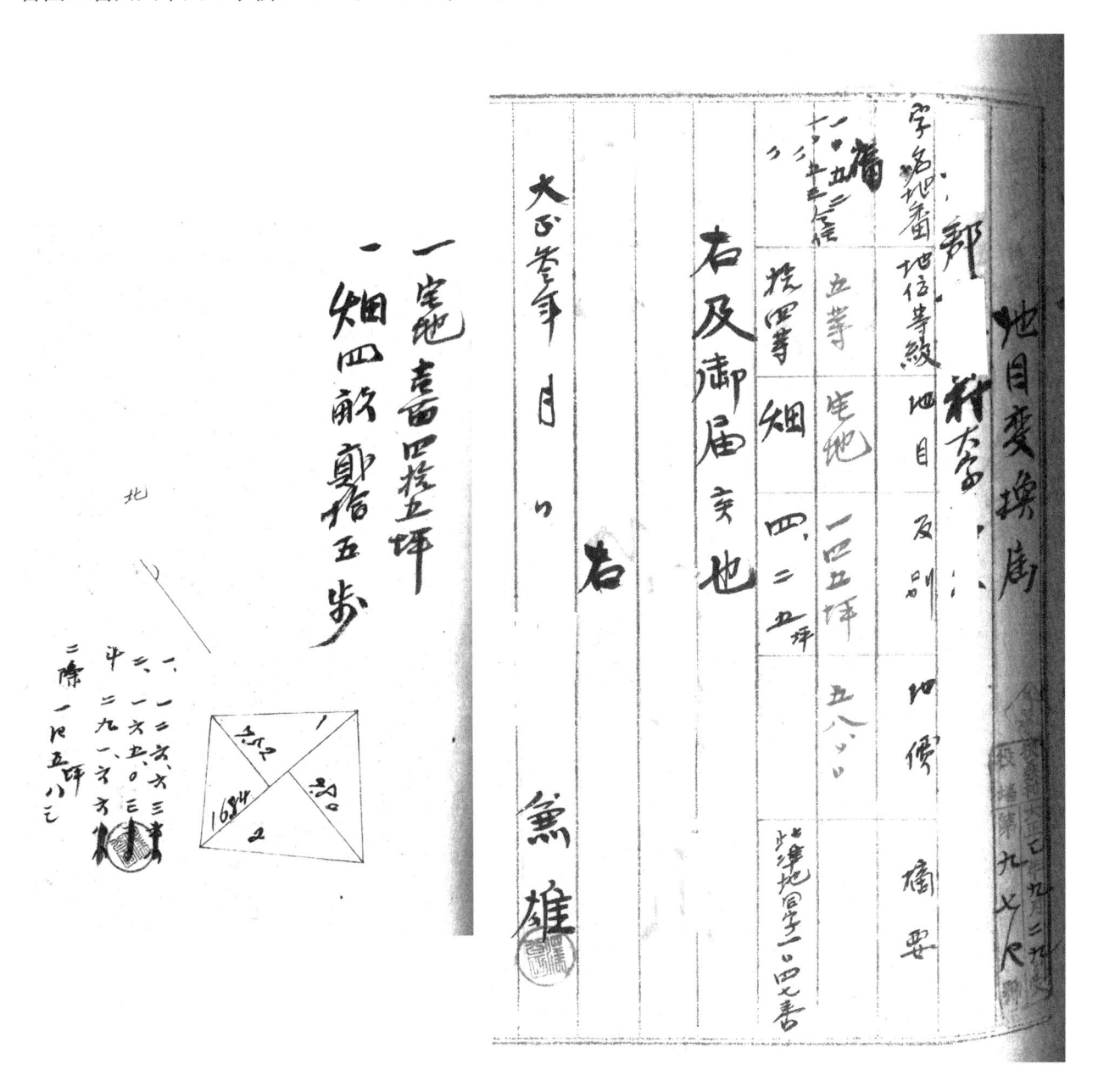

(5)　昭和9年の分筆申告書

　分筆の申告として、様式が定まってからの申告書のようである。

　申告地番は17番であるが、おそらく、既に17番1があったことから分筆後の地番は17番2と17番3としている。

　申告図では分筆後の両地とも辺長の記載はあるが、<u>求積方法が示されていない。</u>おそらく間数辺長表示から縮尺600分の1の地形図であり、公図形状をそのまま読み取り、分筆後の2筆とも外周辺長を記載しているものの、申告書では分筆後の2筆の地積を足すと元地積になることから地積更正とはせず、どちらか一方を求積地とする残地求積と思われる。

　また申告図作成者の記載がない。

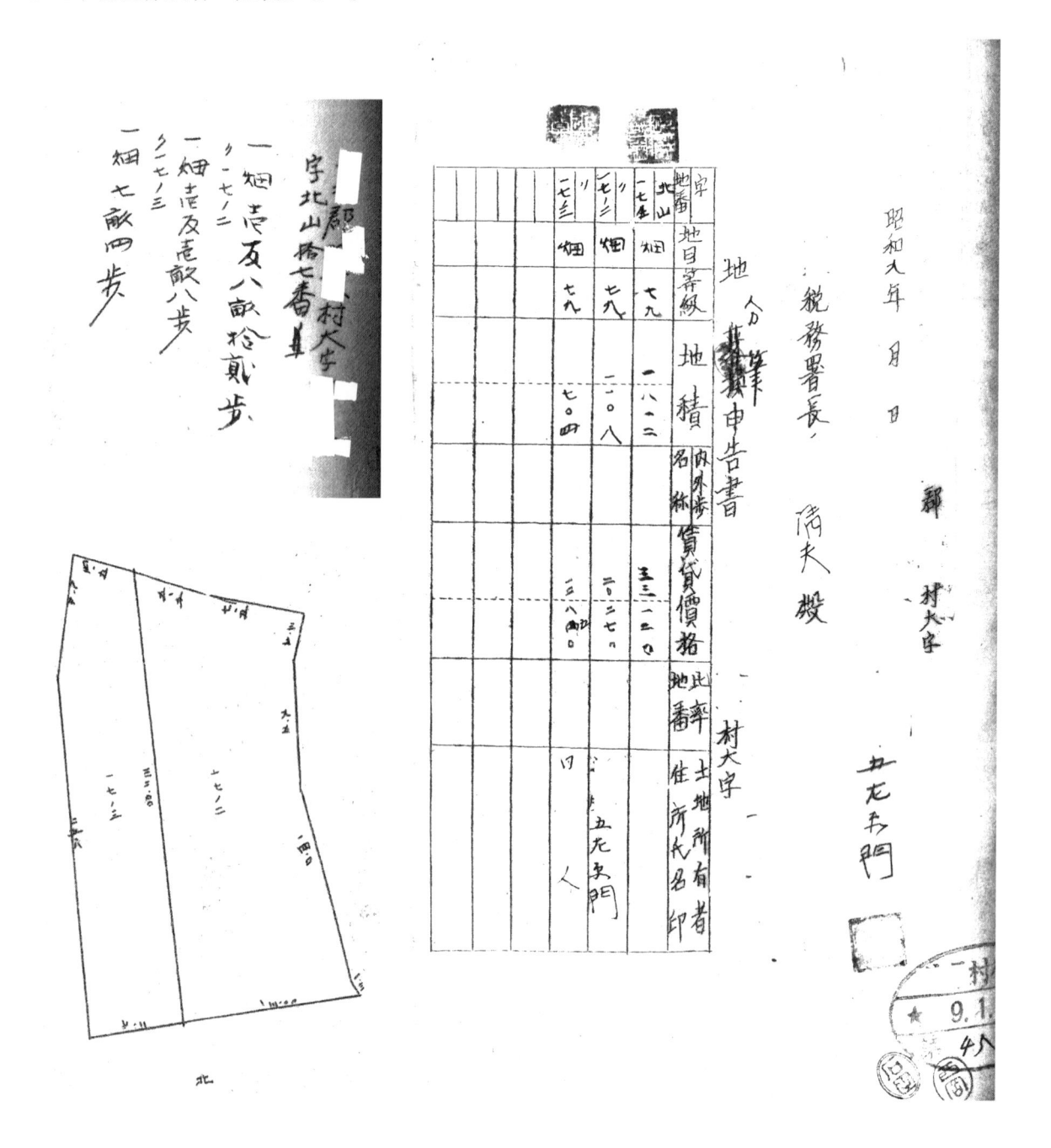

(6)　昭和22年の合分筆申告書

　戦後の合分筆申告書であり、合筆により外畦畔を含めた地積（4畝27歩）を、分筆後の地番にそれぞれ内畦畔として割り振っての申告である。

　なお、申告書の最下段には土地所有者住所氏名欄に印が押されている。

　また、申告図には土地の求積方法も示されていないことから測量されてはいないようであり、つじつま合わせの地積として疑わしい。

　また、辺長記載もないことから単なる公図形状の地形図にしかすぎないと思われる。

　図面作成者の記載もない。

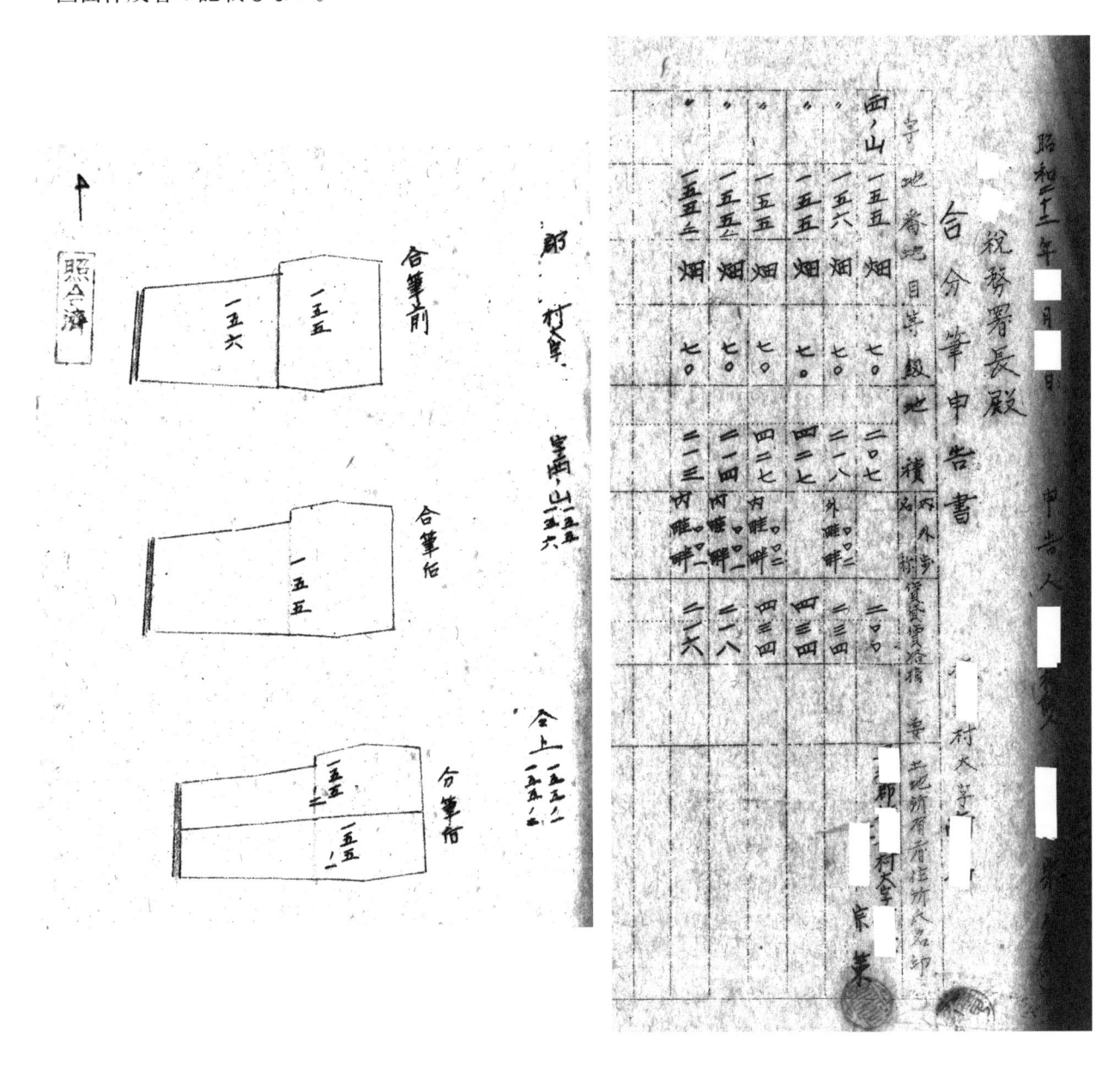

（7） 昭和26年の道路分筆申告書

　昭和25年7月31日、土地台帳事務が税務署から登記所（法務局）に移されてからの申告書であり、当然に宛先はそれまでの税務署長より法務局の本局、支局、出張所長宛となる。

　この事例は新たに村道を敷設するための分筆登記であり、一連の土地を一つの申告書によって分筆申告したものであるが、所有者のうちの一人が申告人となっている。

　また最下段には対象地所有者全員の押印がなされている。

　分筆申告図は測量図ではなく、単なる公図形状をもっての地形図のみであり、図面作成者の記載もない。

　道路新設等の一連の申告図では、実務上の申告確認から、ほとんどの場合求積図ではなかったことを確認しており、分筆後の各地積の信憑性が疑われる。

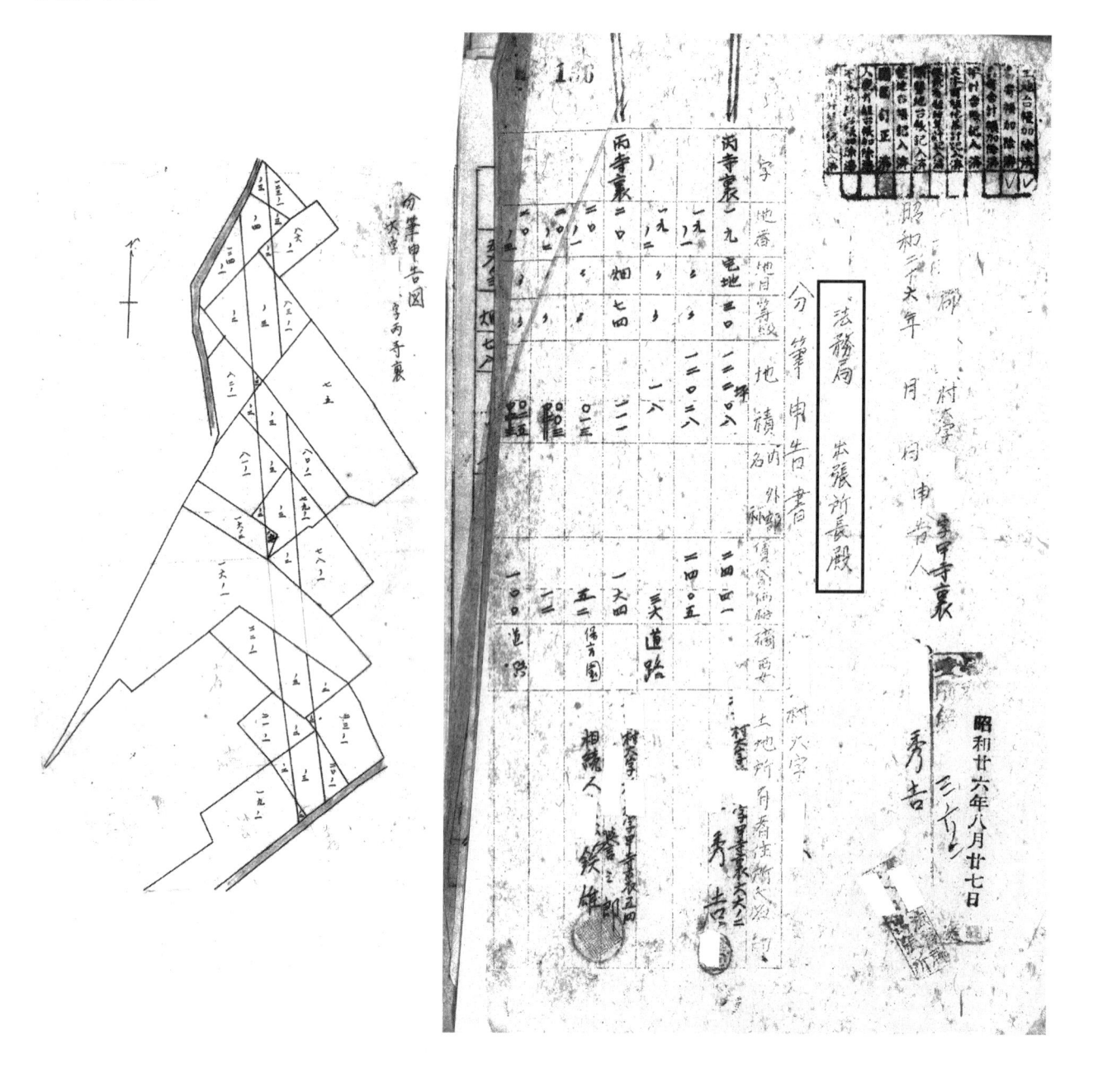

(8)　昭和33年の一団地開発の分筆申告図

鉄道会社による団地造成に係る合筆後の分筆申告である。

申告書は特に目新しくないが、申告図として分筆の地形図と、測量図とする敷地面積計算図（青焼図面）及び、測量計算表を添付しての申告となっている。昭和30年代の一団地開発ともなると、個人作成の図面と違い測量士による測量と計算であることから、現在の登記地積が現地とほぼ一致するものと考えられる。また現地境界杭の存在も確認できると判断してよいであろう。

なお、台帳一元化前の申告であり法務局に申告図が備わっていないことは残念なことであり、また現在公図を確認すると、<u>もともと正確ではない公図に記入できるように調整記載した地形図をもって書入れしているので、測量図に比較するとゆがみがある。</u>ゆえに現地の確定に当たっては公図ではなく、この開発時に創設原始筆界として現れた現況をまず基本とする。なお曲がり角は曲線として計画されている。

＜申告図添付地形図＞

＜現在公図＞

＜申告図添付敷地面積計算図＞

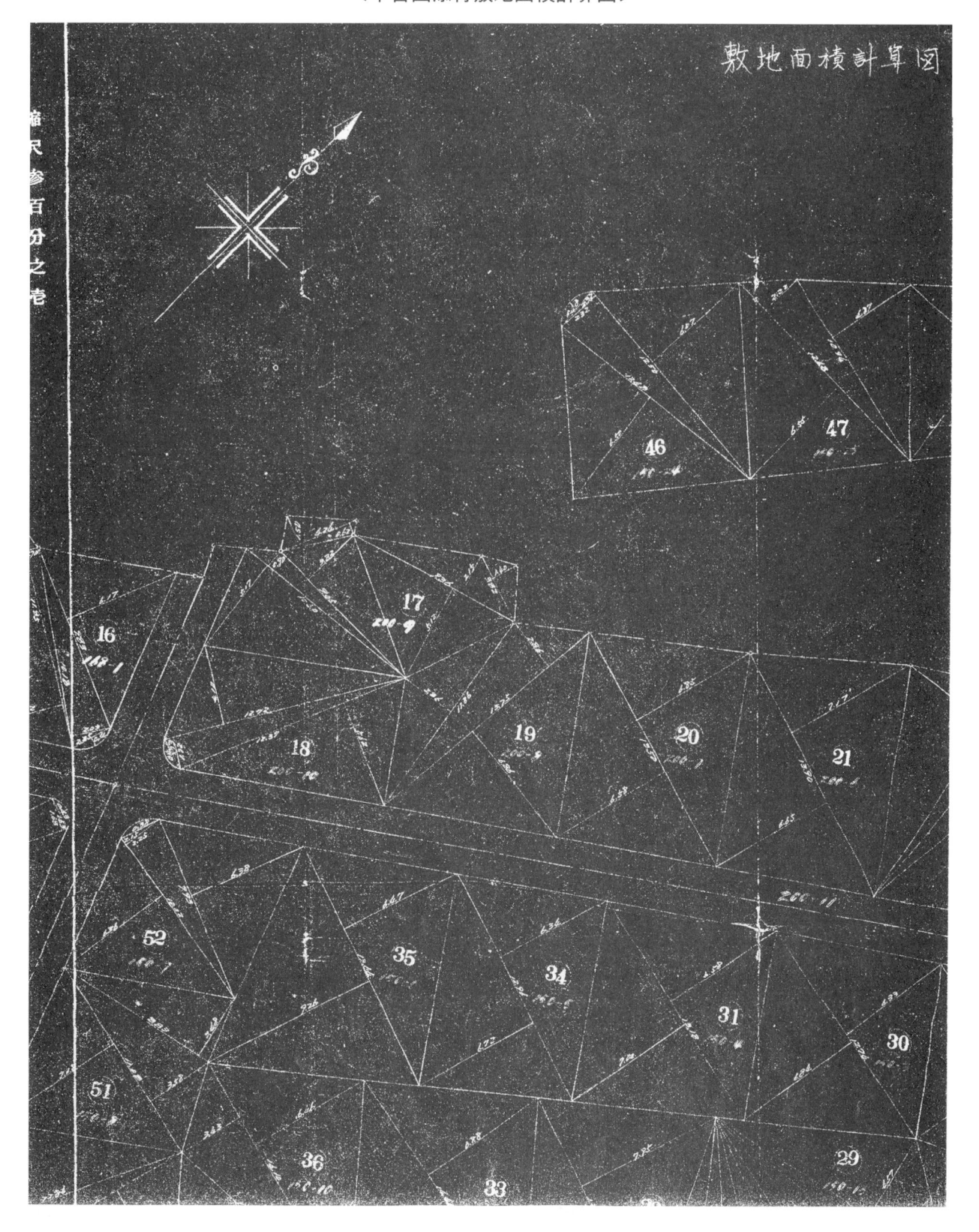

(9)　昭和34年の嘱託分筆申告書

　昭和35年4月1日、登記制度と台帳制度が一元化される直近の申告書であり、町道敷とするために町長を申告者とするいわゆる嘱託分筆申告である。申告書の様式は一元化後の様式を採用しており、現在の横書きとの違いはあっても記載内容はほぼ同じである。

　申告図は分筆後の求積（35番3と35番4の両地求積）を明らかにしているものの、縮尺600分の1とする公図と同一の形状記載であり求積辺長はそのままの読み取り辺長となっていることから机上分筆図であると思われる。作図者は役場の職員となって押印している。

　時代的背景から、昭和50年代までの官公署の職員の手による嘱託分筆地積測量図は机上分筆が多いことを多く経験している。ゆえに公共嘱託登記土地家屋調査士協会が設立されたのである。

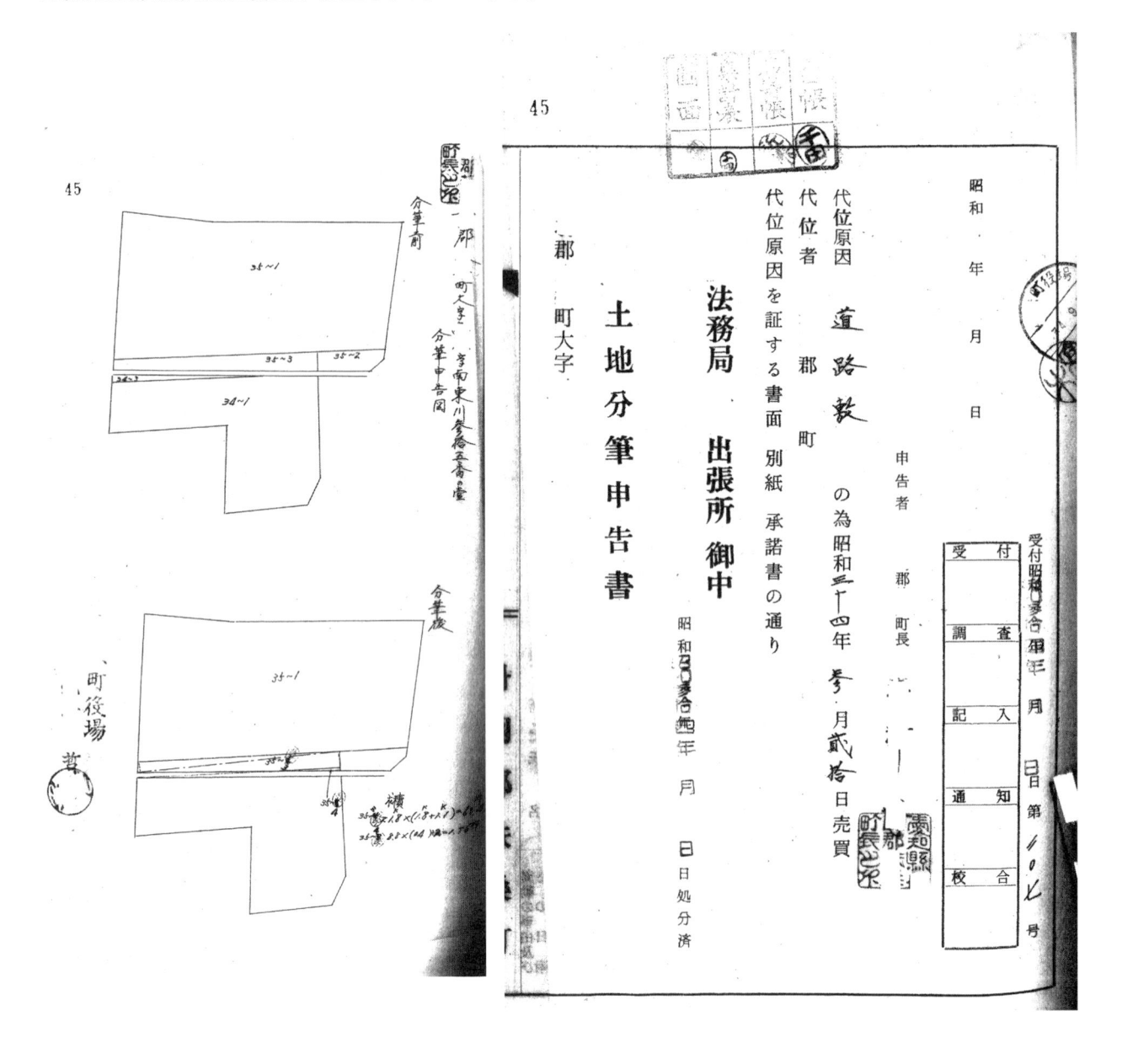

（10）　昭和39年の分筆申告書

　昭和35年全国一斉の一元化作業ではあったが、作業の内容や進捗状況から全ての支局、出張所の完了が昭和42年頃までとなって遅れた。

　当申請は時代として一元化後の申請ではあるが、提出先がまだ一元化作業が完了していない出張所であったため土地台帳への申告書となっている。また、申告書の地積表示から面積を2分の1ずつにしてほしいとの分筆依頼と思われるが、元地面積の2分の1となっていることから明らかに残地（199番1）地積は正確ではなく、実態として依頼者の要求を満たしてはいないのではないだろうか。

　図面は公図の分筆線記入のための地形図と、求積地のみの測量図であり辺長はまだ間数の単位である。図面作成者として土地家屋調査士の名前と押印はあるが、この時代の測量図検証（実務）から現地の確定性（地形図との相違における定性性、定量性）に疑わしさが残る。

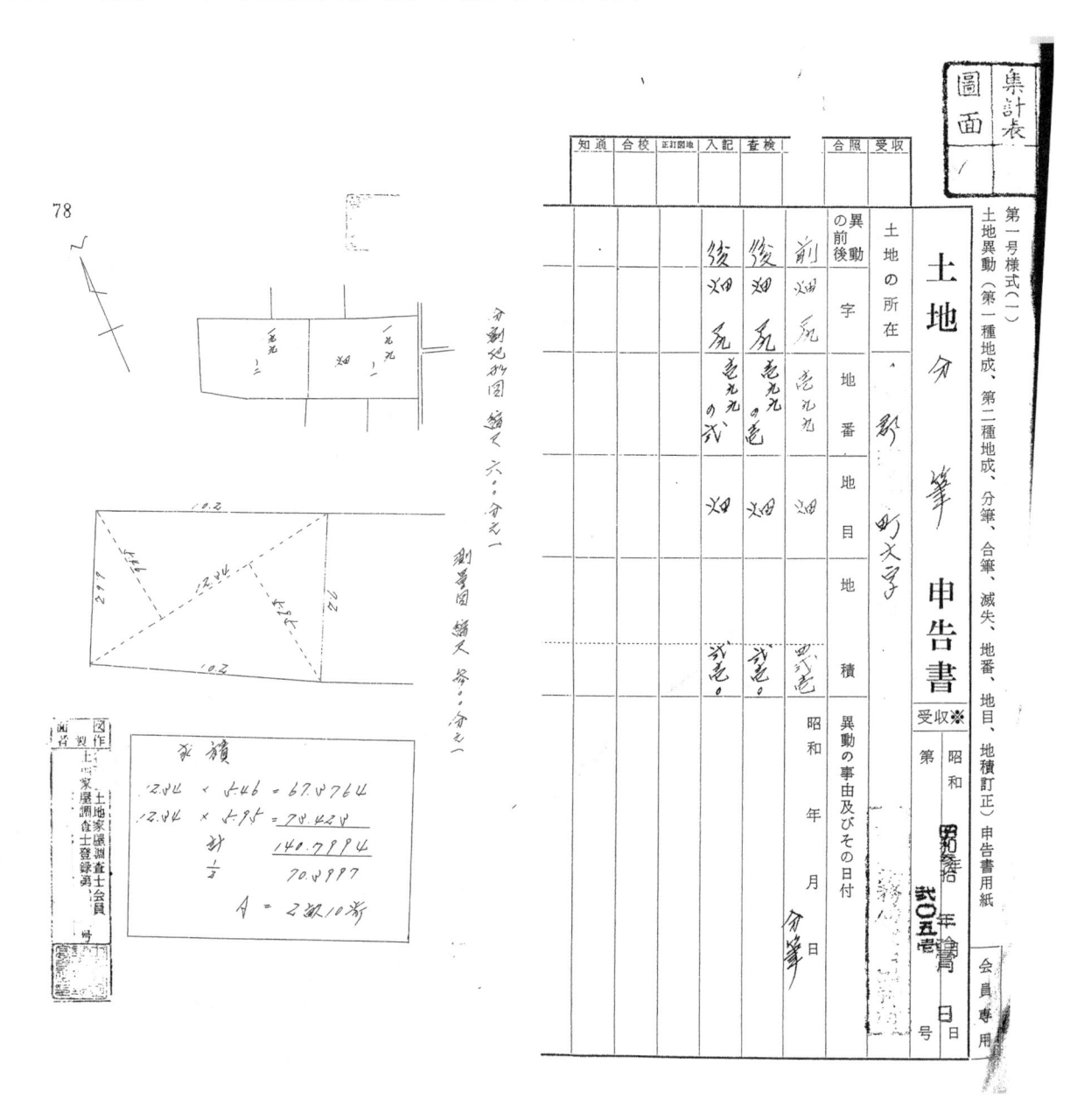

第4 所有権としての境界

　所有権界と筆界は密接にして不可分な関係にはあるものの、境界の誕生として、やはり筆界を論じる前に所有権界がまずありきであろう。ここでは特に所有権に関する法律等から少し確認しておきたい。

① 明治23年2月10日法律第6号「裁判所構成法」

> 第14条　区裁判所ハ民事訴訟ニ於テ左ノ事項ニ付裁判権ヲ有ス但シ反訴ニ関リテハ民事訴訟法ノ定ムル所ニ依ル※52……

意訳【区裁判所は民事訴訟において次の事項につき裁判権を有する。ただし反訴に関しては民事訴訟法の定めるところによる】

> 第二　価額ニ拘ラス左ノ訴訟……
> 　（ロ）　不動産ノ経界ノミニ関ル訴訟

意訳【不動産の境界のみに係る訴訟は区裁判所で取扱う】

② 明治29年4月27日法律第89号（旧民法）

> 第一部　物権　第一章　所有権
> 第239条　凡ソ相隣者ハ地方ノ慣習ニ従ヒ樹石杭杙ノ如キ標示物ヲ以テ其連接シタル所有地ノ界限ヲ定メント互ニ強要スルコトヲ得※53

意訳【12頁参照】

> 第242条　経界ハ界限ノ確定セサルトキ又ハ争論アルトキハ所有権ノ証書ニ記載シタル坪数及ヒ界限ニ従ヒテ之ヲ為ス其証書ナキトキハ之ニ代フルニ足ル他ノ証拠又ハ書類ニ依リテ之ヲ為ス※54
> 所有権ニ付キ争論アルトキハ先ツ其裁判ヲ受クルコトヲ要ス

意訳【12頁参照】

③ 明治32年3月22日法律第85号「国有林野法」

> 第3条　前条ノ国有林野ト雖他ノ官有地ニ編入スルノ必要アルトキハ之カ組換ヲ為スコトヲ得
> 組換ヲシタル土地ニシテ其ノ使用ヲ廃シタル場合ニ於テ林野ニ復スヘキ必要アルモノハ更ニ国有林野ニ編入ス
> 神社上地ニシテ其ノ境内ニ必要ナル風致林野ハ区域を書シテ神社現境内ニ編入スルコトヲ得

意訳【前条の国有林野といえども他の官有地に編入する必要があるときは組換が必要である。組換をした土地の使用を廃止した場合に、

※52　この場合の区裁判所は現在の法務局に引き継がれる。
　条文前段は現在の「境界（筆界）確定訴訟」をいい、ただし書の反訴については現在の「所有権確認訴訟」をいう。

※53　境界標設置をもって相隣者境界の拘束性を表現したものか。土地家屋調査士の視点1（13頁以下）参照

※54　境界を確定するとき、又は争いがあるときは、所有権の証書（公簿）の地積をもって行うとの表記であるが、もともと正確な測量が行われていない中、土地所有者の申告地積であり、さらに誤差を容認していた坪数をもって「之ヲ為ス」とはいかがなものか。

林野に戻す必要があるときは国有林野に編入する。神社として国有である土地で境内に必要な風致林野は区域を定めて神社境内土地として編入すること】

④　大正11年1月27日勅令第15号「国有財産法施行令」

> 第三章　境界査定
> 第14条　国有財産ニ付境界ノ分明ナラサルモノアル場合ニ於テ当該官庁必要ト認メタルトキ又ハ隣接地所有者ノ申請アリタルトキハ当該官庁ハ其ノ境界査定ヲ施行スヘシ
> 第15条　境界査定ヲ施行セムトスルトキハ当該官庁ハ其ノ日時及場所ヲ定メ書面ヲ以テ隣接地所有者ニ之ヲ通知スヘシ
> 　　前項ノ書面ノ送達ハ期日ニ付予メ隣接地所有者ノ承諾アリタル場合ヲ除クノ外期日ノ前日ヨリ起算シ少クトモ七日前之ヲ為スヘシ

意訳【第14条　国有財産で境界が不明な土地があるときは当該官庁が必要と認めたとき、又は隣接地所有者の申請により当該官庁は境界査定を行う
　　　第15条　境界査定を行う当該官庁は、その日時及び場所を定め書面をもって隣接地所有者に通知すること。前項の書面の送達は期日につきあらかじめ隣接地所有者の承諾がある場合を除いて期日の前日から起算し少なくとも7日前とすること】

⑤　昭和23年6月30日法律第73号「国有財産法」

> （境界の決定）
> 第31条の4　各省各庁の長は、前条第一項の規定により協議を求めた隣接地の所有者が立ち会わないため協議することができないときは、当該隣接地の所在する市町村の職員の立会を求めて、境界を定めるための調査を行うものとする。ただし、当該隣接地の所有者が正当な理由により立ち会うことができない場合において、その旨をあらかじめ当該各省各庁の長に通知したときは、この限りでない。
> 2　各省各庁の長は、前項の調査に基いてその調査に係る境界を定めることができる。

土地家屋調査士の視点5　　所有権界と筆界のメカニズム

1　境界の観念

　それぞれの詳細な時代検証がなされない中、多くの判例（最判昭31・12・28民集10・12・1639等）においてもそうであったが、境界すなわち筆界は、「客観的に固有するもの」という観念が、境界に携わる人々を中心に、多くの人の心の中にあるのではないか。

　それは公法上の境界として公法であるがゆえに、当事者の合意によって左右されない客観的に存在している境があると考えたいからではないのか。

　そして個人の主張する境界（根拠があいまいな不安定的な境界等）は単に所有（占有）する境界にもかかわらず、これまで筆界と所有権界を対立構造的に捉えていたのではないだろうか。すなわち観念として。

2　所有権界と筆界との関係（仮説その1）

（1）　境界の安定性と登記

　所有権界はその土地の所有権の界限（外縁）と隣接する他の土地の所有権の界限（外縁）がぶつかり合う境であって、それが現地において両当事者の了解の中で安定性を保っている境をいうのであり、さらにその境、すなわち所有権界を登記することによって「筆界」として公法上（不動産登記法）に存在する境となる。このことから所有権界と筆界は現地においても不動産登記法においても、一致していることが原則である。

（2）　棲み分け表現

　よって、本来「所有権界」と「筆界」は一つの境であって別のものではなく、単に民法と不動産登記法の棲み分け表現にしかすぎないのではないか。そのことから問題は公図等の存在にある。

3　相違する境界（仮説その1の2）

　では、現地においてこの二つの境が相違していたときにどう考えるか。それは一旦登記された境として、各種資料から推定できる筆界（下記例図1のニハの2点を結んだ直線）として既に現地に存在し、この位置と相違する両当事者が合意している安定的所有権界は、合意自体ができないものなのか、あるいは原始的にその位置に存していたと解せないか。

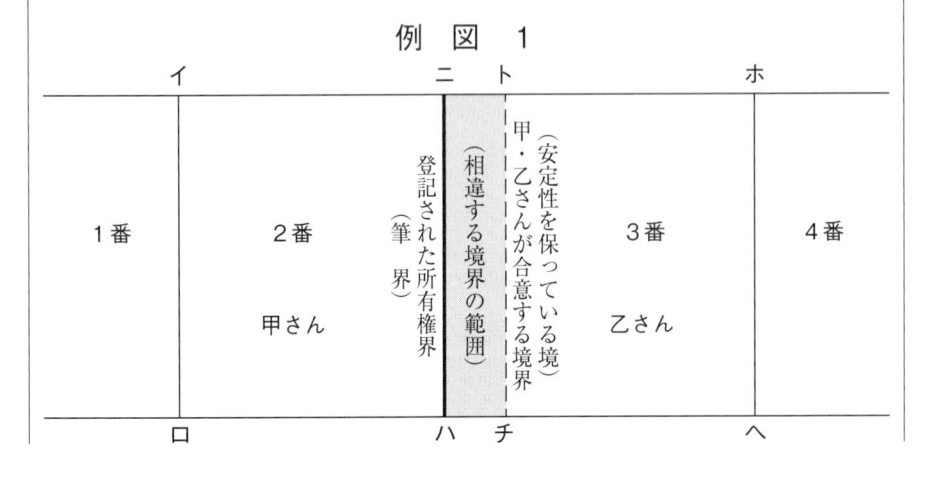

例　図　1

(1)　所有権の一部移転

　上記例図1のように、各種資料から推定できる境界（ニハの2点を結んだ直線）が、真に現地における筆界であったとしても、所有権の界限（外縁）と隣接する他の土地の所有権の界限（外縁）がぶつかり合う境である所有権界は合意により自由に動かすことはできる。当事者にその（移動した）認識があるのであれば、これを尊重し、例図1であれば3番の土地の一部所有権移転として処理することになる。間違ってもトチの2点を結んだ直線を所有権界として認めず、ニハの2点を結んだ直線でなければならないとしたり、専門家として誘導したりすることは控えなければならない。

　では、所有権界を移動したという認識がない場合はどうであろう。

(2)　推定する筆界の信ぴょう性

　本章において述べてきた境界誕生の歴史的背景、第3章において述べる公図・地図の実態と評価、及び地域における特性から考察すると、公図の信ぴょう性は一概に一括りには断定することができない。

　これは、本書を通じての大きなテーマの一つでもある。詳細は後述するにしても、資料、特に公図あるいは現地復元性の乏しい各種図面が示す現地における筆界の位置と、安定した所有権界が相違する場合の取扱いと判断は慎重に行う必要がある。

4　主張が相違する境界（仮説その2）

(1)　当事者一方のみの主張と推定筆界が相違する場合

　登記された所有権界（筆界）と当事者一方のみが主張する境界が相違している場合はどうであろうか。

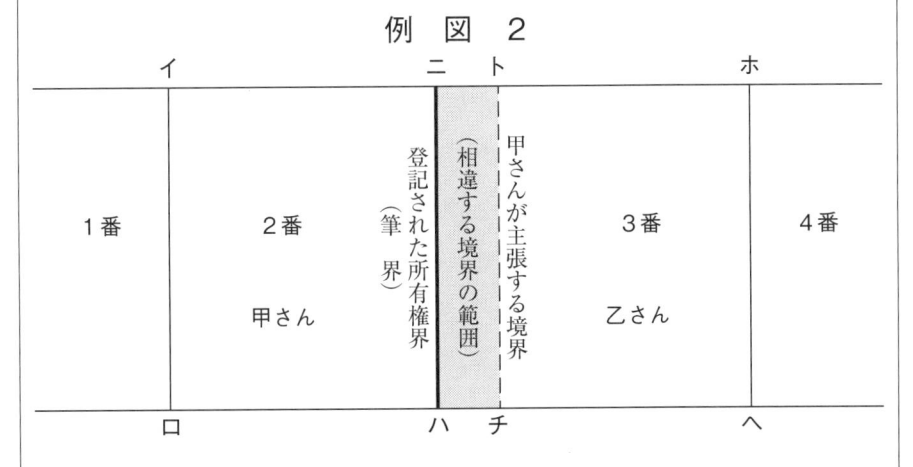

例　図　2

　所有権界は、所有権の界限（外縁）と隣接する他の土地の所有権の界限（外縁）がぶつかり合う境であるので、双方の主張が一致するとは限らない。上記例図2では、甲さんの主張する線トチは、推定される筆界ニハと相違し、乙さんはこれに同意していない。

　当然にトチは所有権界ではなく、現地の状況によって占有界に成り

得るだけであり、甲さんが主張する根拠（もともとの境界あるいは時
効）によってその取扱いが相違することとなる。

　(2)　当事者双方の主張と推定筆界が相違する場合

　登記された所有権界（筆界）と当事者双方が主張する境界が全て相
違する場合も当然にあり得る。

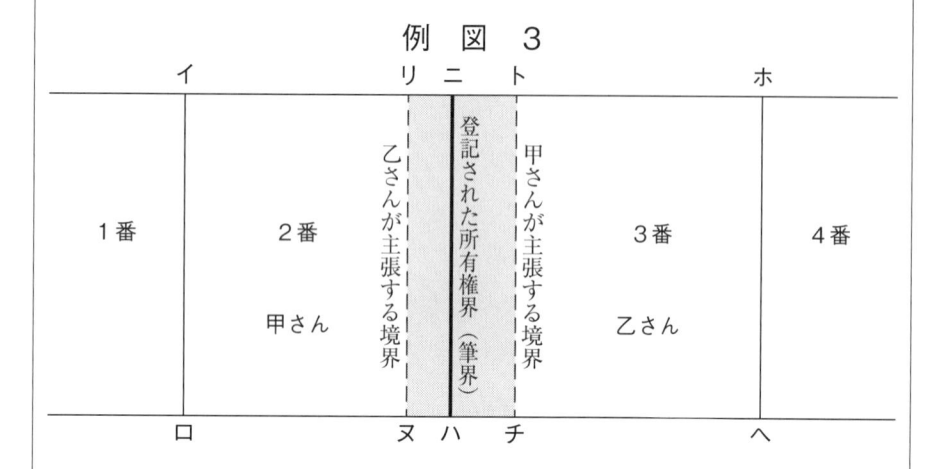

例　図　3

上記例図3では、トチだけでなくリヌも所有権界ではないが、現地の
占有状況や公図等の資料の信ぴょう性によっては、ニハが登記された
所有権界（筆界）であるかも疑わしいことになる。

5　安定性の構造

　相違する境界はまず筆界を特定（確定）させる必要があることから、
制度として筆界特定及び筆界確定訴訟が準備されている。これらの結
果として筆界が特定・確定されたとしても、そのことをもって所有権
界が決定するわけでもない。争いのある所有権界は双方の合意か所有
権確認訴訟の判決で安定させるしかない。

　当事者にとって最大の関心事は所有権界であることに疑いの余地は
ないので、その境を所有権の境として時効を中心とした法的判断の下
に認めてもらうため、「所有権確認訴訟」のみをもってその主張を勝ち
取り、新たな所有権のぶつかり合う境として所有権界として確認・確
定し、当事者間で意識化されることとなる。

　ただ、そこで終えてしまうと公法的（不動産登記法上）に表出して
こないので、さらに分筆登記をして所有権移転登記することによって
現地所有権界の安定性を保つという構造になるが、不安定なままの筆
界であると登記自体ができない可能性も高く、事前又は同時に筆界特
定又は筆界確定訴訟によって、筆界をも安定させておく必要がある。

　また、上記例図2において、甲さんは、そもそも筆界がトチである
として争う筆界確定訴訟を提訴し、予備的に所有権を争う場合もあれば、

筆界はニハとして争わず、時効取得として所有権界を争うこともできる。また乙さんから筆界がニハであるとして筆界確定訴訟が提訴された場合は、これを争うこともあれば、反訴として所有権確認を提訴することもできる。

6 境界のメカニズムから見えたもの

以上の検証から、**第7章第4「区分その3」**の安定的筆界（確定座標数値地域）を除き、所有権の境も筆界も不安定的なものであるから、それぞれの権利にかかわらず、現地確認作業、すなわち現地立会いは必要不可欠なものである[55]。

境界紛争の解決、あるいは予防措置として所有権界の安定が最も重要であるが、当事者間のみの安定ではなく、現地においても書面においてもまた登記においても、所有権界と筆界を一致させることが、専門家である土地家屋調査士と弁護士には求められる。

[55] 第4章「境界立会いと承諾から見た境界」等参照

第5 筆 界

かなり前より「筆界」という文字を「ひっかい」、「ひつかい」、「ふでかい」などと実務の上では読んできたが、平成17年の不動産登記法の一部改正によって初めて「筆界」なる文言が明記され、定義された。

しかしこの不動産登記法第6章（筆界特定）123条の条文の冒頭「この章において」として限定的に捉えていることは何を意味するのか考えさせられる。

1 平成17年4月13日法律第29号による改正後の「不動産登記法」

（定義）

第123条 この章において、次の各号に掲げる用語の意義は、それぞれ当該各号に定めるところによる。

一 **筆界** 表題登記がある一筆の土地（以下単に「一筆の土地」という。）とこれに隣接する他の土地（表題登記がない土地を含む。以下同じ。）との間において、当該一筆の土地が登記された時にその境を構成するものとされた二以上の点及びこれらを結ぶ直線をいう[56]。

[56] 第1章「不動産登記法123条1号（筆界）の理解図例」24頁参照

土地家屋調査士の視点6　　筆界の起源と視覚化の考察

近代的土地所有権の確立は、明治元年12月18日太政官布告第1096号「拝領地并ニ社寺地等ノ除地ノ外、村々ノ地面ハ都テ百姓持ノ地タルヘク、然ル上ハ身分違ノ面々ニシテ買取候節ハ……」をもって、土地の所有権を人々に与えると表現されたことから、明治元年が所有権の起源であると考える。しかし、所有権界の公的初期化、すなわち公法上の境界としての「原始筆界化」[※57]について今一度確認しておくべきことがあるのではないだろうか。

> ※57　所有権界＝筆界の原則

所有権が明治元年に与えられたとしても、この時点では公図（いわゆる法務局に備え付けられている「旧土地台帳附属地図」）すなわち公法上の筆界として図化（視覚化）はなされていないので筆界の起源とするには無理がある。

明治5年の「壬申地券地引絵図」は図化（視覚化）されたものの、その目的（地租の徴収）や精度からその図画線が筆界であるとは言い切れない。

そこで、少なくとも明治6年7月28日の地租改正「上諭」に端を発するいわゆる「改租図」が「地租改正附属地図」の位置付けであり、あるいは「改租図」の不正確性を是正するべく地押調査の件（明治18年2月18日）、地図更正の件（明治20年6月20日）に基づく「更正図」としたら、これも「地租改正附属地図」の位置付けとして、原始筆界としての公図の起源であるとするのがふさわしいように思う[※58]。

> ※58　現地における筆界の誕生と考えるべきであるかの問題がある。

よって、土地台帳制度（明治22年）が施行される以前の「改租図」、「更正図」を「土地台帳附属地図」と後付けした表現には違和感がある。ただし、それでも土地台帳附属地図との位置付けとするならば、「土地台帳規則」勅令後に「……台帳諸表竝土地台帳地図ハ収税部出張所ニ於テ之ヲ管理セシムヘシ……」と規定した明治22年3月26日大蔵省訓令をもってその起源とすることになろう[※59]。

> ※59　改租図から更正図に至るまでに、現地における筆界の位置の移動が許されたとすれば、これに限っては更正図が原始筆界の起源である。

しかし、このことについて『明治期作成の地籍図』426頁では「22年3月に更正図が土地台帳附属地図に充当された」と記していることを考えると、それ以前の改租図は土地台帳附属地図には該当しないことから、改租図を備え付けている地域（法務局）では筆界の起源が不安定になってしまう。

また、平成17年4月13日法律第29号の不動産登記法の一部改正において、初めて「筆界」の定義として「……当該一筆の土地が登記された時にその境を構成するもの……」との表現がなされており、この「登記された時」を筆界の起源とするならば、原始筆界の起源は土地の登

記手続を明記した明治32年2月24日法律第24号の不動産登記法に起源を求めることとなるのだろうか※60。

　そこで、これらの整合性を考えたとき、あくまでも公法上の境界とされる「筆界」が図面における視覚によって初めて確認されるものは、精度的に少々難はあるものの地租改正時の「改租図」又は「更正図」のいずれかの図面であろうし、あるいは、不動産登記法の筆界の定義から「登記された時」が筆界の起源とするならば、少なくとも明治32年の不動産登記法に遡って筆界の起源と考えてもよいのではないかと思う。

　ゆえに「筆界の起源」は明確に統一できないもののようである。

　以上のことは、「単に税務所より台帳と共に引き継がれた附属地図」という考えであれば、それは「旧土地台帳附属地図」でよいのだろうが、視覚化されて初めて筆界が具現化したとしたら、筆界論を論じる前にその起源を確認しておいてもよいことのように思われる。

　なぜなら、私たちが筆界の判断において大いに悩む原始筆界（「後発原始筆界」※61は含まない）は「不動産登記法」や「土地台帳制度」以前の境界であり、それを探る仕事が作業の中心であると思うからである。

※60　旧登記法の制定は明治19年

※61　後発原始筆界とは、耕地整理、土地改良、区画整理、公有水面埋立など新たな境界線として創設された筆界をいう。

第 3 章

公図・地図の実態と評価

第1　不動産登記法の規定

> 不動産登記法
> （地図等）
> 第14条　登記所には、地図及び建物所在図を備え付けるものとする※1。
> 4　第一項の規定にかかわらず、登記所には、同項の規定により地図が備え付けられるまでの間、これに代えて、地図に準ずる図面を備え付けることができる※2。

※1　いわゆる「法14条1項に規定する地図」としている。

※2　いわゆる「旧土地台帳附属地図（公図）」を含め法14条1項に規定する地図以外の「地図に準ずる図面」として規定している。

第2　公図・地図の種類と読み方

1　旧土地台帳附属地図

(1)　改租図（地租改正事業による原始筆界）※3

改租図の作成経緯とその作図の精度から、あくまでも土地の位置関係を表す図面として見るべきものであり、これのみをもって現地筆界の探究をすることはできない。

※3　いわゆる「団子図」「談合図」と言われる様相のものもある。

<地租改正地引図（字限図）>

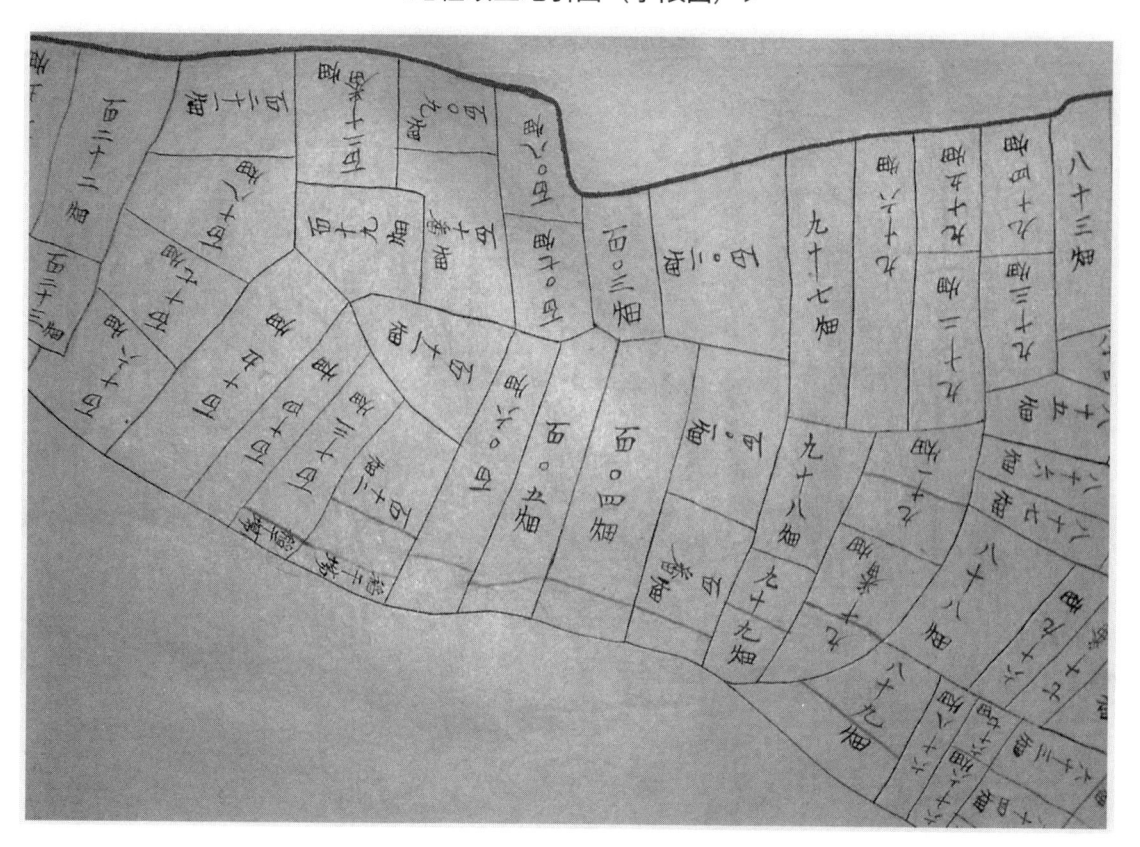

（税務大学校税務情報センター（租税資料室）所蔵）

（2）　更正図（地租改正事業による原始筆界）　※4

　改租図を更正し、図面としての精度が高められたといえども、そのほとんどはピンポイントで位置が特定できるほどの正確な測量によってできたものではないことから、あくまでも参考図としての資料である。しかし、更正図として作図の地域性はあるものの、その作成精度において現地に境界確認すべき現況物がない場合は、広く周辺を含んでの実測図と更正図とを重ねることにより、区画形状と筆界の幅の範囲を確認して参考とするべき図面である。

※4　第7章第2の区分その1の解説176頁と事例参照

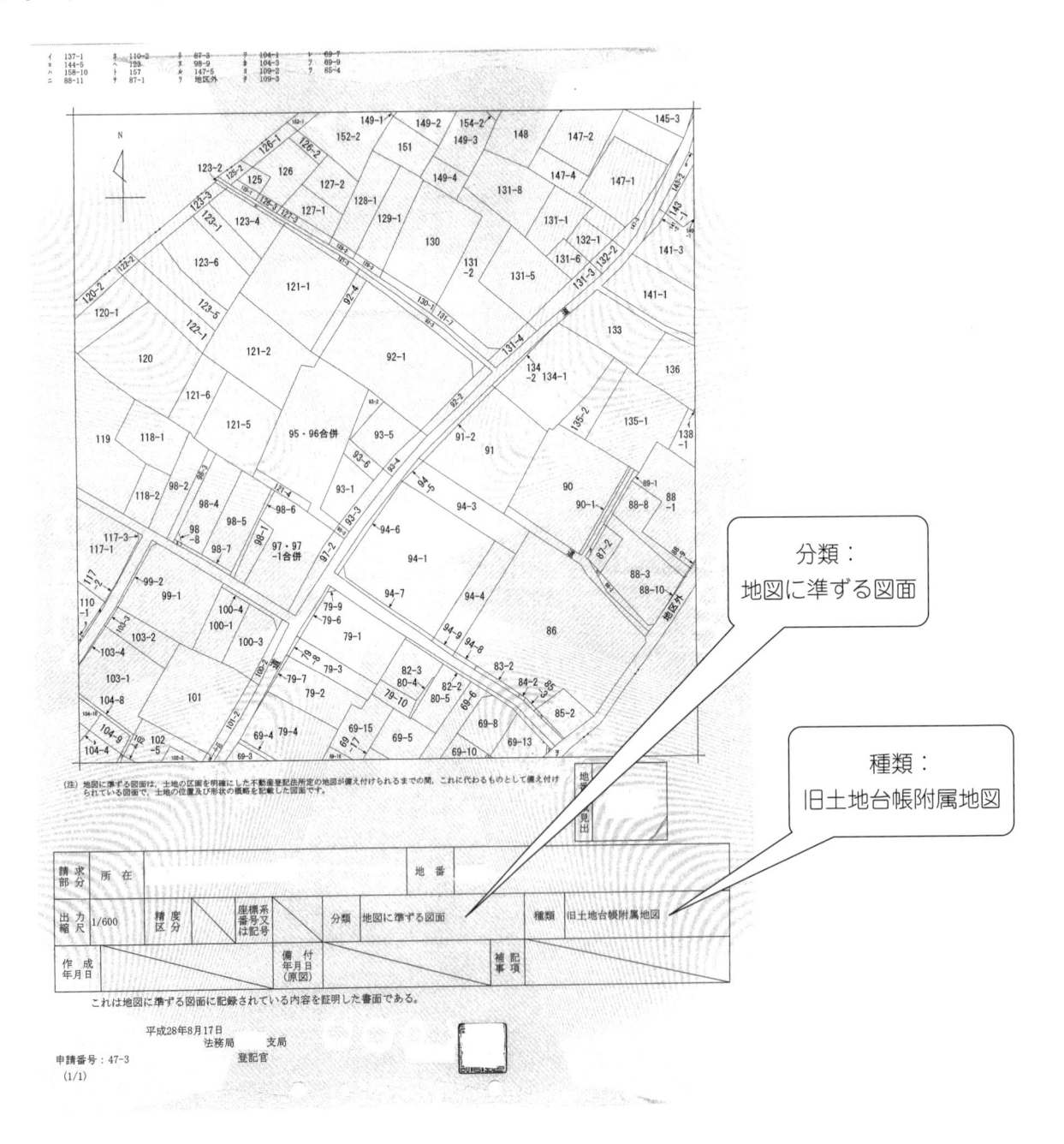

2　所在図

(1)　土地区画整理事業による所在図（換地処分による後発原始筆界）

主に縮尺500分の1の図面である。筆界を求めるに当たっては、換地処分時の数値資料をもって確認すべきであるが、何も数値が残っていない場合や現況が明確でない場合は地図を読み取ることになる。しかし、辺長及び面積の読み取り誤差が存在することを意識する必要がある。

事業として、従来の市街地を再区画（再開発）した地区と、新たに市街地として開発した区画とで一筆地の形状に違いが見られる。この地図は前者である。

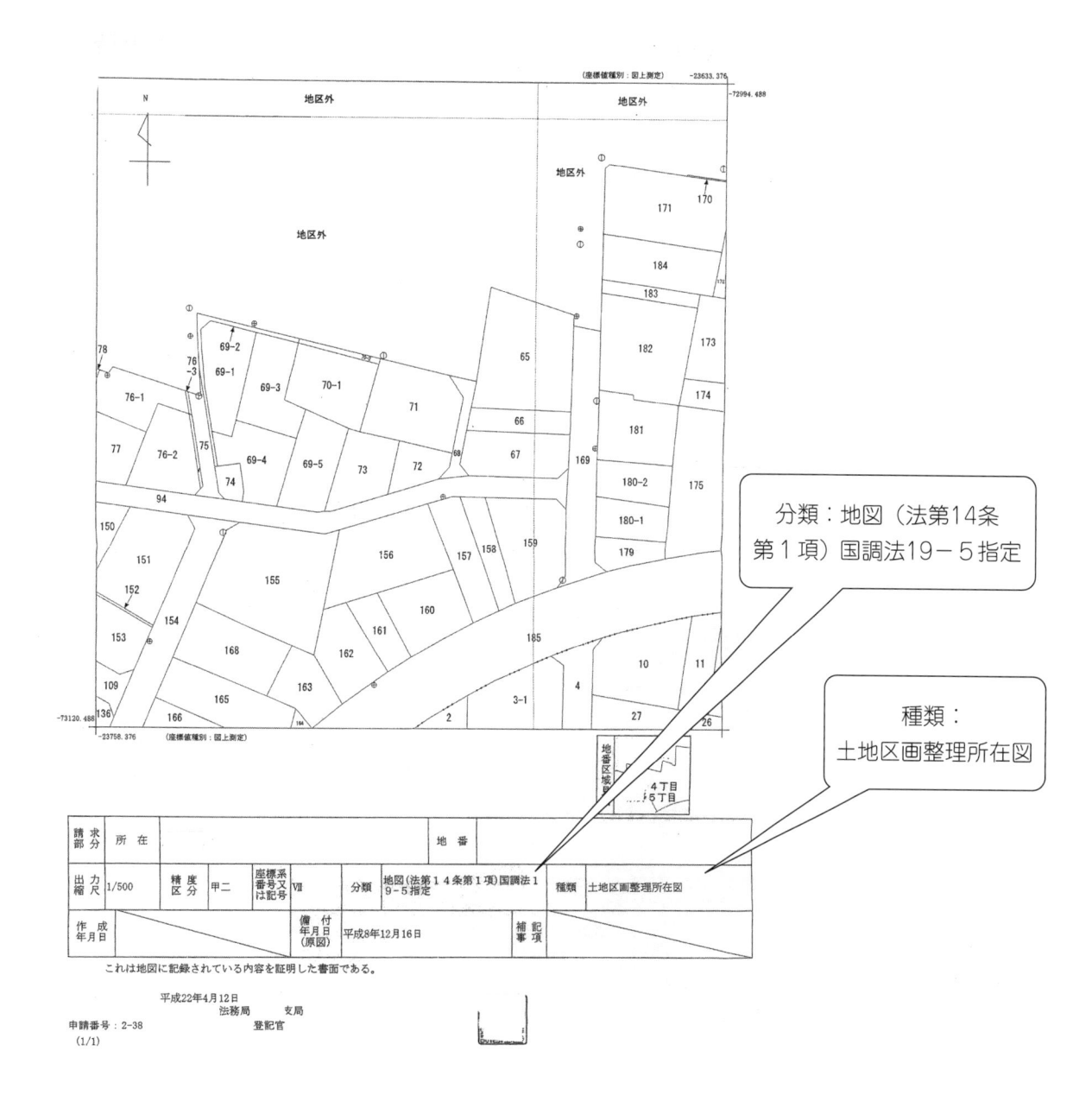

(2)　土地改良事業による所在図（換地処分による後発原始筆界）

　前掲土地区画整理所在図同様、主に縮尺500分の1の図面が多い。筆界を求めるに当たっては、換地処分時の数値資料をもって確認すべきであるが、何も数値が残っていない場合や現況が明確でない場合は地図を読み取ることになる。しかし、辺長及び面積の読み取り誤差が存在することを意識する必要がある。

　事業として耕地地域を新たに区画しているが、畑地域と田地域とでは一筆地の形状にその特色が見られる（下記の地図は畑地域のもの。田地域では背割線が東西又は南北に一直線に入っている図面が多い。）。また農家の分家住宅とした土地（下記図中の389番1、395番1）が想像できる。

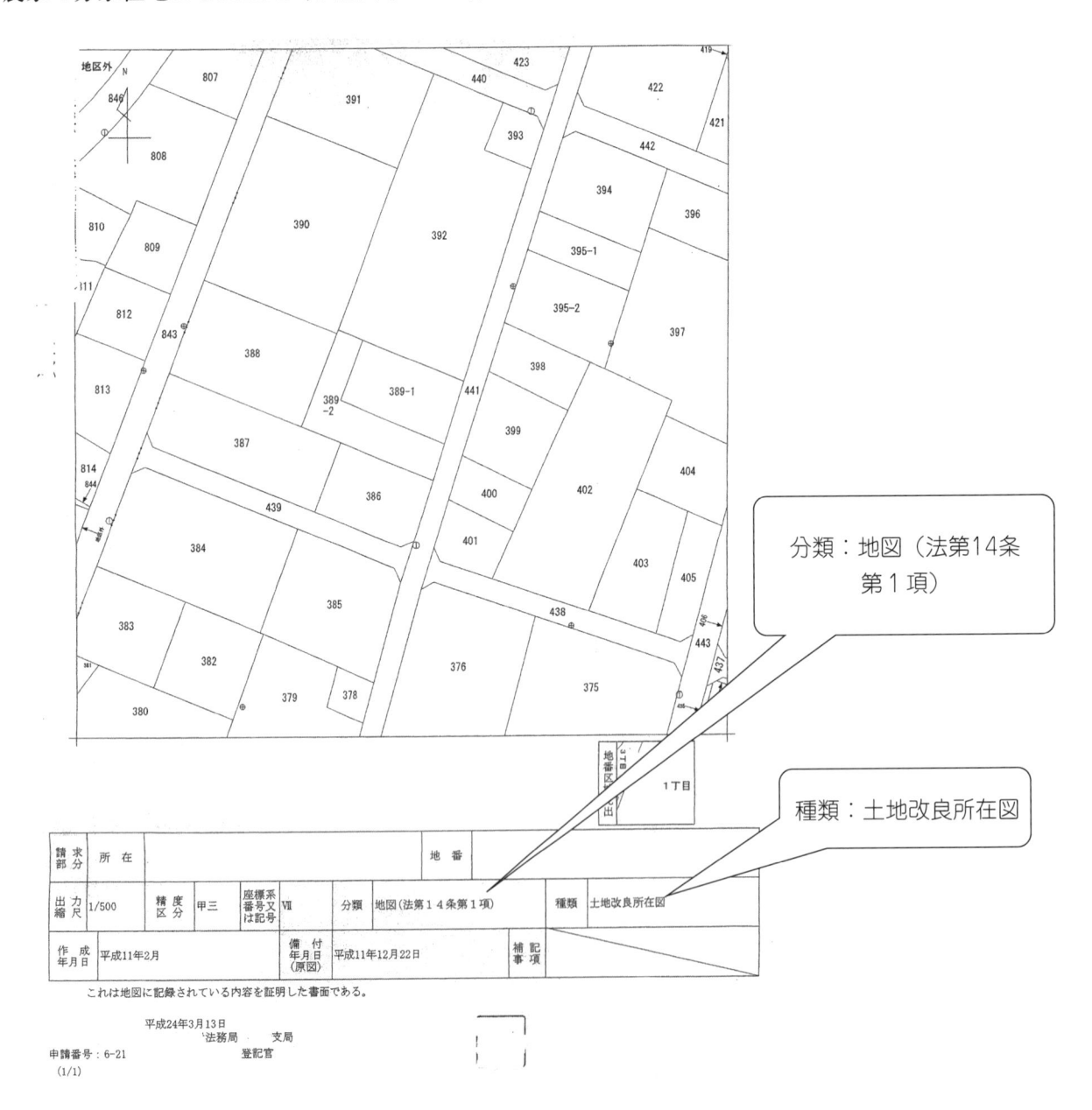

これは地図に記録されている内容を証明した書面である。

平成24年3月13日
　　　法務局　　支局
申請番号：6-21　　登記官
　(1/1)

3　地籍図（地籍調査事業による原始的筆界）

　国土調査による地籍図はあくまでも原始筆界を表す公図（旧土地台帳附属地図）をより正確に表したものである（よって「原始的」としている。）。しかし、その作成時において換地処分と勘違いして作図されている場合が意外とある。その場合、従前の土地の登記の処理もなされず既に現地形状を変化させてしまっている場合、新たに境界紛争を起こさないという意味と、所有者の主張する現状の構造物の存在から実務としてどのように処理するのか（理論や処理方法は簡単としても）、当事者に納得してもらう実務として非常に悩ましい※5。

※5　第9章「地籍調査と公図・地図」の事例参照

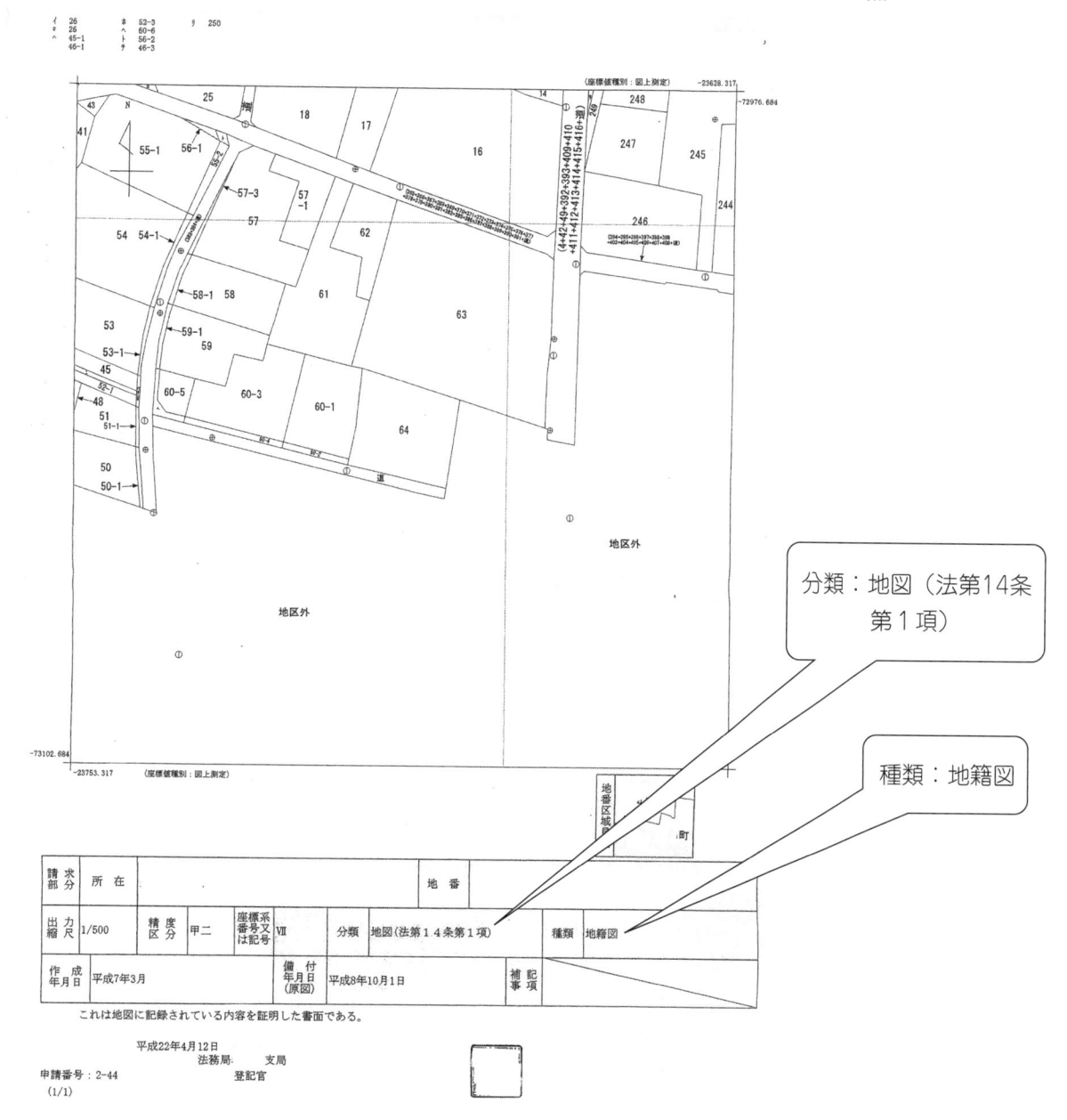

（1）　市町村でいうところの地籍図とは

　法務局に備え置かれている地籍調査事業による図面を限定的に地籍図と言っているのに対し、市町村に備え置かれている図面全てを地方税法380条の規定から一般的総称として「地籍図」としている。よって、前頁で示した地籍調査事業による「地籍図」とは意を異にしている。

地方税法

（固定資産課税台帳等の備付け）

第380条

3　市町村は、第一項の固定資産課税台帳のほか、当該市町村の条例の定めるところによつて、<u>地籍図</u>、土地使用図、土壌分類図、家屋見取図、固定資産売買記録簿その他固定資産の評価に関して必要な資料を備えて逐次これを整えなければならない。

4　法務局作成地図（不動産登記法14条1項による原始的筆界）

　不動産登記法本旨の法14条1項地図として法務局職員、土地家屋調査士が関わって作成されていることから、その精度は非常に高いといえる。現在では筆界点の数値（座標値）が存在するので、筆界確認に当たってはその数値を確認することとなる。筆界としての安定性から、国土調査法施行令による誤差範囲ではなく、較差（ここでは既存座標値に対する「観測座標値の位置差」をいう※6。）が一定の範囲（例えば2cm程度）であれば、一点一成果として既存の座標を使用すべき地図地域である。

※6　この「観測座標値の位置差」については喫緊の課題として議論されるべきである。

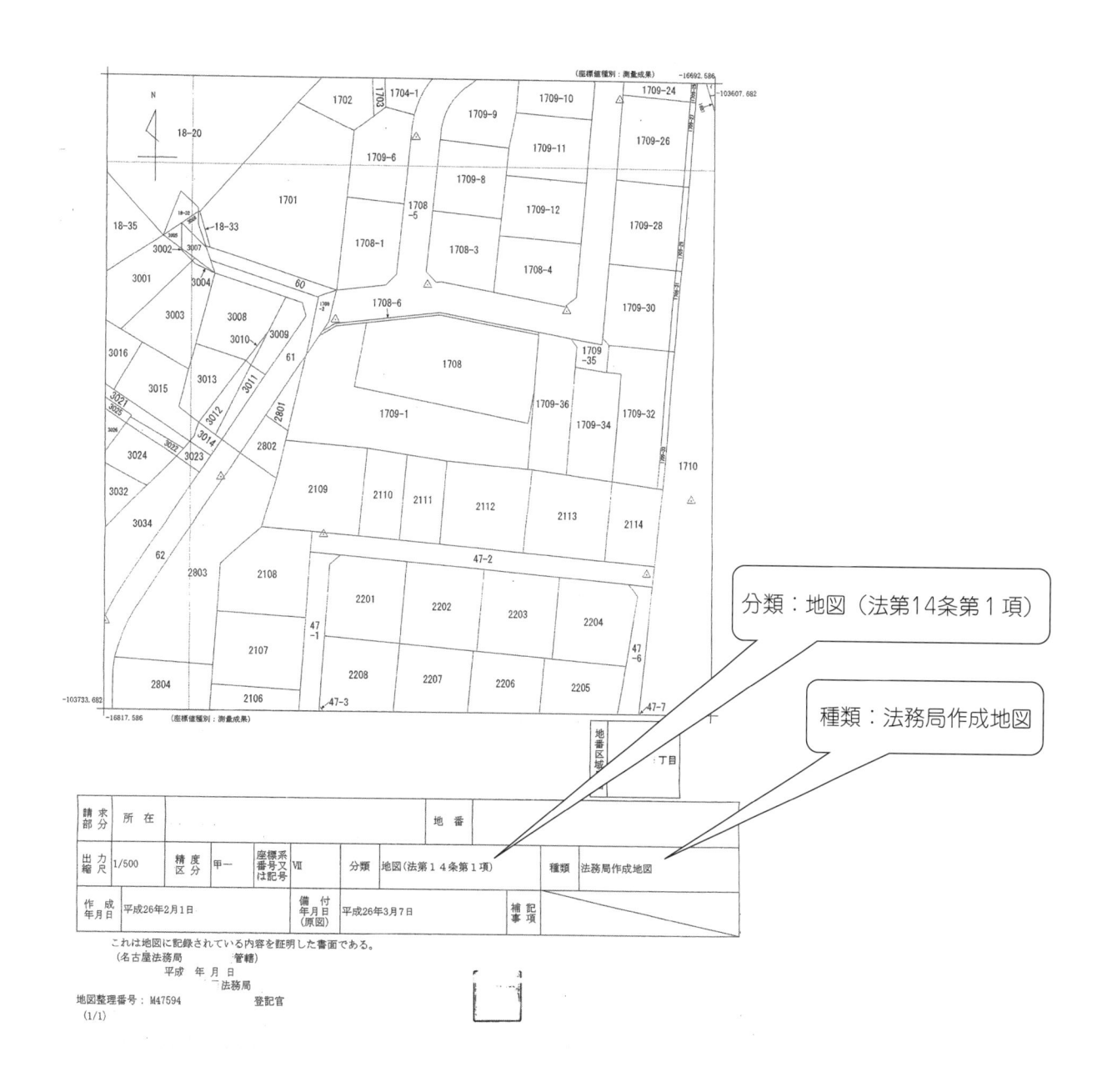

5　公図の加筆・修正・改製

　前掲1から4の各種図面は、地方公共団体に備え置かれる図面と共に2枚作成され、法務局と市町村それぞれに備え付けられている。しかし、1（1）、（2）の改租図、更正図では、その加筆・修正・改製の規定から別図となって備え置かれている場合もある。

＜加筆・修正・改製の歴史＞

・明治20年6月20日大蔵大臣内訓「地図更正ノ件」

　地租改正ノ際調製セシ町村地図ハ各地方ノ便宜ニ任セ、技術不熟練ナル人民ノ手ニナリシモノナルカ故ニ概ネ一筆ノ広狭状況等実地ニ適合セス、或ハ脱漏重複又ハ位置ヲ転倒スル等不完備ヲ免カレサルモノ多キニ居ル。加之地租改正以後十余年間頻繁地目ノ異動アルモ地図ハ改正ヲ加

> ヘサルカ為メニ目今ニ至テハ頗ル錯雑ヲ極メ実地ト齟齬スルモノ夥多ニ
> シテ、到底地図ノ用ヲナス能ハサルヨリ往々地図更正ニ着手ノ地方アリ。
> 一体地図トハ各町村ノ実況ヲ詳カナラシムルモノニシテ地租ノ調査上ハ
> 勿論土地百般ノ徴証ニ欠クヘカラサルモノトス。依テ今後地図ヲ更正ス
> ルモノハ別冊準則ニ憑スルモノトス。
> 　右内訓ス。

意訳【62頁参照】

・明治20年6月20日大蔵省内訓第3890号「町村地図調整及更正手続」

> （町村製図略法）
> 第11項　地図ハ年々移動地ヲ修正セシ副図ニ就キ正図及ヒ副図トモ十ケ
> 　年毎ニ更ニ調整シ年月ヲ記載シ図者之ニ記名捺印スルモノトス但シ本
> 　図明瞭ニシテ其儘使用シ得ラルヘキモノハ新調スルノ降ニアラス

意訳【63頁参照】

《コメント》

　地図更正の件における町村製図略法では本来10年ごとに公図を作り直
す規定となっていたが、ほとんど作り直されず更正図にそのまま加筆し
たもの、あるいは下地が透けて見える程の白の薄い和紙を貼って部分修
正をしたものであった。その和紙公図は長年閲覧に供したことにより、
劣化してきたことから、ポリエステルフィルムに書き写され（マイラー
図）、さらに現在の電子公図となっている場合が多い。

　ここで注意すべきことは、和紙公図からポリエステルフィルムへの書
写しは、主に定規を使っての手作業であったことから、若干の曲線や折
線を直線にしてしまっている場合や、和紙のしわの部分を引き伸ばさず
に結線していたり、摩耗、破損している部分を想定の下に結線している
場合もあることを意識しておきたい。

　以下の2枚の更正図は修正した図面として和紙公図の時代に再調整し
て出来上がったものが②改製公図として存在し、また、珍しく再調整前
の①原始公図が法務局に残されていた。

① 原始公図

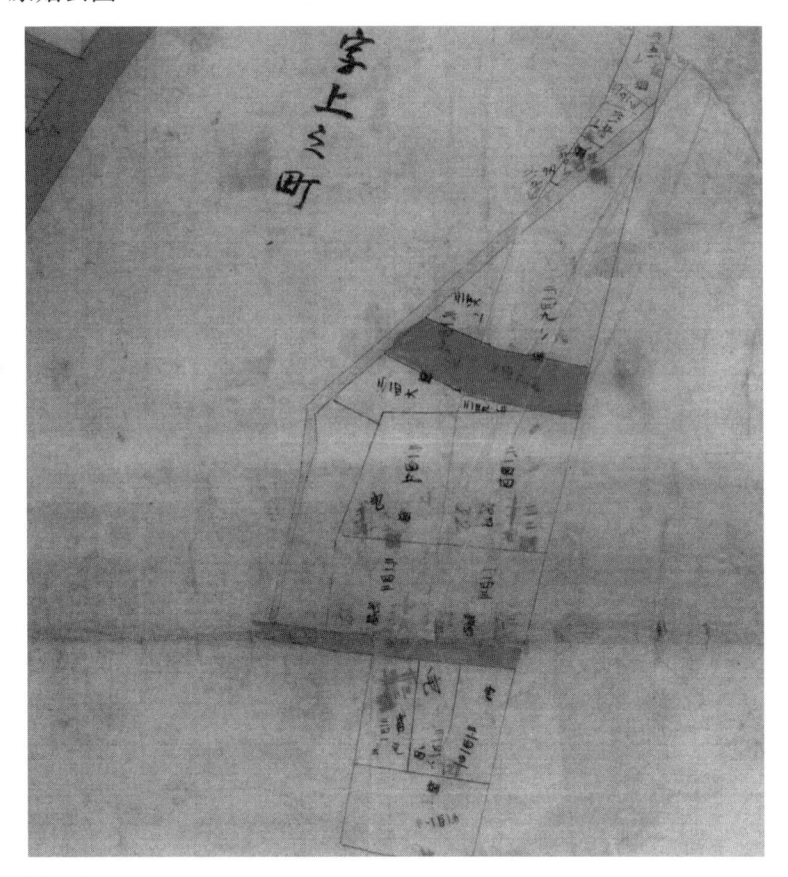

② 改製公図

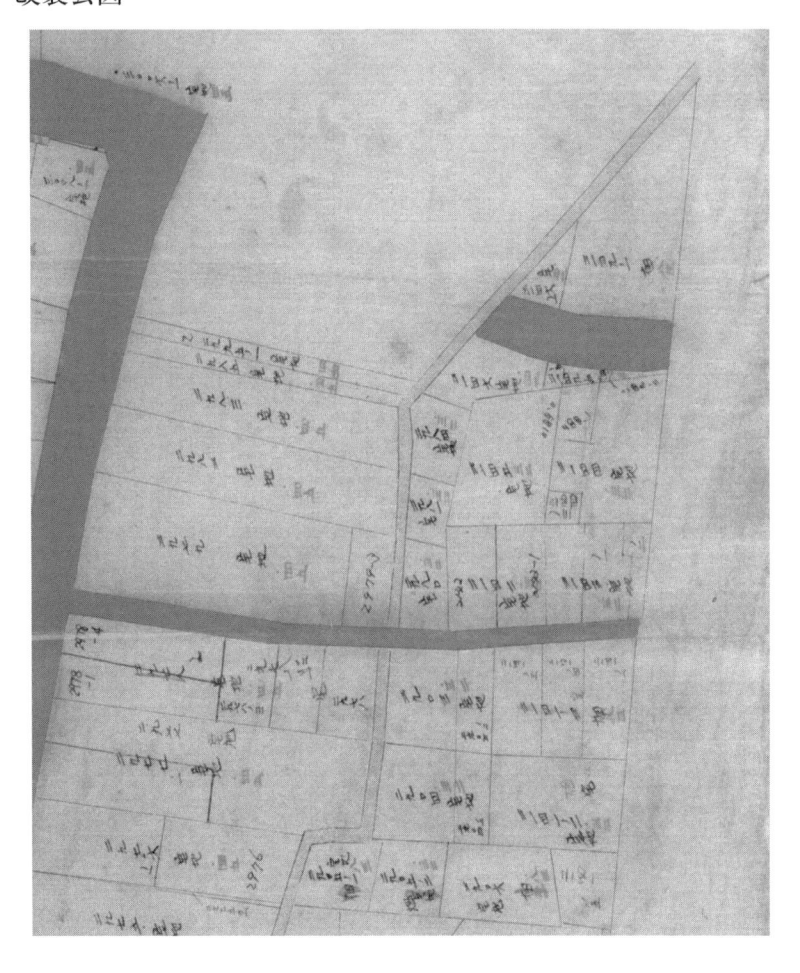

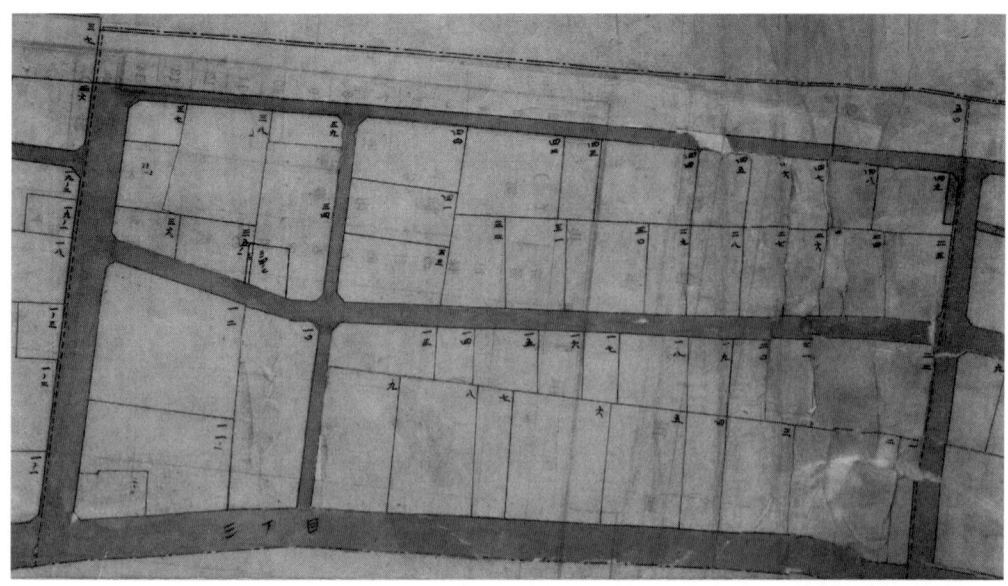

書き換えられる前の旧公図
和紙にしわや摩耗が見られる

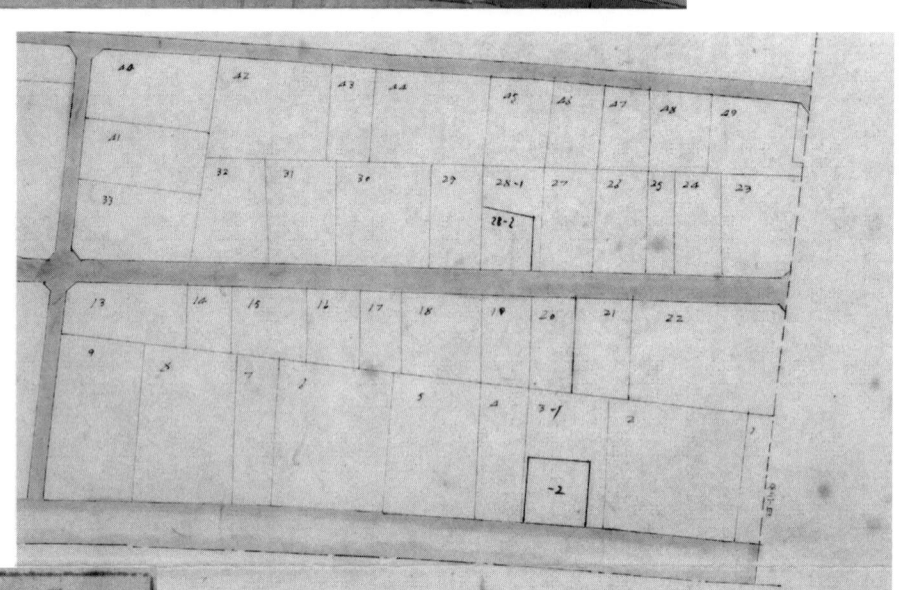

書き換えられた
旧公図
（奈良図）

奈良正治氏調製とする図面は主に東日本に存在するようである。

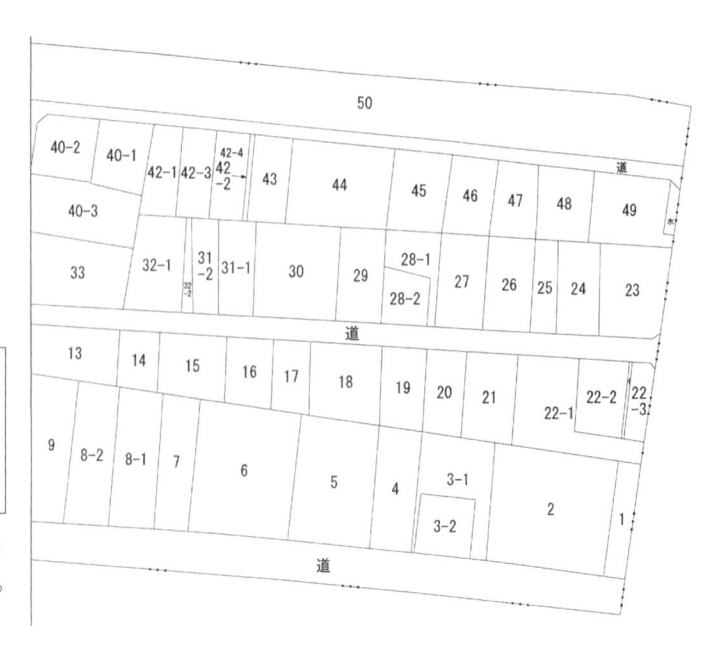

現在公図

この公図区域は戦前の耕地整理区域図である。

第3　時代考証から見た地籍（編製）図の存在

1　地図変遷の考察

　明治の地租改正による改租図から、その不備を是正するために「地押調査」（明治18年）、「地図更正の件」（明治20年）によって、いわゆる「更正図」としてより現地形状に近い地図を作成するための布達が出されている。

　一方、地租改正事業と地籍編纂事業は担当する省庁もその目的も違うことから、これまで地籍図は改租図、更正図とは別物として存在して、あまり実務において関連付けて取り上げられていなかったように思われる。

　しかし、地籍編纂事業の成果である地籍図は、更正図の作成と、境界を考える上で非常に重要な存在であることを今一度検証しておく必要があるように思う。

2　地籍編纂事業の概要

　明治6年7月28日大蔵省より地租徴収の目的での地租改正関係法令が交付された。しかしそれとは別に明治7年12月28日内務省より「地籍編纂調査ノ達」がなされた[7]。

　地籍編纂事業の期間は、明治23年6月26日の勅令により内務省の地籍課が廃止されるまでの間である。

　『明治期作成の地籍図』によると、その事業は明治6年3月25日太政官布告による「地所名称区別」と、地租改正公布後の明治6年11月10日設置された内務省より「公有地」の制度を廃し、「官有地」と「民有地」との二つの区分にしたことから、官有地は内務省、民有地は地租徴収の目的から大蔵省が所管することとなり、区分して事業がなされたことがその後の進捗と関係において大きな要因として作用しているとしている。

　地租改正事業と地籍編纂事業はその目的と管轄省庁が違うことから、これまで明治の公図作成において別物のように考えられがちであった。

　しかし、明治8年3月24日大蔵省と内務省の了承において、その無駄を省き両事業を完成させるために地租改正事務局を設置していることが非常に重要な意味を持っている。それは地図作成に当たって横割りの一連の作業として行われたということである。

　内務省第1回年報四、地理寮「量地及ビ地籍ノ概要」の最後段に「故ニ

[7]　「地籍編纂」とは事業自体のことであり、「地籍編製」とは地図を製する場合の取扱表現である。

官地ハ更ニ丈量ヲ用イ民地ハ改正反別ニ拠テ以テ編纂ニ従事セシム」との表現がある。すなわち官地は新たに測量をして民地は測量せず地租改正の反別（面積）によって編纂させるということである。そしてその成果が地籍図と地籍帳の作成となっている。

　『明治期作成の地籍図』において、全国的な掌握はなされていないものの、地籍編製地方官心得書には全府県に布達されているとの記述があることから、その成果が存在している愛知県の布達も含めて考えてみたい※8。

※8　あいちの地籍188頁以下

① 明治9年5月23日内務省達丙第35号「地籍編製地方官心得書」

第1章　心得要領
第2条　地図地籍ハ相待テ用ヲ為スモノユエ地図詳覈ナラサレハ実地明瞭ナラス其之ヲ製スルニ当リ甲乙両管ノ接壌不分明ナルトキハ双方ノ経界聯続ヲ誤ラサル様甲乙地方官厚ク協議ヲ経テ図籍ヲ製スヘシ
第3条　地籍編製着手ノ順序ヲ小別スレハ左ノ如シ
1　経界ヲ釐定スル事
2　地種名称ヲ調理スル事
3　実地ヲ丈量シ方積ヲ求ムル事
4　地図ヲ編製スル事
5　地籍ヲ整頓スル事
第4条　地籍編製ノ為ニ土地ヲ調整スルハ官民地ヲ問ワス一般ニ其本地ニ於テ調査スルモノトス

意訳【56頁参照】

第2章　経界釐定
第7条　土地ノ経界不分明ナルモノハ其証跡ヲ正シ従来ノ慣習実地ノ景況及左ノ3項ニ随ヒ之ヲ定ムルモノトス
　一　国郡村ノ経界ニ関スルモノハ伺出ヘシ
　二　海ト陸地ノ経界ハ満潮ヲ以テ其区別ヲナスヘシ
　三　水流ヲ界トスルモノハ其中心ヲ以テシ山頂ヲ界トスルモノハ雨水分派スル所ヲ以テシ道路ヲ界トスルモノハ其中央ヲ以テスヘシ

意訳【56頁参照】

第6章　製籍順序及検認
第15条　地籍地図ヲ編製スルノ順序ハ前条の如クナリト雖今新ニ製スルハ地租改正ノ為メ調査セシメ方積ヲ憑拠トシ未タ調査ヲ経サルモノハ其方法ニ照シ拾収登記スヘシ

意訳【57頁参照】

② 　明治17年3月17日愛知県布達乙第44号「地籍編製心得書」

第1章　総　則

第1条　地籍編纂ハ径界を釐正シ方積未定ノ土地ヲ測量地種名称ヲ区分シ以テ地籍ヲ具備スルヲ主トス

第2条　官有ノ道路河川堤塘及ヒ溝渠等方積未定ノ地ヲ測量シ其敷地幅員等ヲ明瞭ナラシムルヲ要ス※9

第3条　官民有地ヲ問ハス一地一筆限リ地番号順ニ調整スルモノトス

第5条　一筆限リノ方積ハ明治17年1月1日ノ姿ヲ以テ記載スルモノトス※10

※9　地籍帳・地籍図に道水路の長さと巾が記されている。

※10　地籍帳の表紙に「明治17年1月調」とある。

意訳【第1条　地籍編纂は境界を改めて正し面積が決まっていない土地を測量し地種名称を区分し地籍を完全に備えることを主とする

　　　　第2条　官有の道路・水路・堤塘及びみぞなどについて面積、幅員等を明確にすることを要する

　　　　第3条　官有地民有地を問わず一地一筆限り地番号順に調整する

　　　　第5条　一筆の面積は明治17年1月1日現在のものを記載する】

第2章　径界釐定

第6条　土地の径界不分明ナルモノハ其證跡或ハ従来ノ慣習実地ノ景況ヲ以伺出ヘシ

第7条　海ト陸地トノ径界ハ満潮ヲ以テ其区別ヲナスヘシ

意訳【第6条　土地の境界が分からないときは証拠調べや従来の慣習と実地のあり様を申し出ること

　　　　第7条　海と陸地との境界は満潮で区別する】

第4章　畦畔測量

第16条　田畑畦畔ハ官民有及ヒ該畦畔ノ大小ヲ問ワス実地ヲ測量シ其歩数ヲ本地ノ外書ニ掲載スヘシ※11

第17条　従前高外等ノ畦畔ニシテ側ヲ作場道等ヲ兼子一般耕耘ノ便益ニ供スルモノハ官有ノ部分ニ取調第5章第22条に準シ更ニ施号スヘシ

第18条　畦畔ノ方積ヲ求ムルハ斜面又ハ幅員の廣狹甚シキモノハ三斜法ヲ以測量シ其他廣狹ナキ小畔ハ十字法ヲ以てスルモ妨ナシ

※11　いわゆる外歩とする外畦畔のこと

意訳【第16条　田畑畦畔は官民に区別なく、またその畦畔の大小を問わず実地を測量しその面積を本地の外書に記載すること

　　　　第17条　それまで外歩等の畦畔で一部を作業場と道とを兼ねて使用し一般の耕作の利便に供するものは、官有の部分に取調第5章第22条に準じ更に施号すること

第18条　畦畔の面積を求めるには斜面又は幅員の広狭が甚しいも
　　　のは三斜法で測量し、広狭がない小さな畔は十字法でもよい】

第5章　道路堤塘河川溝渠

第19条　道路堤塘河溝ハ遺漏ナク測量スヘシ但長幅ノ間数ヲ量リ幅員不
　　　同ノモノハ平均シテ其方積ヲ得ヘシ※12

第21条　道路堤塘河川溝渠ノ番号ハ番外1番2番ト更ニ施号スヘシ

1　道路河溝等ノ内幅員狭隘ニシテ間数又ハ番号等其幅員中ニ記入シ難
　キモノハ其傍ヲニ見分リ易キ様記載スヘシ

※12　地籍帳の下段には
　　「平均巾」と記載あり

意訳【第19条　道路堤塘河溝は遺漏なく測量すること。ただし長さと幅
　　　を測り一定幅でない場合は平均して面積を出すこと

　　　第21条　道路堤塘河川溝渠の番号は番外1番2番のように記載する
　　　こと

　　　1　道路河川溝等のうち、幅員が狭隘のため間数又は番号等がそ
　　　の中に記入できないときはその横に分かりやすく記載すること】

　これらの歴史的な取扱いを見ると、これまで公図作成の上で地籍編製
の図面との関わりについてあまり検証されていなかったように感じてい
たが、実は地租改正事業と地籍編纂事業はかなり密接に作用している。
このことを大まかに図式すると次頁の「公図変遷の概略図」となる。

3　公図変遷の概略図

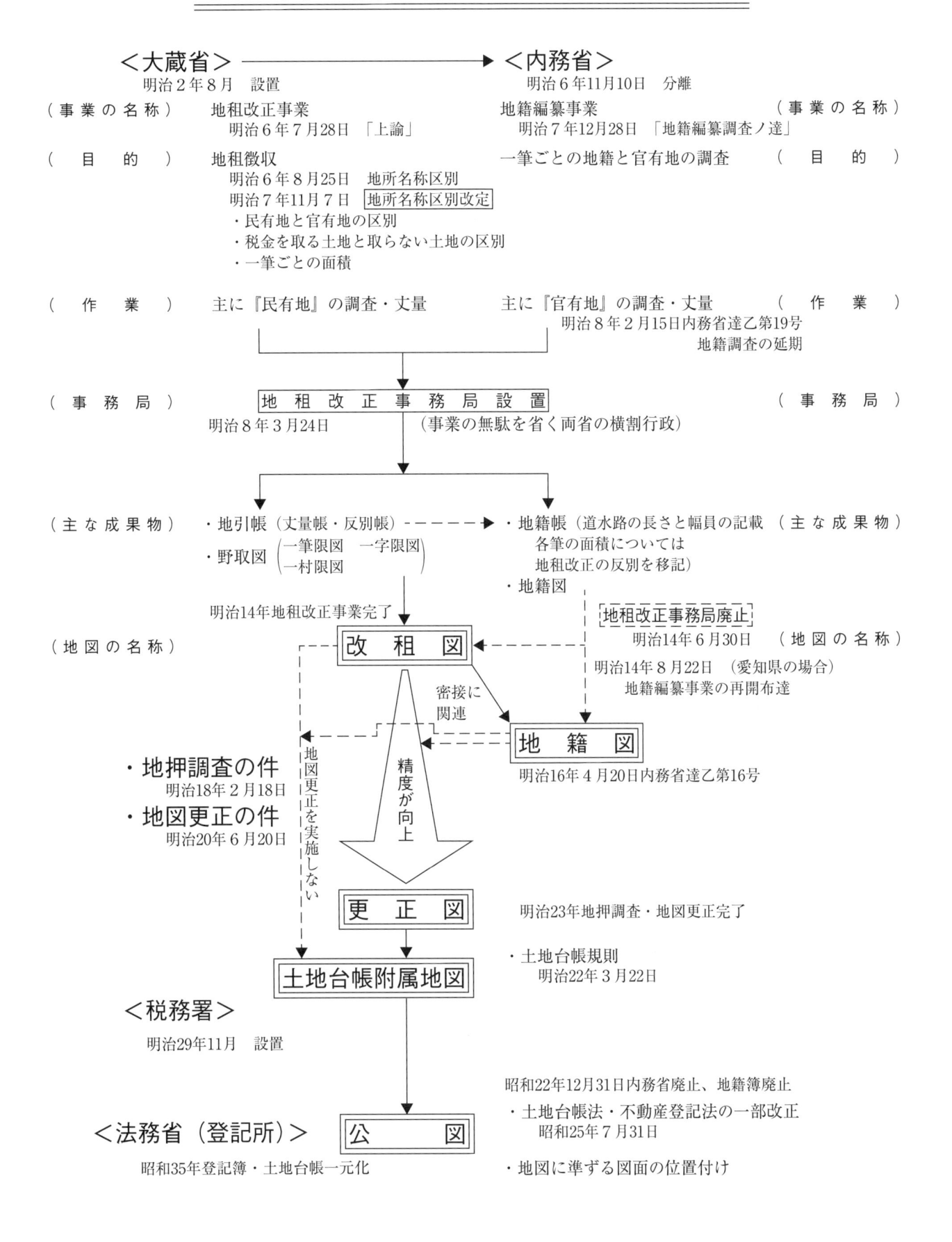

公　図　変　遷　の　概　略　図

4　大蔵省・内務省一対の事業

この地租改正事業と地籍編纂事業の二つの事業は、「明治8年1月18日大蔵省内務省租税寮改正局体裁改革ノ議ニ付太政官へ伺」にあるように事務局を一体化して、今では珍しく横割の事業として同時進行しようとしていた。しかし、実際には明治8年2月15日内務省達乙第19号により各府県に地籍編纂事業の延期が布達され一時中断している。

その理由は、地租改正事業により「そこまで人手が回らない」とのことであった。そしてこの事業が再開されるのは地租改正事業が終焉（明治14年6月30日）して2年程した後の、明治16年4月20日内務省乙第16号をもって一部府県を除き布達されて以後となるのだが、例えば愛知県では地租改正事業が終焉した直後の明治14年8月22日に地籍編纂事業を再開する布達にて既に行われていたのである。

その理解は明治17年3月17日付愛知県布達において、地籍編纂事業の成果とする地籍帳・地籍図の提出は明治17年3月25日までと規定したが、地籍帳の表書にもあるように、「明治17年1月調」として全県下において既成していたのである。

それは明治7年12月28日の「地籍編纂調査ノ達」が出されて間もなくの、明治8年2月15日の布達において中止ではなく延期されただけのことであるから、地方によっては引き続きの事業として再開されていたものと考えられる[13]。

特に岐阜県などでは後掲6②の筋骨図と呼ばれるように道水路を先に図化し、その区画の中に一筆地の区画を当てはめる手法によって公図を作図していたようである。

また愛知県では、明治14年8月22日に再開されて明治17年1月調とする成果以前、すなわち明治16年末以前には既に地籍帳・地籍図は完成していたと考えられる[14]。

5　地籍図・地籍帳の内容

現在境界確認をする場合、そのほとんどが官民境界の確認がなされている。その場合何らか境界確認のための資料があったら非常に安心できる。地籍編纂事業は前記のとおり正に官地、すなわち道水路を実測しているということで、その記載が地籍図と地籍帳に記載されている。そこで次に地籍図と地籍帳を確認しながらその内容を確認しておきたい。

[13]　明治14年6月30日大蔵省太政官達第59号において地租改正事務局廃止としたものの「残務の儀は……」として事業の継続について記されている。

[14]　その意味では「愛知県公文書館だより」第10号（巻頭資料4参照）の説明にある作成年（明治17年から18年）は違うと思われる。

<地籍帳（表紙）>

<地籍帳（道路記載部）>

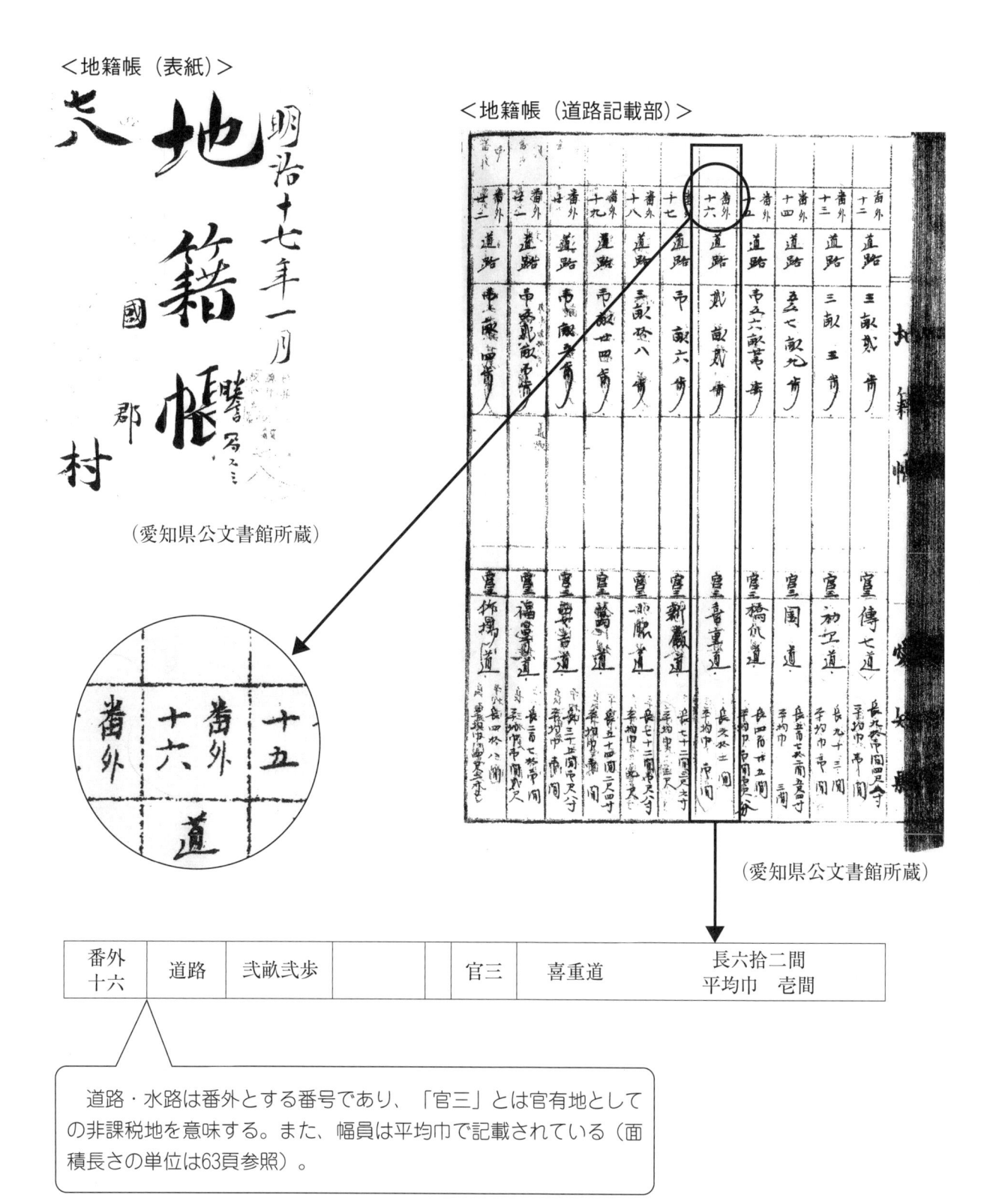

（愛知県公文書館所蔵）

（愛知県公文書館所蔵）

番外 十六	道路	弐畝弐歩		官三	喜重道	長六拾二間 平均巾　壱間

　道路・水路は番外とする番号であり、「官三」とは官有地としての非課税地を意味する。また、幅員は平均巾で記載されている（面積長さの単位は63頁参照）。

＜地籍図＞（巻頭資料２−１参照）

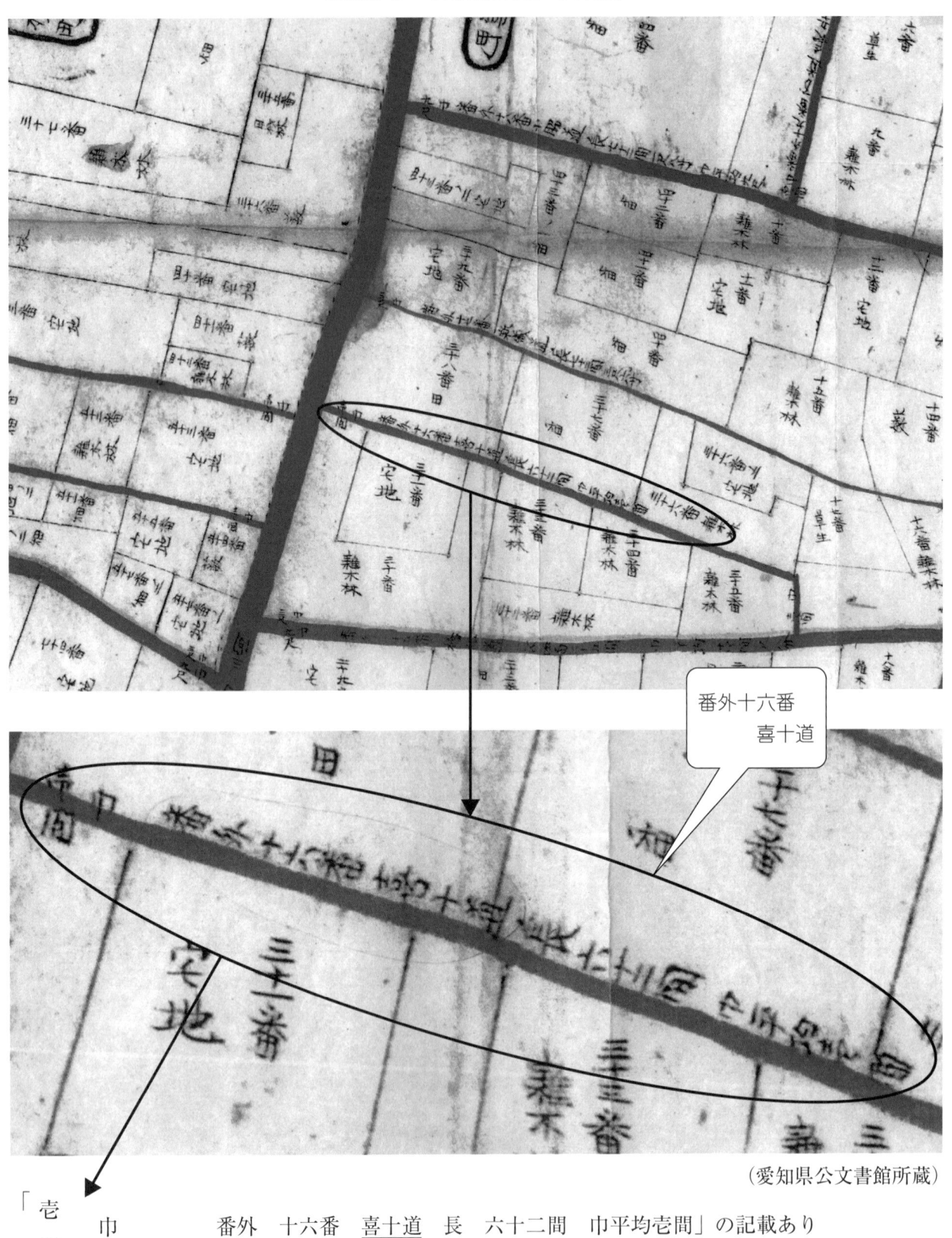

番外十六番
喜十道

（愛知県公文書館所蔵）

「壱間　巾　　　番外　十六番　喜十道　長　六十二間　巾平均壱間」の記載あり

<法務局備付閉鎖和紙公図（更正図）＞（巻頭資料2-2参照）

地籍図における番外十六番
喜十道（地籍帳では「喜
重道」と記載）とする道路

　この更正図は、下が北であることから前掲地籍図が南北逆転の図面であることが地番等において確認できる。

　なお、この事例では地籍図と更正図形状がおおよそ合っている。ゆえに地籍図の精度は比較的良いといえる。

＜現在公図（不動産登記法14条4項地図）＞

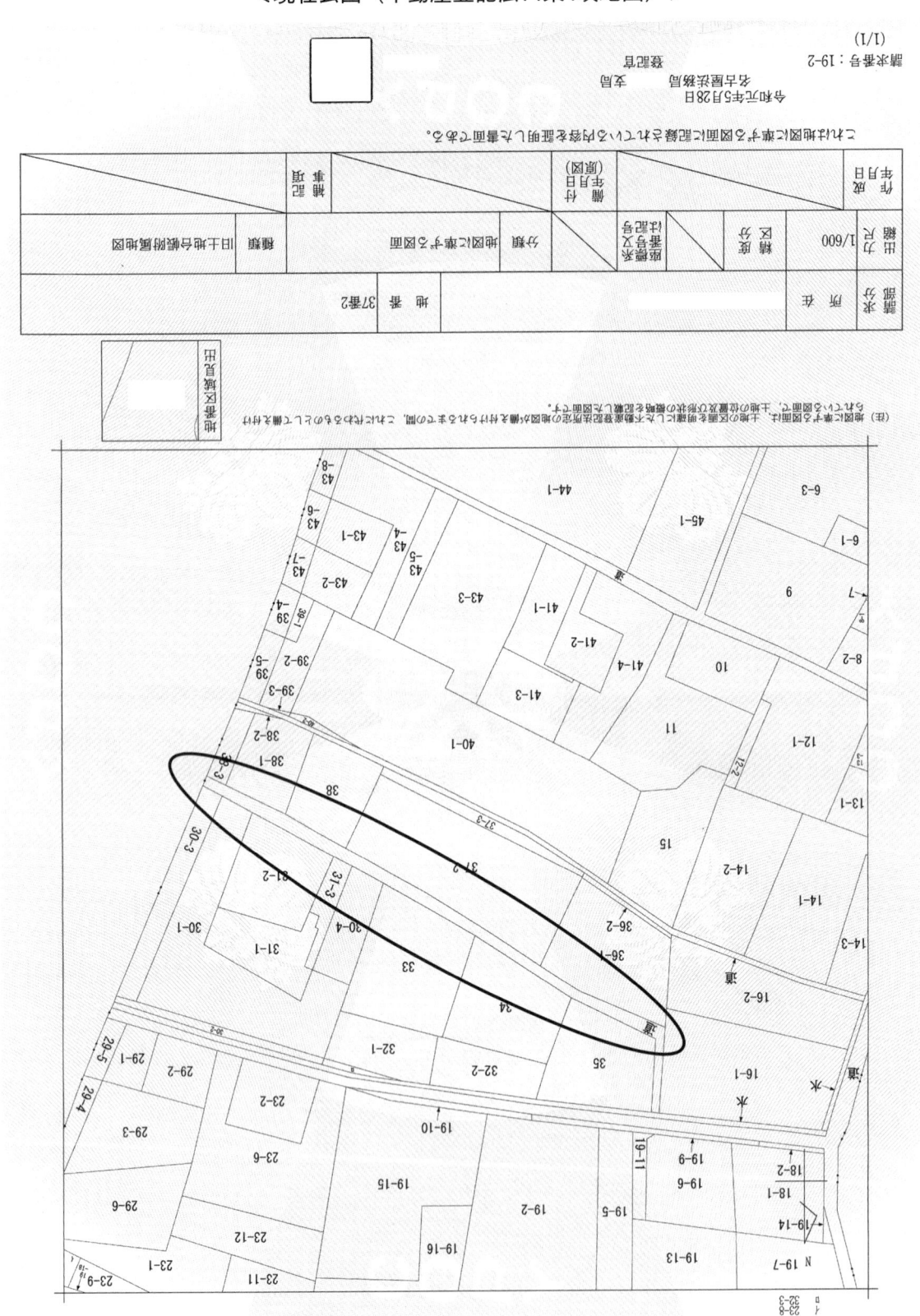

前掲地籍図に方位を合わせて掲載（南が上）

6　公図（旧土地台帳附属地図）の地域性の区分

　一口に公図といっても、その実態を見ると、地租改正事業、地籍編纂事業が各府県を通して各町村に布達されたものの、実際には各地域の人々の取組や熱意に任されていたこともあり、その成果（精度）はまちまちである※15。そこで全国の法務局に備え置かれている公図を区分してみるとおよそ以下のように区分されるのではないだろうか。

① 　地租改正時の改租図のままの地域（公図地域において更正図地域以外の地域であり全国に分布している。）

② 　地籍編纂事業の成果を先に取り入れて道水路に囲まれた街区（筋骨）を作成しておき、その中の各筆については所有者の作成した一筆地の形状図※16を組み入れて調整作図した改租図地域（筋骨図として次頁「岐阜県の改租図」参照）

③ 　所有者の作成した一筆地の形状図※17を合わせて作図した①の改租図に、更に外周に地籍編纂事業の成果とする道水路を組み合わせ調整作図した更正図地域（後掲「明治21年調製とする更正図」115頁参照）

④ 　「地押調査」、「地図更正の件」をもって作図された更正図地域

⑤ 　再測量の中身は地租のための丈量として、地積も更正している更正図地域（福岡県筑前国、豊前国、大分県豊前国、岡山県美作国、岐阜県飛騨国の5県）

　※例外として山林公図そのものを備え置いていない地域（山口県長門国）もある。

※15　明治地籍図参照

※16　面積の特定のための丈量で、土地の形状はフリーハンドの様相

※17　土地の形状を実測（平板測量を含む。）した、改租図よりは精度の高い図面

〔前掲②の例〕岐阜県の改租図（巻頭資料1参照）

　　先に道水路を筋骨として作図し、そこに一筆地の成果を記入している。

　　縮尺は、珍しい1,000分の1として更正図は作成されなかった。

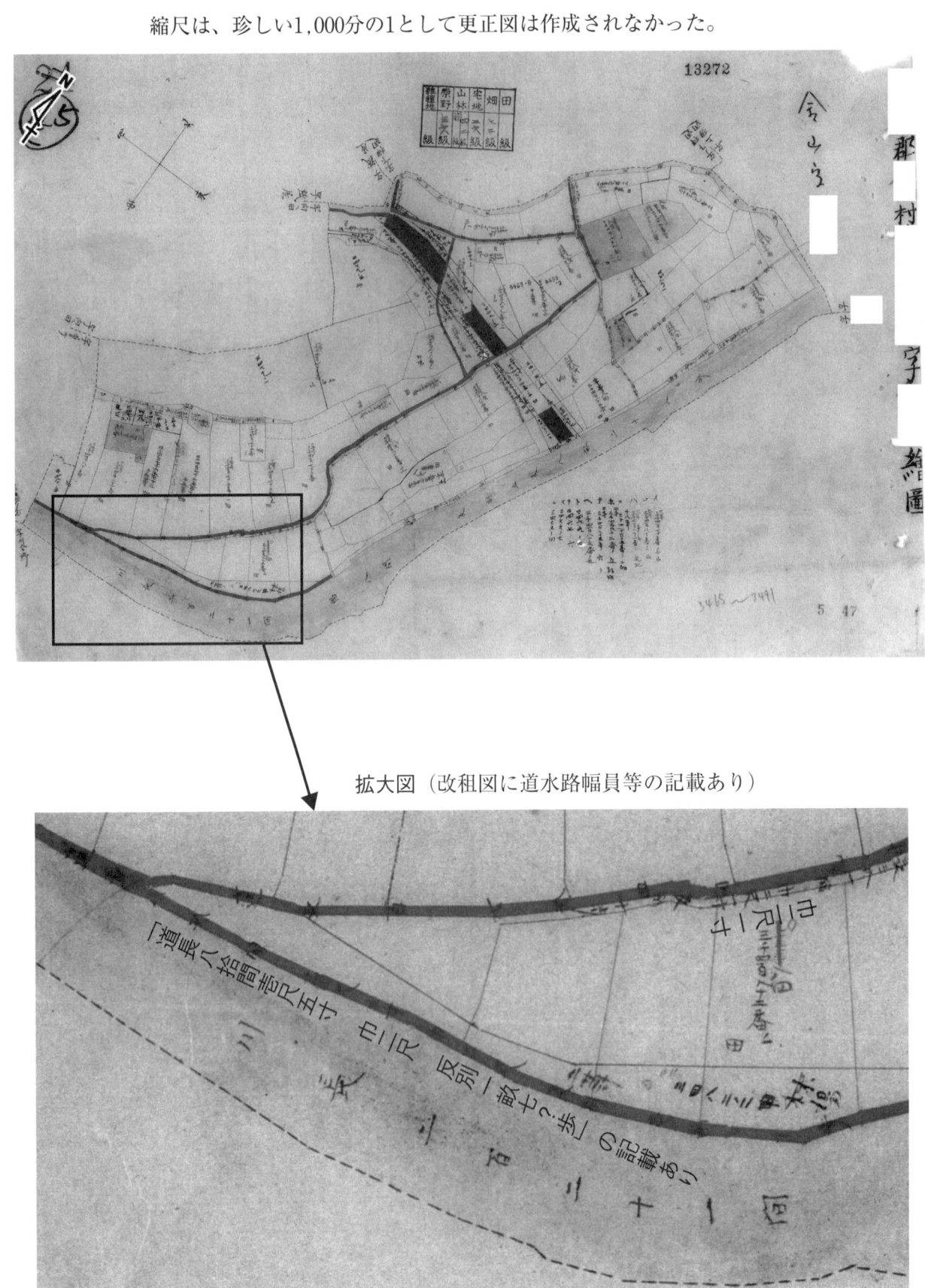

拡大図（改租図に道水路幅員等の記載あり）

〔前掲③の例〕明治17年1月調とする地籍図

　　　（道路の長さと巾の記載あり）

（愛知県公文書館所蔵）

〔前掲③の例〕明治21年調製とする更正図

　　　上記地籍図を利用して作成（道の形状は地籍図とかなり合っている）

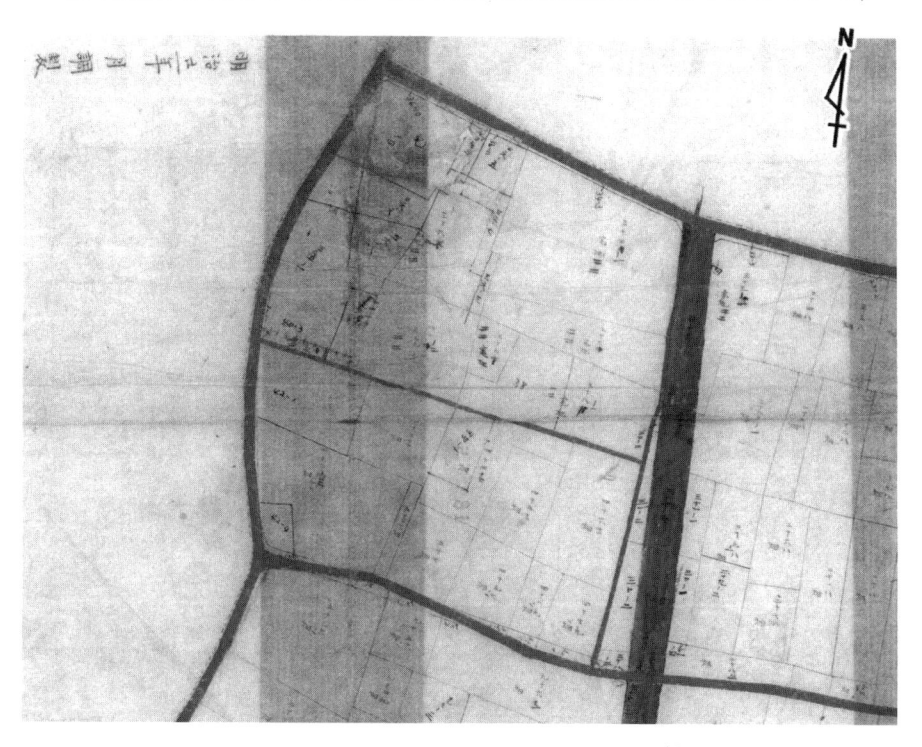

（名古屋法務局備付）

7　南北逆転の公図

　改租図、地籍図の大きな特徴の一つは、全てではないが方位が南北逆転していることである。『明治期作成の地籍図』によれば、これは原則としているものの、「現地で披見するとき、陽光を背にして北面するよりは、南向きとなって絵図と地物を対照することが普通である。また土地を丈量するにあたっても、最初に陽光を背にして北面するよりは南を向くのが自然であろう※18。」と記している。

　そして「この方位は北を上とする方式を採用したのは明治18年の地押調査の節に至ってである。」と記されている。

　現在電子化されて発行される公図は全て上が北とされているが、かつて法務局の公図を電子化するための地図整備作業において、明治20年の「地図更正の件」以後の和紙更正図（旧土地台帳附属地図）を確認したとき、まだ南北逆転した更正図が意外とあったことを記憶している。

　このことは、北を上とする方式を採用してできたはずの更正図が、全国全てにおいて徹底されず、南を上とした地図が少なくとも地図電子化以前までは存在し、使用されていたことを示している。

　そこで考えるべきことは、土地台帳時代の分筆申告図の様式との関係である※19。その様式は、地形図として土地の形状と地番、そして求積の記載はあるものの、方位が記載されていないものも多い。よって、これまでの実務において南北逆転して地番が記入されたのではないかと推測される公図内地番を更正する場面が経験としてあった。

　また、特に公図の精度の良くないところでは、その南北逆転記入が地図混乱の要因として経過してきたことも考えられなくもない。

※18　明治地籍図257頁

※19　第2章第3「分筆申告図と境界」参照

【事例1】

＜上を南として作成している地籍図＞

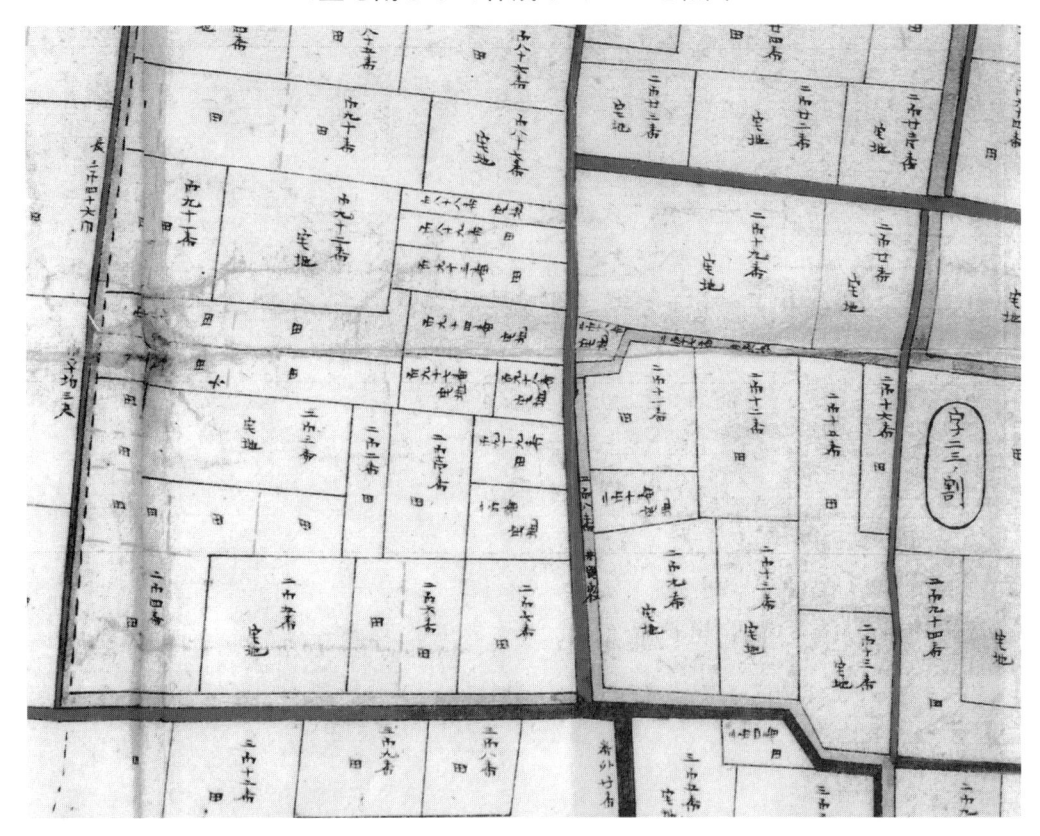

（愛知県公文書館所蔵）

＜上を北として逆転作成した旧公図（更正図・現在公図の元図）＞

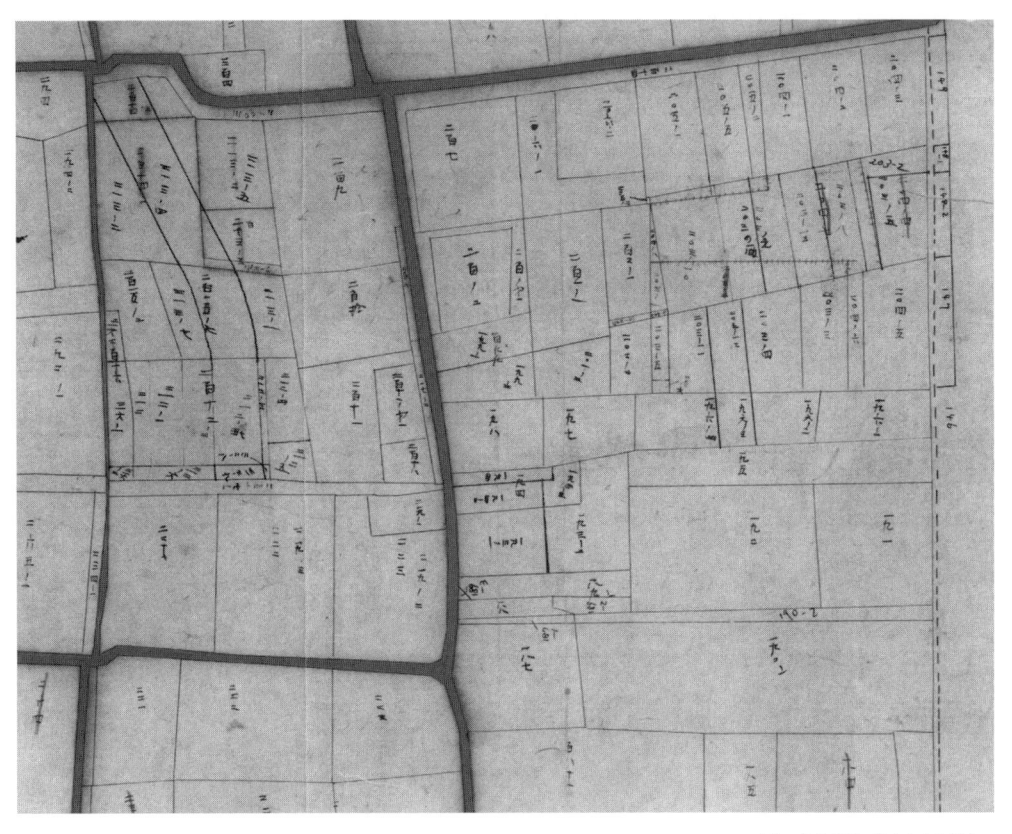

（名古屋法務局所蔵）

【事例2】

・南北逆転の公図であったことから、分筆地297番1の土地が、元番297番東側において錯誤記入された（左旧公図）後、297番の西側に記入（地図訂正）されて現在公図（右図）に至っている事例

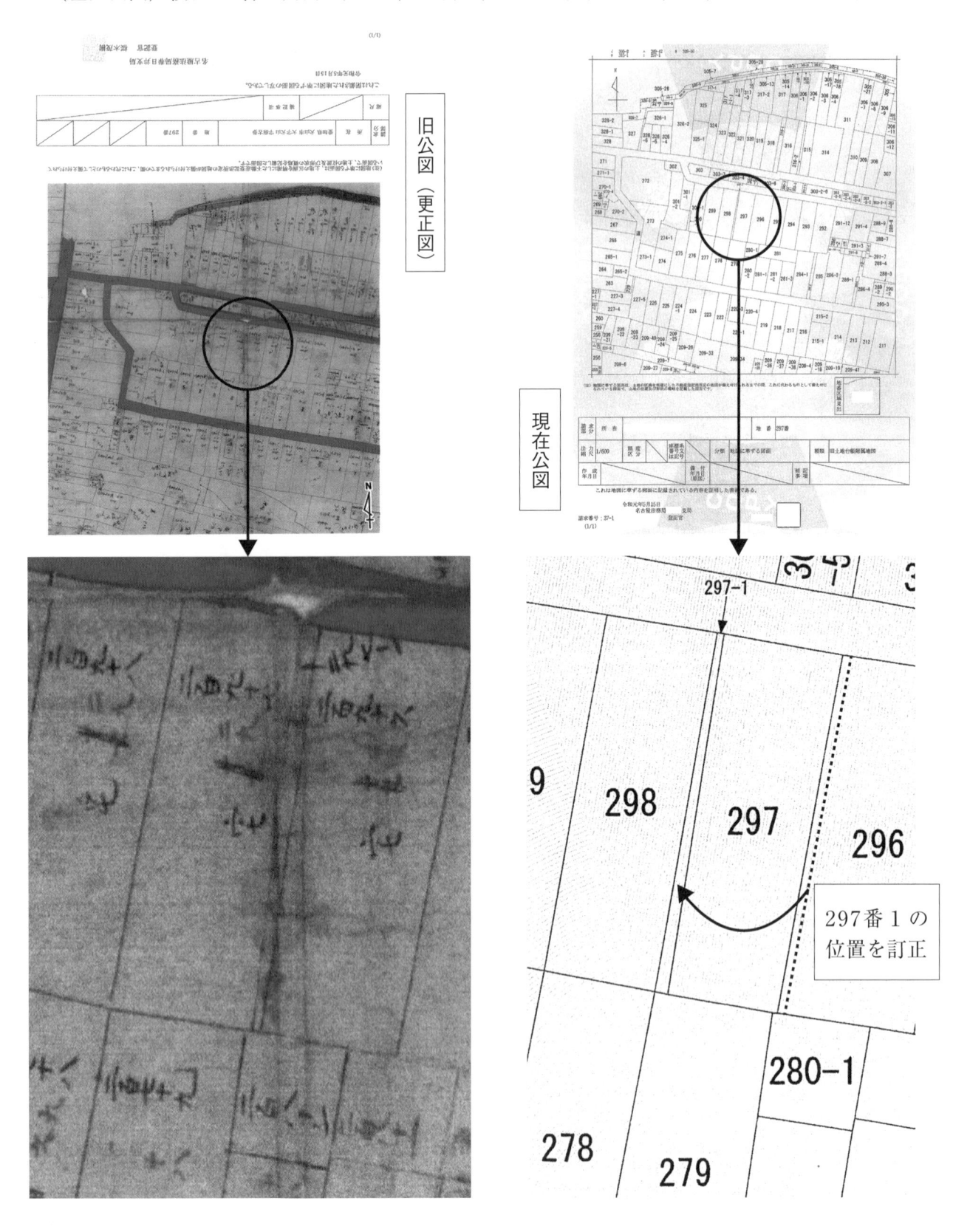

第 4 章

境界立会いと承諾から
見た境界

120

　この章は直接境界確定とは結びつかないところであるが、第1章の「旧民法と現民法の素朴な疑問」でも述べたように実務の前提として重要な部分である[1]。

　立会いを要請する規定が必要であるとして、今後の法改正を考えたとき、この立会いの歴史的系譜を確認しておくことは必要不可欠であると感じている。

※1　土地家屋調査士の視点1（13頁）参照

第1　時代的記載と意識、その意味

① 明治6年10月4日租税寮改正局日報第44号「地租改正ニ付人民心得書」

> 第6条
> 一　実地歩数ヲ定ルニハ先ツ村役員立会銘、持地ニ畝杭ヲ建置キ然ル後ニ隣田畑持主共申合耕地ヘ臨ミ経界ヲ正シ[2]銘、限リ持地有ノ儘ノ形ヲ書キ入歩出歩等見計ヒ屈曲ヲ平均シテ縦何間横何間ト間数ヲ量リ其間数ニ応シ坪詰イタシ一筆毎右之通取調村役人ヘ差出シ役オイテハ右絵図ヲ以尚又実地ニ臨ミ其地并隣地持主再ヒ為ル立会歩数ヲ改メ相違無之上ハ畝杭ヘ更正之反別ヲ認メ此絵図ヲ元ニシテ第五条ノ字限地図ヲ仕立可申事　但持主……

※2　実測面積を村役人に申請する場合の隣接地主との現地立会義務

意訳【一　実測して面積を決めるには、まず村役員が立会いし各土地に畝杭を建て、その後に隣接地所有者又は共有者が立会いし、境界を確定する。各土地を有りのままに書き、入歩出歩等を考慮し平均して縦横の間数を測り坪詰めした絵図を一筆ごとに取調村役人に提出する。役人は絵図により実地調査と関係者との再立会いをして、検測した上で畝杭の正しい面積を認め、この絵図を元にして第5条の字限地図を作成すること】

≪コメント≫

　村役員が立ち会うという習慣は、地域によっては今でも区長や土木常設委員あるいはその自治体の議員も同席するという習慣が残っている。

② 明治18年月日不詳大蔵省「実地取調順序」

> 第7条　実地調査上、落地或ハ無願開墾地及ヒ無届地目変換地其他渾テ実地ト帳簿・図面ト離齬スルモノヲ発顕スルトキハ、左ノ手続ニ依リ、其町村戸長ヨリ該取調上精覈ナル旨是認ヲ受ケタル日ヨリ何日以内ニ訂正方開申セシムヘシ。
> 一　落地ハ其地盤ヲ丈量シ、四至ノ境界判明ナル地図ヲ添エ、隣地主連署ノ上[3]、有租地編入ノ義ヲ出願セシムルモノトス。

※3　隣地立会確認署名の添付

意訳【実地調査のときに、脱落地あるいは申請していない開墾地及び無

届けの地目変換地の他、全て実地と帳簿・図面と離齬するものを発見した場合は、左の手続により、町村戸長が詳しく取り調べた上、是認を受けた日から期限を定めて訂正の申出をさせること。
　一　脱落地はその土地を丈量し、東西南北の境界が分かる地図を添付し、隣接所有者連署の上、有租地への編入手続を願い出させることとする。】

③　明治20年7月13日福島県知事訓令甲第250号「土地丈量心得書」

> 　一　土地ヲ丈量スルニハ先ツ第一ニ地盤ノ境界ヲ正ス丁肝心ナリ故ニ其実地ヲ絵図面及ヒ隣地等ニ引合シテ以テ境界ニ誤リナキヲ確知シタル上ニアラサレハ丈量ニ着手スヘカラス

意訳【64頁参照】

≪コメント≫

　まずは測量する前に、必ず隣接者、関係者との立会いをして境界を決めてから測量に入れとの指示はまさしく個人の意思による所有権界の立会いを意味する。

④　明治29年4月27日法律第89号（旧民法）

> 第一部　物権　第一章　所有権
> 第239条　凡ソ相隣者ハ地方ノ慣習ニ従ヒ樹石杭杙ノ如キ標示物ヲ以テ其連接シタル所有地ノ界限ヲ定メント互ニ強要スルコトヲ得

意訳【一般的に相隣者は地方の慣習に従って、樹木・石杭・境界杭等の標示物をもってその接する所有地の境界を定めるため、互いに強要することができる※4。】

※4　弁護士の視点1（14頁）参照

⑤　大正3年3月28日東京税務監督局長訓令第20号「地租事務規程」

> 第七章　誤謬訂正
> 第48条　丈量又ハ地図誤謬訂正ノ申請アリタルトキハ其ノ願書ニ接続地地主ノ連署若クハ承諾書ヲ添付セシメ又国有地、御料地、公有地等ニ接続スル場合ハ関係官公署ニ交渉ノ上処理スヘシ

意訳【地積更正又は地図の誤り訂正の申請をするときは、申請書に隣接所有者の連署若しくは承諾書を添付することを要し、国有地、御料地、公有地等に接続する場合は関係官公署と交渉の上、処理すること】

≪コメント≫

　現在の法務局への地積更正登記申請、分筆登記申請、地図訂正申出等に添付する場合の取扱いと同じであるが、境界は所有権界の意識であっ

たことから承諾書とする合意書面の意味合いであろうか。また、官公署の確認についても規定している。

⑥　大正11年1月27日勅令第15号「国有財産法施行令」

> 第三章　境界査定
> 第14条　国有財産ニ付境界ノ分明ナラサルモノアル場合ニ於テ<u>当該官庁必要ト認メタルトキ又ハ隣接地所有者ノ申請アリタルトキ</u>ハ当該官庁ハ其ノ境界査定ヲ施行スヘシ
> 第15条　<u>境界査定ヲ施行セムトスルトキハ当該官庁ハ其ノ日時及場所ヲ定メ書面ヲ以テ隣接地所有者ニ之ヲ通知スヘシ</u>
> 　　前項ノ書面ノ送達ハ期日ニ付予メ隣接地所有者ノ承諾アリタル場合ヲ除クノ外期日ノ前日ヨリ起算シ少クトモ七日前之ヲ為スヘシ<u></u>※5

※5　境界承諾書の事前提出、申出あり

意訳【83頁参照】

≪コメント≫

　昭和23年に廃止されるまでの国有財産の境界確定の取扱いであり、国の主体的意向が強い。

⑦　昭和10年8月1日東京税務監督局長訓令第6号「地租事務規程」

> 第十二章　誤謬訂正
> 第165条　地積ニ関シ誤謬訂正ノ申請アリタルトキハ左ノ各号ニ依リ取扱フヘシ
> 一　<u>他人ノ所有地（国有地、御料地ヲ含ム）ニ接続スルモノハ申請書ニ接続地所有者ノ連署ヲ受ケシムルカ又ハ承諾書ヲ添附セシメ或ハ関係官公署ニ照会スル等其ノ異議ナキヲ確ムルモノトス</u>　接続地ノ
> 　　……

⑧　昭和23年6月30日法律第73号「国有財産法」

> （境界確定の協議）
> 第31条の3　各省各庁の長は、その所管に属する国有財産の境界が明らかでないためその管理に支障がある場合には、隣接地の所有者に対し、立会場所、期日その他必要な事項を通知して、<u>境界を確定するための協議を求めることができる。</u>
> 2　前項の規定により<u>協議を求められた隣接地の所有者は、やむを得ない場合を除き、同項の通知に従い、その場所に立ち会つて境界の確定につき協議しなければならない。</u>
> 3　第一項の協議がととのつた場合には、<u>各省各庁の長及び隣接地の所有者は、書面により、確定された境界を明らかにしなければならない。</u>

≪コメント≫

　これまでの「境界査定」とする国の強い立場を和らげた「境界確定の協議」としている。

⑨　昭和32年7月22日民事甲第1407号民事局長通達「土地台帳事務取扱要領」

> 第71条　地積訂正の申告書には、地積の測量図を添付させるほか、<u>当該土地が他人の所有地（国有地を含む）に接続するときは、隣接地所有者の連署を受けさせるか又はその者の承諾書を添付させ、若し隣接地所有者の連署又は承諾書が得られないときは、その理由を記載した書面を添付させる</u>ものとする。

≪コメント≫

　昭和25年に土地台帳事務が登記所（法務局）に移ってからの取扱いであるが、税務署への届出時代と同じ取扱いであることを再確認している。事務取扱要領は、本来事務担当者の内部規程とされているが、実質は申請人（届出人）への規程でもある。

⑩　平成16年12月1日法律第147号（現民法）

> 第二編　物権　第三章　所有権
> （境界標の設置）
> 第223条　土地の所有者は、隣地の所有者と<u>共同の費用で、境界標を設ける</u>ことができる。
> （境界標の設置及び保存の費用）
> 第224条　<u>境界標の設置及び保存の費用は、相隣者が等しい割合で負担する</u>[6]。ただし、測量の費用は、その土地の広狭に応じて分担する。
> （囲障の設置）
> 第225条　二棟の建物がその所有者を異にし、かつ、その間に空地があるときは、各所有者は、他の所有者と共同の費用で、その境界に囲障を設けることができる。
> （囲障の設置及び保存の費用）
> 第226条　前条の囲障の設置及び保存の費用は、相隣者が等しい割合で負担する。
> （境界標等の共有の推定）
> 第229条　<u>境界線上に設けた境界標、囲障、障壁、溝及び堀は、相隣者の共有に属するものと推定する</u>[7]。

※6　境界標設置と測量費用の負担割合から隣地所有者との事前確認の必要性が推定される。

※7　これらの条文は全て隣接者の立会いと承諾及び確認を得て初めて適用できる規定である。

　上記の他にも、都道府県市町村等の官公署では、「境界立会確認書」等の名称とする証明、そして法務局においても土地の表題登記、地積更正登記及び分筆登記を申請する場合、隣接土地所有者の「筆界立会確認書」等の書面の提供を、いずれも内部規程としているものの申請人に求めている。そのことを含め、明治以来「境界確定とは境界立会いの歴史」と言ってもいいように思う。

弁護士の視点6	立会いの法的性質と立会適格の関係

　境界と言うときには、筆界、所有権界、公物管理界（管理区域界）が含まれることになるが、これらを確定あるいは確認するために隣地所有者同士が現地において立ち会って協議することが一般に行われている。

　単に境界の「立会い」と言ったときは、現地における立会協議を意味しており、そこで何らかの合意あるいは認識の一致が認められれば、さらに境界確認書や境界承諾書等に署名押印することがあり、こちらを境界についての「同意・承諾」として、現地での立会協議と区別する場合もあるが、このような同意・承諾をも含めて「立会い」ということもある。ここでは、立会協議と同意承諾を含む趣旨で「立会い」と呼ぶことにする。

　これらの「立会い」の法的性質は何であろうか。また、その立会適格としては、何が求められているのであろうか。

1　隣地所有者らの立会いを求める場合

　隣地所有者らの立会いを求める場合としては以下が考えられるが、それぞれその法的性質は異なるのか、立会適格はどうなるのかという問題がある。

① 分筆等の表示登記申請目的で民民境界の立会いを求める場合
② 売主の義務等として行われる民民境界の確定測量の場合
③ 官民境界確定協議の場合
④ 国土調査法の地籍調査の場合
⑤ 筆界特定の場合
⑥ 民事調停、ＡＤＲ等において現地調停を実施する場合
⑦ 道路等境界明示の場合
⑧ 現況測量、確定している筆界に杭を打設する場合等

2　考え方の基本

（1）　立会いの対象とする境界の種類

　立会いの対象とする境界が「筆界」であるのか、「所有権界」であるのか、「公物管理界」であるのかによって、法的性質や立会適格の考え方が変わってくると思われる※8。

（2）　立会いによって所有権界についての法的効果を生じるか否か

　「筆界」を確認するだけの事実行為である場合は、少なくとも所有権界に関する特段の法律効果を伴わないことになる。

　「筆界」確認のための立会いにおいて係争地部分が相手方の所有権の範囲内であることを認めたことによって、後日、係争地部分の時効

※8　理論と実務207頁以下は、「所有権界についての立会・承認の適格」、「筆界についての立会・承認の適格」、「機能管理者による官民境界明示等における立会・承認の適格」に分けて述べられている。

取得を主張した場合に時効援用権がこれにより喪失したとされる場合があり得るがこれは別問題である。

　また、後日の筆界確定訴訟において立会い時に確認・承諾した筆界と相反する筆界を主張しても認められにくくなるという「事実上の効果」を生じることになるが、これも法的効果とはいえない。ただし、後日、立会い時とは異なる主張がしにくくなるという事実上の効果があるがゆえに将来の紛争予防のために立会いを求める場合がある。

　また、道路等の公共用物の機能管理者である自治体等が道路等の公物の範囲を明らかにする行為も所有権界について法的効果を生じることはないとされている※9。

　他方、立会いの対象が所有権界である場合で、なおかつ、所有権界について「争い」があることを前提として、隣地所有者同士が、協議の上、「合意」し、紛争を解決する（所有権界を確定する）ために立ち会う場合、その法的性質は「和解」ということになる※10※11。

　この場合は、所有権の処分・変更を伴い得る法律行為になるから、その立会適格は、処分権限を有する（差押え、仮差押え、仮処分、破産決定等による制限がないこと。）所有権者（単なる登記名義人ではなく真の所有者）ということになり、これを欠く者が立ち会っても無効すなわち所有権界の和解としての効力を生じないこととなる。

　(3)　実務上は筆界の確認と所有権界の確定をきれいに分けて考えることができない

　一応、理屈の上では、上記(1)、(2)の観点から立会いの法的性質や効果、立会適格を考えることにはなるが、実務上は、きれいに割り切ることができない場合の方が多い。

　例えば、立会いの対象が「筆界」であり、立会いは筆界を調査・確認するに当たっての資料を提供する事実行為であるとして、割り切ることができる場合というのはかなり限られることになる。そのような場合としては、数値資料があり現地の境界標識その他の客観的資料から幅のない線として筆界を明確に認定できる場合がこれに当たるが、実際には、そのような場合はむしろ稀であり、そもそもそのような場合は、筆界を確認するために立会いをする必要もないことになる。

　実際には、筆界を一定の幅の範囲内でしか認定することができない場合が大半であり、そのような場合は、筆界を認定するための客観的資料の不足を補うために隣地所有者の立会いを求めていることになる。

　『改訂版　境界の理論と実務』212頁は枇杷田泰助氏の論述を引用しつつ「その帯状の土地範囲内のうち、現地のどこを境界と定めるかは、関係当事者間の『土地区画の承認関係』に委ねられ、だからこそ立会いとその成果としての境界の承認は、和紙公図など他の諸々の客観的資料と矛盾しない限り、他の資料に勝る存在として位置づけられているといえる。」としている。

※9　理論と実務250頁は「これらの公物管理型の境界管理は、道路の公物管理界にせよ、道路区域界等にせよ、いずれも言わば上物たる道路についての境界であり、底地の所有権・筆界とは関わりないという発想に基づいている。」としている。

※10　通常の和解は民法695条において「争い」を前提としているが、所有権界が必ずしも明らかではないという場合もこれに含めるとすると「和解類似の契約」と言った方が適切かとも思われる。

※11　所有権界の和解であるとすると土地家屋調査士はこれに介入することができないのではないかという疑問を生じるが、この場合は、あくまでも表示登記のために必要な調査・測量の業務において、たまたま、その立会い・承諾が所有権界の和解としての意味を持つと言うにすぎないのであって、表示登記と全く離れて所有権界についての和解の代理をするわけではないから権限内であると解する。

そして、筆界を一定の幅の範囲内でしか認定できない場合は、隣地所有者間に「争い」があるか、あるいは筆界が不明であるために争いに準じた関係を生じていることを意味するから、この場合の立会いの法的性質は、筆界を認定するための客観的資料の不足を補うためであると同時に筆界としての合理性が認められる幅の範囲内で隣地所有者同士が所有権界について合意（和解）するものであると捉えることができる。そうすると、その瞬間から立会適格を有する者とは、処分権を有する所有者でなければならなくなると思われる。

例えば、公図（ここでは旧土地台帳附属地図）しかない地域で、なおかつ、公図の精度が低く、現地に境界標識等もないような場合には、必然的に筆界としての合理性が認められる範囲の「幅」は広くならざるを得なくなる。このような場合に隣地当事者の境界に関する認識が異なっていれば、そこに実質的に「争い」あるいはこれに準じた状態があると理解することができる。

そうすると立会いは、その「争い」を互譲により「解決」するものとしての意味合いを持つことになり、立会いが所有権界に関する和解としての性質を持つことになる[12]。

したがって、このような場合は、共有者や相続人全員の立会い・承諾あるいは委任状が必要となり、これを欠けば、所有権界を確定させる効果を生じないことになるし、筆界認定のための資料提供としてみた場合も不十分ということになり、立会いとしては成立していないか、あるいは意味がないものとなる可能性がある。なぜなら公図しかない上にその公図の精度が著しく低く、隣地所有者の立会い・承諾が「筆界」の認定のための資料として決定的な意味を持つ場合に処分権のある所有者が立ち会っていなければ、筆界認定の資料としての価値も当然に低下することになるからである[13]。

3　各場合における考え方

(1)　分筆等の表示登記申請目的で民民境界の立会いを求める場合

表示登記申請手続上は筆界認定のための資料提供行為だが同時に所有権界の和解でもある場合があり得る。

分筆、地積更正、地図訂正等の表示登記申請目的で、民民境界の隣地所有者の立会いを求める場合、表示登記の申請手続上は、あくまでも筆界認定のための資料提供行為である。登記官は、所有権界については何らの判断権限を有しているわけではなく、示された筆界について隣地当事者間に争いがないことを筆界の認定判断の一資料にしているにすぎない。

しかしながら前述したとおり、旧土地台帳附属地図しかなく、しかもその精度が低く、現地に境界標識も存在せず、隣地所有者の立会い・承諾が「筆界」の認定のための資料として決定的な意味を持つ場合は、

[12]　理論と実務219頁では、所有権界について和解をしたと解される場合として、①境界標識の設置、②その移設、③費用折半で塀の構築、④立会い・承認の成果を現地復元性のある図面に記載して立会人の署名・押印を残すなどの外形的事実行為が行われている場合がこれに当たるとしている。

[13]　ちなみに、筆界確定訴訟において係争地が共有の場合には、共有者全員を原告あるいは被告とする必要的共同訴訟になり、筆界について一人だけ違う見解の共有者がいる場合は他の共有者が原告となり、違う見解の共有者を被告として訴えを提起することができる。

実は境界について実質的に「争い」が存在しており、これを隣地所有者間の合意によって解決しているものと考えられる場合がある。この場合の立会いは、所有権界の和解である。

このような場合でも筆界としての合理性の認められる幅の範囲内で合意しているには違いがないので、法務局に対して表示登記申請手続が採られた時点で、登記官はこれを「筆界」と認定判断することになるのである。

(2)　売主の義務等として行われる民民の確定測量の場合

不動産売買契約書上、売主が境界を確定した上で買主に引き渡すこととされている場合があり、そのために行われる測量を確定測量と呼ぶ場合がある。そして、この確定測量とは、当該土地に隣接する全ての土地所有者の立会い・承諾を得ることが求められている。

確定測量は、土地家屋調査士が依頼されることが多く、基本的に土地家屋調査士が対象にするのは、筆界であって所有権界ではないとされている[14]こと等からするとここで対象とされている境界とは「筆界」であり、立会いは筆界の確認であるといえそうである。

しかし、実際に買主が求めているのは、買おうとしている土地についてその境界に「争い」がないことであり、隣地所有者が認めていないのに、土地家屋調査士が自己の判断でそこが筆界であることに間違いがないとし、隣地所有者の立会い・承諾がないまま、これを成果として提出しても依頼の趣旨に反する場合が多いと思われる。

このような確定測量の趣旨に照らすと、確定測量のための立会いは、基本的には筆界の確認ではあるが、将来の紛争予防に向けて、境界に「争い」がないことの確認を求める行為であるから筆界が一見明白でも隣地所有者の立会い・承諾が必要であるし、逆に現地において筆界が不明確であり、実質的に所有権界の合意であると認められる場合もあり得ることになる[15]。

(3)　官民境界確定協議の場合―一応所有権界の和解であるとされているが、筆界の確認にとどまる場合もある―

申請境界を挟む官民間で行われる官民境界確定協議は、第8章において述べるとおり、所有権界に関する和解と考えられている。

したがって、申請境界に接する民有地所有者については、処分権を有する所有権者でなければならず、単なる登記名義人ではなく、真の所有者に立会適格があることになる。

例えば、申請境界に接する民有地が共有地や遺産分割未了の場合は、共有者全員、相続人全員ということになり、借地権者や担保権者には立会適格はないことになり、各自治体の定める官民境界確定事務取扱要領においてもかなり厳格に考えられている。この点については、第8章において詳述する。

[14]　ただし、いわゆるADR代理においては筆界が現地で明らかでないことを原因とする所有権界に関する紛争も一定の要件の下に行うことができる。

[15]　実務上起こり得る問題として、筆界が不明確な土地の売買用の確定測量時において、売主の依頼に基づいてA調査士が行った成果により、買主依頼のB調査士が申請する地積更正登記が筆界誤認あるいは筆界が認定できないとして却下される可能性もある。

なお、表示登記申請のために官民境界確定協議を行うことが少なくないが、官民境界確定協議が所有権界に関する和解であるといっても、数値資料があり、現地標識等と一致し、過去の官民境界確定協議やその他の客観的資料から「幅」のない線として官民の筆界を認定できる場合、その立会いは所有権界の和解ではなく、単なる筆界認定の一資料である事実行為にすぎないことになるであろう。そうだとすると、申請地に接する民有地であるからといって、常に立会適格を厳格に考える必要はないということになる。

そのように考えると民民境界であろうと官民境界であろうと、どちらであっても、その立会いは、筆界の確認である場合もあれば所有権界の和解の場合もあり得るということになる。そもそも官民境界と民民境界の立会い・承諾の法的性質が違うものであると解すべき論拠がないというべきである。

（4）　国土調査法の地籍調査の場合―筆界の確認であるが隣地所有者には手続参画権がある―

国土調査法の地籍調査においては、隣地の「所有者その他の利害関係人又はこれらの者の代理人」の立会い・承認が求められている[16]。

※16　地籍調査作業規程準則20

地籍調査における立会いの対象となる境界は、「筆界」であり、表示登記申請手続における隣地所有者の立会いと同様に筆界の認定に当たっての資料を提供する事実行為であるということになる。

地籍調査における隣地所有者の立会い・承認が筆界の確認であるとするならば、それ以外の客観的資料によって筆界を認定することができるのであれば、立会適格を厳格に考えなくてもよいことになる。地籍調査作業規程準則30条2項は、立会いが得られないことについて相当の理由があり、かつ、筆界を確認するに足りる客観的な資料が存在する場合は、筆界案を用いて確認を求めることができるとされている。

『改訂版　境界の理論と実務』228頁は、「登記実務と同様、筆界調査における立会・承認を証拠資料の1つとして捉え、立会・承認の適格の問題を本質的に当事者適格ではなく、むしろ証人適格に近いが独立した利益を有する者の手続参画権に類する者として処理しようとしていると言えよう。」と述べている。

この点について、旭川地判平5・3・30判時1487・125は、地籍調査の際に登記簿上の住所から転居していた土地所有者に対して、通知がなされなかったことについて、土地所有者の手続参画の機会を侵害した違法があるとして自治体に対し慰謝料の支払を命じている。

なお、同判決において、土地所有者らの立会いを求めている趣旨について、「主としては地籍調査の成果の正確性を確保するためであると考えられる。」としながらも、「土地所有者の権利又は義務に事実上一定の影響を与えることは明らかである。特に、地籍図及び地籍簿の作成には筆界の正確な確定が不可欠で、ここに誤りがあった場合の土

地所有者らへの事実上の影響は大きく、右筆界の確定に所有者が立ち会って関与することは右の者らが誤った筆界確定によって事実上不利益を被ることを防止するためにも意味があるというべきである。」とし、土地所有者らについて「地籍調査実施の過程における手続参画権を保障している。」と判示している。

　当該判決による限り、地籍調査における立会いは、単に筆界確認のための資料提供の意味にとどまらず、隣地所有者らの手続参画権を保障したものであるとされているので、そのような観点から立会適格を考える必要がある。

　(5)　筆界特定の場合―筆界特定のための資料提供行為ではあるが
　　　実質的対立当事者の主張・立証がなされ得る―

　筆界特定においてもいわゆる乙地の所有権登記名義人の立会いの機会を与えることが求められている※17。

※17　不登136①

　筆界特定における立会いが対象とする境界は、当然のことながら筆界であって、所有権界ではないし、表示登記申請における立会いと同様に基本的には、筆界に関する認定資料を提供する事実行為であると考えられる。

　他方、筆界特定においては、地籍調査におけると同様に前掲旭川地判によれば、これによって筆界が公に証明されることになり、事実上の影響があることは明らかであり、ましてや筆界確定訴訟に至ったときに筆界特定の結果を追認する判決が圧倒的に多いことを考えると実質的には申請者の対立当事者であり、その供述や資料提供は、主張・立証としての実質を有している。その点において、筆界を対象とするものであるし、基本的に筆界認定のための資料提供であるとされる点は同じであるが、表示登記や地籍調査とは異なる視点から立会適格を考える必要がある。

　(6)　民事調停、ＡＤＲ等において現地調停を実施する場合―所有
　　　権界について「争い」があることを前提としており、成立すれば、
　　　所有権界の和解と解される―

　民事調停において相手方となった隣地所有者と現地調停を行う場合があるし、ＡＤＲにおいても相手方が現地で立ち会う場合もあり得ると思う。

　これらの場合、立会いの対象となっている境界とは、基本的には所有権界であると解さざるを得ない。「協議」と「合意」によって筆界は動かないので、これによって影響を受け得るのは所有権界であるといわざるを得ないからである。

　また、民事調停もＡＤＲも「争い」を前提としており、調停やＡＤＲの成立は、所有権界の和解と解されることになる。したがって、双方の当事者が処分権限を有する所有権者でなければならず、所有権界に関する限り、所有権者以外の者が当事者となった調停やＡＤＲは無効になる。

　ただし、所有権界以外の点については、この限りではない。借地人との間でも所有権界以外の点については、調停成立の余地がある。筆者は、民事調停において、所有権界の争い（筆界＝所有権界及び時効取得の成否等）において、越境物が借地人所有の建物の一部であったため、隣地所有者とともに借地人をも相手方とし、当方の主張する筆界＝所有権界から見て越境している部分について、撤去を猶予し、改築する場合には下がることを内容とする調停を成立させたことがある。

　なお、民事調停やＡＤＲにおいて、「筆界」は全く対象にならないのかというと実務的にはそういうわけではなく、分筆及び所有権移転を内容とする調停やＡＤＲを成立させることはいくらでもあるし、筆者の経験でも筆界特定が先行している場合に調停条項中に「申立人と相手方は、○○地方法務局平成○○年第○○号の筆界特定の結果を争わない。」という条項を入れることはある。これらはいずれも筆界自体を調停やＡＤＲで確定しているものではないから法的には問題ない。

(7)　道路等境界明示の場合－公物管理界を示す行為であり所有権界の合意ではないが立会適格は自治体の事務取扱要領等による－

　『改訂版　境界の理論と実務』250頁では、道路等境界明示は、「行政権である機能管理権の行使であって財産管理者として土地の所有権の範囲を確定するものではない。」としている。

　その上で立会適格について、一方は公物の機能管理者であり、他方は隣地所有者であるとしている。

　本来、道路法18条に基づく道路区域の決定は、隣地所有者との間の協議や合意で左右されるものではないと思われるが、自治体によっては、事務取扱要領等によって、隣地所有者との間で確認ができなければ「不調とする」としているものがある[18]。

　この場合の民側の立会適格については、特段の事情のない限り所有権界の和解とは認められないので、必ずしも厳格な立会適格は不要なようにも思われるが、官民境界確定協議と同様の立会適格が求められている場合が多いと思われる。

(8)　現況測量、確定している筆界に杭を打設する場合等

　いわゆる現況測量すなわち現地の占有支配状況を前提としてその現在の状態を測量して図化する場合にも隣地所有者の立会いを求める場合があり得るが、隣地に立ち入らなければならない場合は、当然隣地所有者の承諾が必要であるからであり、不審に思われること（パトカーを呼ばれたりすることがある。）がないようにとの趣旨であって、筆界とも所有権界とも関係がない。したがって、隣地に立ち入る必要も隣地所有者の生活の平穏を害するおそれもなく現況測量する場合は隣地所有者の立会いは必ずしも必要ない。

※18　大津市道並びに法定外道路及び普通河川等の境界確定事務取扱要領第28等

他方、既に確定している筆界に杭を打設する場合は、前述したとおり[19]、民法223条に基づいて、境界標の設置に協力するように請求するしかないため、たとえ既に確定している筆界であっても相手方の承諾なく打設することはできないことになる。もしも協力が得られない場合は、提訴せざるを得ないことになる[20]。

なお、実務的には、筆界特定の結果、筆界が特定した場合であっても隣地所有者が杭の打設に協力しないことがあり、苦慮することになる。筆界特定の結果に基づいて筆界確定訴訟を提起する場合は、杭の打設について協力請求あるいは承諾請求を請求の趣旨に加える必要がある。筆者は、杭の形状を特定した上で当該杭を筆界点に費用折半で打設することを承諾せよという請求の趣旨を加えて判決を得たことがある（結局、その後、その筆界点に杭を打設するに際して隣地所有者が立ち会うことにはなったが特に問題なく打設することができた。）。

※19　弁護士の視点1参照

※20　東京地判昭39・3・17
　　　下民15・3・535

第2　立会いと承諾の今後

以上、この章における「境界立会いと承諾から見た境界」では所有権界であろうが筆界であろうが、また官民の区別なく現地確認（立会い）と確認書面（承諾書）の作成、添付を求めてきた歴史でもあった。

今後は第7章に記載する三つの時代区分の中の区分その3（与点が明確な筆界）の筆界点（境界点）が世界測地系の座標として現地が特定されている土地について、相隣者が共有する境界と、一点一成果とする技術的な問題を国民と共に共有（理解）するために大いに検討し、具体化する必要がある。いわゆる立会承諾の不用性である。

これらの区分が理解され統一されることによって、初めて公法上の境界とする「筆界」として議論は安定するものと考えられる。

第 5 章

境界の見方の反省

134

　これまで境界と公図の歴史的経緯からまだまだ狭い範囲ながらも、その成り立ちやそのものの本質を再確認してきた。そこでこれからは、その本質を踏まえて実務の実態から見ていきたい。

第1　公図中心主義

1　公図を後ろ盾とする意識

　さて、筆界が公法上の境界として安定的に存在するものと考えられている要因の大きな一つは「公図」の存在である。

　ここでいう公図は、不動産登記法14条4項に規定される地図であり、いわゆる旧土地台帳附属地図等「地図に準ずる図面」と言われる種類のものである。特に、旧土地台帳附属地図を代表する「改租図」、「更正図」があくまでも地租徴収目的のため、土地相互間のおおよその位置・形状を表した参考図面であることから、公図の下段には、下記の記載がある。

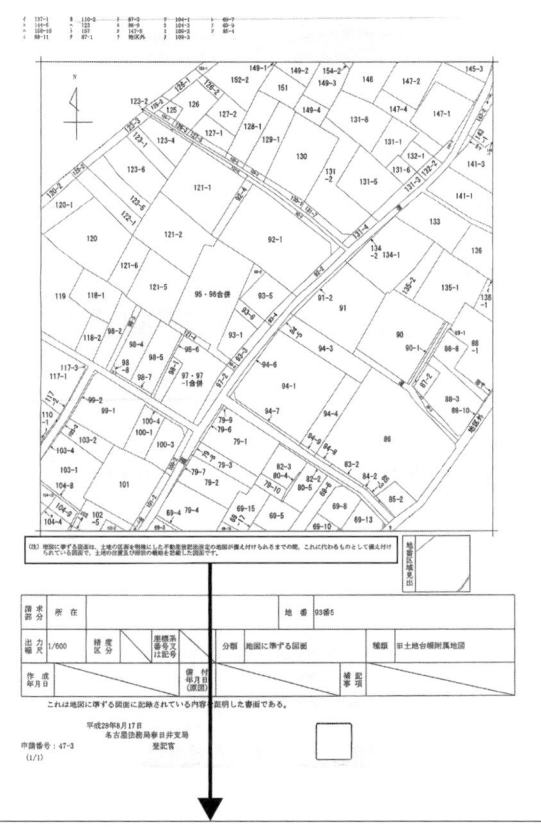

　（注）　地図に準ずる図面は、土地の区画を明確にした不動産登記法所定の地図が備え付けられるまでの間、これに代わるものとして備え付けられている図面で、土地の位置及び形状の概略を記載した図面です。

　それにもかかわらず、公図地域では現地を特定する数値が存在しない、あるいは存在したとしてもその数値をもって現地が特定できないがゆえ

に、法務局が発出するものであるから信用できる、あるいはその公図のみをもって境界を読み取りこれまで主張されてきた経緯があるように思う。

すなわち「公図主義」※1 と言ってもいいのかもしれない。

また、かつて現地復元性のある「地図」といっていた精度の高い法14条1項（旧「法17条」）地図をもって現地が正確に復元できるかといえば、例えば0.2mm以下の細線を用いて作成した縮尺500分の1の地図を読み取ることは、最小でも10cm（0.2mm×500倍）の幅が存在することになるので、限定的現地復元性はないと考えるべきであって、むしろその復元性を担保するものはそこに存在する数値（座標、辺長）資料なのである。

この意識は、公図に対する見る目が時代と共に、地租徴収の附属図面から不動産取引の土地形状確認図面に変質してきたにもかかわらず、公図の検証がなされてこなかったことによるものと考えられる※2。

そこで、それほどまでに信用されがちな公図（旧土地台帳附属地図）についてこれまでに記載してきたが、もう少し考えてみると、昭和25年土地台帳が登記所に備え付けられることにより地図（公図）の性格（位置付け）が大きく変わった。

『公図の研究〔5訂版〕』※3 では「公図を無条件に信頼することは危険」として「旧来の事実上の境界があってもそれを争うケースが少なくない。……境界をはっきり確認しないままに、ある程度公図をたよりにして土地を取得するなど公図に依存する意識は、依然として、かなり強いものが見受けられる。このような現象を反映してか、公図にまつわる争いは減少するどころかますます多くなっている感がある。……一つには、公図を無条件に信頼することによって思わぬ事態を招くという、いわば公図に対する過度の信頼に起因する場合も決して少なくないであろう。結局、こういうことは、公図というものの性格とか効力等といったものが必ずしも良く知られていないことが一つの原因になっているように思われる。」と述べられている。

さらに、『注釈不動産登記法総論』386頁を引合いにして「公図は……不動産取引の安全をはかるという登記制度の観点から作成されたものではない。したがって同じく土地の事実状態を示す地図ではあっても現地復元性に重きを置いたものではないのである。」とし、また「各筆の土地がどういうふうに隣接しあっているのか、どういう形をしているのかといった点はあまり重要視されなかったのである。したがって、この土地台帳制度の下における公図に現地復元性が期待できないのは、ある意味では当然であるといっても過言ではないだろう。」としている。全く同感である。

※1　「現況主義」については、理論と実務28頁参照

※2　第1章第1「境界を論じる前に」7頁参照

※3　公図の研究2頁

土地家屋調査士の視点7　実務家としての疑問

1　実測の実態

これまでの実務において、公図（旧土地台帳附属地図）が実測されて出来上がったものなのかという点に固執してきた。

それは筆界を探求する上で重要な要素であるからである。

愛知県の公図は、山間部を除いてほとんど更正図であるから公図はほぼ正しい境界を表しているとされていたが、どうやらそうではないことを実感している。

更正図地域においてもほぼ現地と一致しているところと、実測が明らかに疑われるほどに相違しているところが確認できるからである。

もちろんその確認方法は、広範囲においての測量（基点法）によるものであり判断である。

2　時間的制約

二つ目の疑問は、作図の時間的な制約ということである。

それは早期に結果が求められる地租改正と地籍編纂事業、そして、その不備を是正するための地押調査と地図更正には時間的制約があったことから、全ての土地が実測できたかという疑問である。

平成29年、福井県土地家屋調査士会の境界鑑定委員会が地租改正時の十字法による測量を行ってその報告をしている。

結果は測量の専門家たる土地家屋調査士が、地租算出のための面積測量とする十字法を複数人で行ってもかなり時間がかかったとの報告であった[4]。

ゆえに、明治時代の郡村地は不定形な形で細かい土地が多いこと、そして測量作業者が農民であったことを考えると、全ての土地を実測できたとは考えにくい。

3　公図の精度と取扱い

地図更正の件（明治20年6月20日）による更正図までの図面（旧土地台帳附属地図）は、あくまでも地租徴収が第一の目的であり、その位置関係を示す図面としての作成経緯であるから、それほど重要視すべき図面であるのか甚だ疑問である。境界確定の実務は、筆界を限定的（ピンポイント）に示す作業である。

そして全国に同時布達されていたとしても、各地方における実際の取扱いや、作業に関わった人たちの熱意はまちまちであることから、公図を一律に評価してはいけないのであり、あくまでも参考資料の一つと見るべきなのである。

[4]　土地家屋調査士の視点2（22頁）に記したように、村民一同が村方三役に「後日いささかも苦情を言わない」としていわゆる「白紙委任状」を提出して改租作業を委託したところもあったようである。

2　公図、地図の見方

(1)　時代と地域の背景

やはり何といってもそれぞれの時代背景と地域の実状により、個々の公図は違うということである。

それは歴史的な取扱いからこれまで見てきたように、『明治期作成の地籍図』に詳しいが、地租改正の「改租図」、地籍編纂の「地籍図」、そしてそれらを改めるべく行われた「地押調査」と「地図更正」による「更正図」は全国に統一されて布達されたものの、あくまでも地租徴収の目的と各地域の実状に任されて作成されたことが要因である。そして、それぞれの村により、また字によって一つ一つの公図の精度が違うということから、その意識をもって見る必要がある。

よって、公図、地図を十把一絡げに括らない、取り扱わないことが重要である。

(2)　定性と定量への疑問

公図を部分的に見れば定性と定量ということがある。特に東京高判昭53・12・26判時928・66[5]の裁判例から、訴訟においても登記実務においても、直線か折線（又は曲線）かということの性質は尊重すべきであって、折点の量とかそのふくらみ具合の多少は相違してもよいとする意識に、支配とは言わないまでも捕らわれているのではないか。

（郡村地の場合）

事例として次頁に掲載したが、字が接合する部分において、それぞれ字において形状が違う部分がある。その理由として、現地における申合せ（立会い）がなされておらず、調整されていないことが想像される。

（町地の場合）

城下町・門前町は建物を取り壊した跡地形状が公図形状と相違しているところがある[6]。その理由として、建物が隣接していたことから敷地内部の丈量ができなかったことによる。したがって、旧土地台帳附属地図ができる以前の現地形状が筆界を表しているものといえる。また一筆のみの地図訂正は街区全体のバランスから申出になじまない。

その解決の方策を考えるとすれば、空中写真測量を加味しての地籍調査による地図作製であろうか。

※5　この裁判例については、弁護士の視点7（143頁）参照

※6　町地の公図形状については、第3章第37事例2（118頁）の公図を参照

＜2枚の字図の接合（郡村地）＞

（甲字）

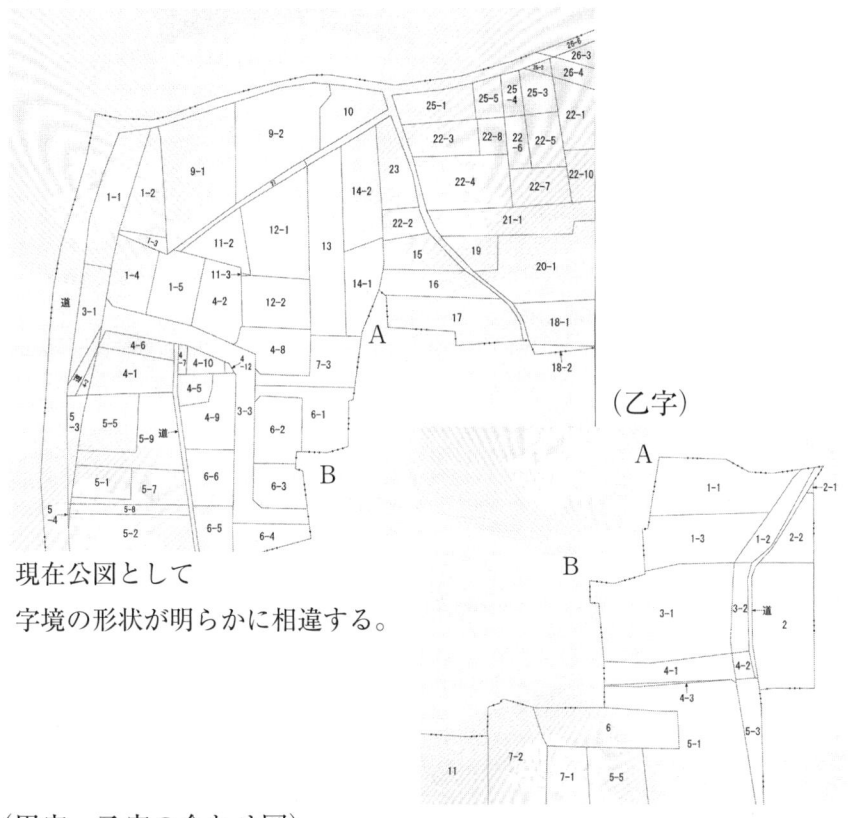

現在公図として
字境の形状が明らかに相違する。

（乙字）

（甲字、乙字の合わせ図）

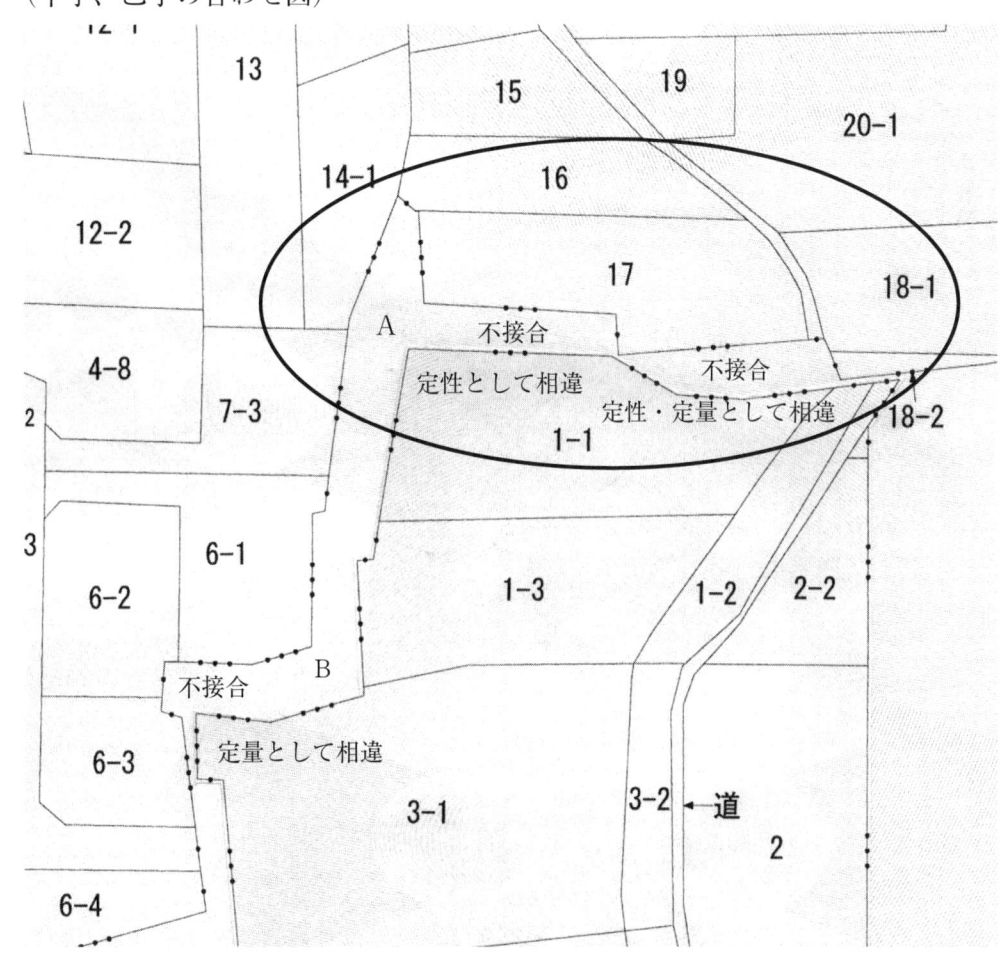

＜地籍図（更正図とは相違）＞

（愛知県公文書館所蔵）

＜更正図（和紙旧図、地籍図とは相違）＞

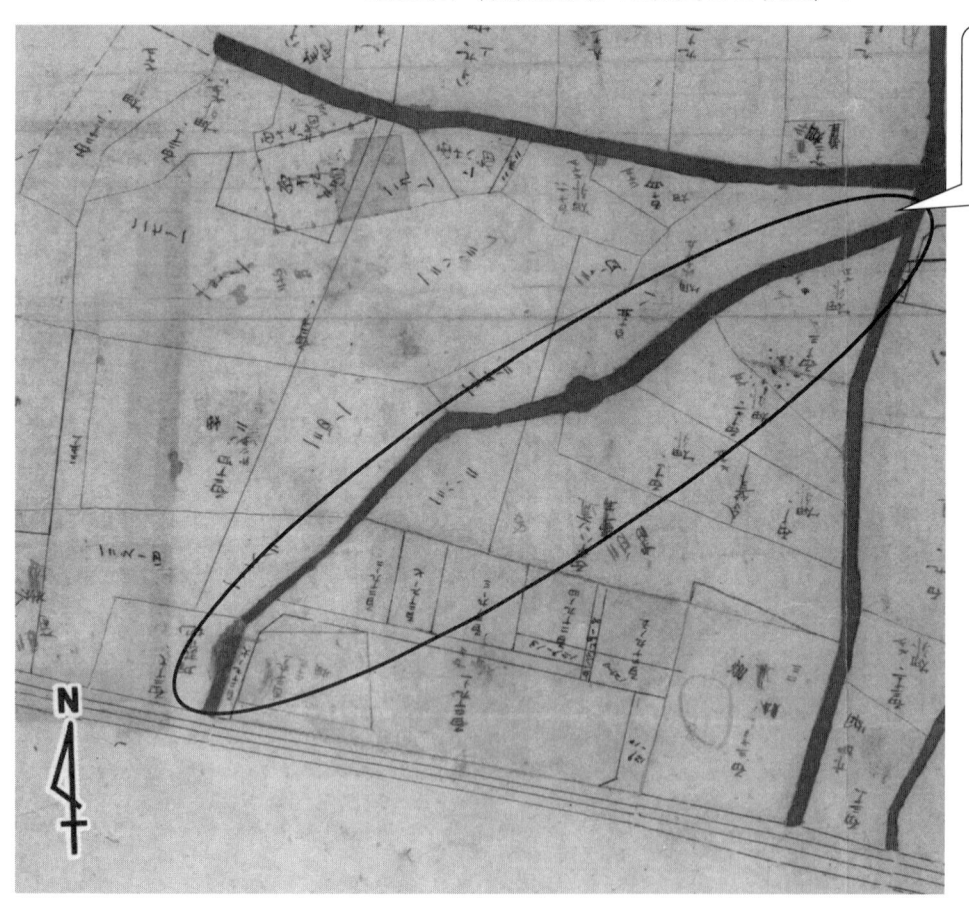

地籍図になかった
道路（赤道）が
描かれている

（名古屋法務局備付）

＜現在公図＞

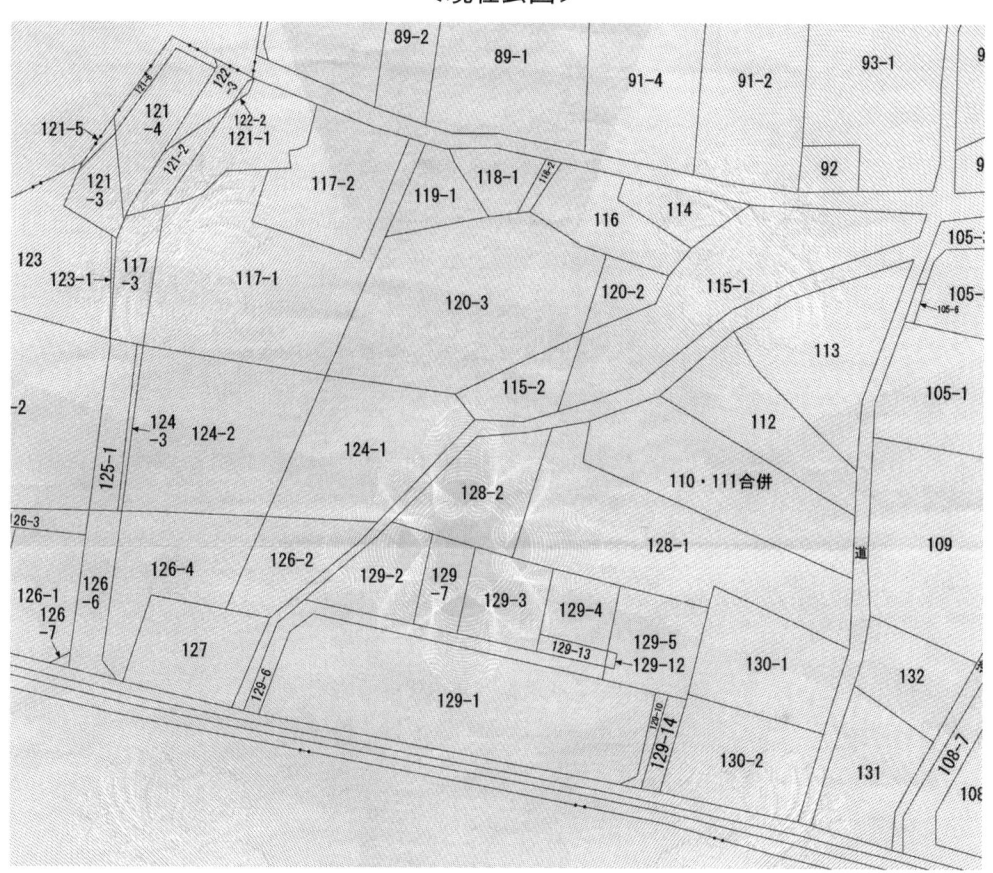

＜現況実測図＞

弁護士の視点7	境界紛争における公図の意味

1　公図と現地の違いによって生じる境界紛争

　境界紛争において、一方当事者は、現地の占有支配状況に照らして「20年前から擁壁の南端が境界だ」と主張し、他方は、「公図によれば、擁壁が越境している」と主張する、という占有支配状況対公図という対立はよく目にする。

　なお、ここで取り上げる「公図」とは、旧土地台帳附属地図である地図に準ずる図面を想定している。

　本書は、いわゆる公図偏重主義に対する反省を基本的な視点に置いているが、境界紛争の当事者となる一般市民のごく素朴な感覚からすると、たとえ、地図に準ずる図面の末尾に「……土地の位置及び形状の概略を記載した図面です。」と記載してあっても、明らかに現地復元性がなくても、法務局に備え付けられた「公の図面」であるとして、これを過度に信用し、いわば「錦の御旗」として、自己の主張の根拠とする人が少なくない。長年にわたって現地の占有支配状況が安定的に推移しており、おそらく代々の隣地所有者同士も現況が境界であると認識してきた可能性が高い場合であっても、たまたま法務局に赴いて取り寄せた公図がこれと相違していることを「発見」し、にわかに境界紛争に発展することは少なくないと思う。

2　境界紛争における公図評価の実際

　土地家屋調査士が現地での調整で解決が図れない場合は、法的手続を念頭において弁護士のところに相談や事件依頼が来ることになるが、そのような土地家屋調査士の持ち込み事件の場合は、その土地家屋調査士に対し、端的に依頼者・相談者が考えているラインが筆界として認められる可能性があるかどうか意見を求めている。

　その際、当然のことながら筆界認定の重要な判断要素である公図が信用できるかどうか、また、公図が依頼者・相談者の主張の根拠として使えるものかどうかについて確認することになる。

　公図は、同じ県内でもその地域ごとに来歴や精度に相違があるため、土地家屋調査士の持ち込み事件でない場合は、できるだけその地域で開業している土地家屋調査士に相談することが望ましいことになる（狭い地域だと利害関係があって断られることも多い。）。

　他方、土地家屋調査士からの持ち込み事件であれば、既に専門家として公図の評価に関する意見を持っている場合がほとんどであり、公図と現況図面あるいは過去の空中写真との重ね図が作成されていることが多い。また、いわゆる和紙公図と現在公図や現況との比較検討がなされていることも多い。

　これらの検討の結果、公図がある程度の信用性を有しており、かつ、依頼者・相談者の想定する境界線と符合している場合は、公図を自己の主張の重要な根拠とすることになる。

　裁判例では、「土地の現況、その他境界に当たって実際上重視される客観的な資料が存在する場合に、たまたま一方の主張する境界線の位置が公図上の筆界線の位置に類似するというだけで、他の資料を一切無視して直ちに一方の主張を正当とみなすことは妥当でない。」※7とするものがあるが、とはいえ公図と一致する境界を主張できる場合は、公図の信用性を強調することになる。

　逆に依頼者・相談者と敵対する相手方が公図に基づいて主張している場合にも、公図の信用性が同じように検討されることになる。この場合は、公図の信用性をどれだけ弾劾できるかということを考えることになる。公図の信用性を弾劾した上で、安定的に推移してきた過去の占有支配状況、現地の境界標、地形、公簿面積と実測面積の比較など、公図以外の筆界認定要素に基づいて自己の主張を展開することになる。最終的に公図の信用性が高く、公図に基づく相手方の主張に相当の理由があるということになると、筆界で争うのは諦めて、次善の策として時効取得を検討することになる。

　このように、公図だけで全てが決まるわけではもちろんないが、公図の信用性いかんによって境界紛争の解決に向けての方向性が決定されることが少なくないのは事実である。

3　公図の信用性に関する裁判例

(1)　一般論としては定性的には信用できるが定量的には信用できない

　一般論としては、境界が直線であるか否か、ある土地がどこに位置しているかといった定性的な面では比較的正確だとしても、距離・角度といった定量的なものは不正確※8であり、「公図は実測図と異なり、線の長さ、面積については正確を期待できないことはいうまでもないが、各筆の土地のおおよその位置関係、境界線のおおよその形状については、その特徴をかなり忠実に表現している」※9と解されているといってよい。このことを「公知の事実」であるとしている裁判例※10もある。

　しかし、後述するとおり、実務的には、このような一般論だけを展開して済むわけではもちろんない。

　むしろ、公図を主張・立証の中心に据えている場合は、公図と空中写真の重ね図により昔から周辺地域の現況と符合していることや、公図を現地に落とすと境界標識や公簿面積とも一致する結果が得られることなどを種々指摘して、当該公図に関する限り、単に定性的な面だ

※7　山梨簡判昭53・5・30判時937・100

※8　名古屋地判昭53・9・22判タ373・93

※9　東京高判昭53・12・26判時928・66
※10　青森地判昭60・4・16訟月32・1・23、東京地判平24・5・21判時2221・49

けではなく、辺長、面積、角度等の定量的な面においても高い信用性
があると主張することもないわけではない。

　他方、公図に基づく相手方の主張を排斥する場合、山林の場合に多
いが、全く周辺地域の現況と符合していないことを指摘して、単に定
量的な面だけでなく、相互の土地の位置関係や形状等の定性的な面で
も信用できないと主張することもある。

(2)　公図の重要性について相反する裁判例

　東京高判昭53・12・26判時928・66は、「公図の形状と異なる単純な
一本の直線であると認定する以上、特段の理由を付すべきが当然と思
われるのに、これを付していないのは、原判決には経験則違背または
理由不備の違法があるといわなければならない。」としている。

　これに対し、東京高判昭62・8・31判時1251・103は、「一般に『公図』
と呼ばれている旧土地台帳附属地図は、地租徴収の資料として作成さ
れたという沿革、作成当時における測量技術の未熟等にかんがみ、不
正確なものであることはおよそ否定し難く、それ自体では係争土地の
位置及び区画を現地において具体的に特定する現地復元力を有しない
ものとされている。そこで、訴訟の実際においては、かかる公図に加
えて、筆界杭、畦畔等の物的証拠及び古老や近隣の人の証言等の人的
証拠によって、当該土地の位置や区域を特定しているのであるが、こ
のことは裏を返せば、公図の証拠価値はかかる物的、人的証拠によっ
てはじめて決まるものであり、かかる物的、人的証拠がないときは公
図のみでは何の役にも立たず、本証としてはもちろんのこと反証とし
てもその証拠価値を認めることができないことにならざるを得ない。」
と判示している。

　一般的には、前述したとおり、公図は、少なくとも定性的な面につ
いては信頼性があるとされているので、前掲東京高判昭53・12・16の
ような考え方がほぼ定着していると思う。ただし、東京高判昭57・1・
27判タ467・109は、公図についてみだりにその正確性を否定すべきで
はないが、村落中心部ではない場所では、多少屈折した線を直線とし
て表示するなどその表示に多少の単純化がされていると認められるこ
とは我々の経験するところであると判示しており、定性的な信用性に
ついても割り引いて評価しなければならない場合は当然にあり得る。

　かといって、前掲東京高判昭62・8・31は、公図の証拠価値をやや低
く見すぎている感もある[11]。

(3)　筆界確定訴訟では公図の信用性についてどのように主張・立
証するか

ア　公図の来歴

　その地方の公図の来歴を土地家屋調査士から聞いて主張する場合が
ある。

※11　理論と実務150頁参
　　照

　裁判例では、当該公図の来歴を詳細に検討した上で評価しているものがある。例えば、東京地判平5・11・30判タ873・157は、改租図と旧公図を比較し、旧公図は改租図を基礎として明治18年から23年に実施された地押調査に基づく地図更正を経て作成された地押調査図であるとした上で旧公図を再製したものが現在公図であるが、改租図と一致していることから地押調査に基づく改租図の更正がされなかったか、又は地押調査はされたが改租図の更正はされなかったと認定している。そして改租図のままであることから「定量的な問題についての信用性は非常に低いものと推認される。現に本件改租図を基礎とする旧扇ケ谷村字西佐助に当たる地域の現公図は現況より小さく作図されていることが認められる。したがって、本件各土地の公図には、それを現地に投影することによって境界を確定することができるほどの現地復元性は認められず、右公図に高度の現地復元性があることを前提とする補助参加人らの主張は採用することができない。」とした。

　この裁判例に示されたように公図の来歴において、改租図そのままで新規丈量がされていないと信用性が低いことになるが、他方、町村地図調製及び更正手続に従って新規丈量がなされていれば、ある程度の信用性が担保されていると主張することも可能になる。このように公図を基礎において筆界を主張する場合は、その来歴を自己に有利に援用することになる。

　なお、一般に現在公図だけではなく、和紙公図も含めて過去の図面が同時に証拠として提出されることが多い。特に和紙公図と現在公図との間に形状等の齟齬がある場合に和紙公図の方が有利であれば、それに基づく主張を組み立てることになる[12]。

　　イ　公図と現地及び空中写真との重ね図等

　筆者が自ら担当した境界関係訴訟の全件において、公図と現地の重ね図が作成されている。また、過去の数十年に遡って空中写真と公図の重ね図が作成提出される場合も非常に多い。裁判例では「公図と現況とを対照して境界をみる場合は、両者が一致するような線が境界としてより合理性があるということができる。」とするもの[13]等があるからである。

　この場合、どの地点を重ね合わせるかによって大きな違いが出てくるのは当然であり、一般的には道路や換地杭、その他争いのない筆界点を基準に置くことになる。訴訟においてどこを基点にするかについて争いになることも少なくない。基準の置き方が「恣意的」だといって批判されることがある。

　もちろん公図と現地、空中写真と重ねてみて高い確度で一致していれば、公図の信用性が高いことになり、当該係争地についても公図を

※12　地域によっては、日本土地家屋調査士会連合会から各土地家屋調査士会に対して地域慣習に関わる地図等の歴史的資料類及び慣習等の調査を付託したことを受けて報告がなされている。
※13　東京地判昭49・6・24判時762・48

現地に落としたラインをもって筆界であると主張することが可能になる場合がある。

　なお、筆者自身は経験がないが、公図と実測図を重ねる作業を確率論・統計学の手法で行う最小二乗法によるものがあり、この手法によって筆界を復元した裁判例が存在するとされている[14]。

※14　理論と実務139頁

　　　ウ　その他

　上記ア、イのほかに、公図の信用性というよりも端的に自己の主張する筆界ラインの根拠ということになるが、①現地の境界杭、境界石、境界木との一致、②公簿面積と実測面積の比較、③現地の地形との符合等も認めることができれば、公図に基づく主張の裏付けとなり得る。

　　　エ　公図の信用性を弾劾する場合

　依頼者・相談者の対立当事者が、専ら公図に基づいて主張している場合は、公図の信用性を弾劾することになるが、一般論として公図がそもそも定量的な面についての証明力がないことを指摘し、前掲東京高判昭62・8・31を主張に引用するかもしれない。

　さらに上記ア、イ、ウの逆を主張立証することになる。すなわち、公図の来歴が改租図そのままで新規丈量がされていないとか、現地と符合していないこと等を主張・立証して公図の信用性を弾劾することになろう。

| 弁護士の視点8 | 公図の信用性が全面的に否定されることはあるか |

1　公図の一般的な評価

　公図については、その来歴、作成時期、地目、地域等によってその精度は様々であるが、一般的な評価としては、東京地判平24・5・21判時2221・49が判示しているように、「公図は、各土地のおおよその形状及びその相互の配列状況については、重要な手がかりとなり、また、境界が直線か否かという地形的、定性的な問題については比較的信用性が高いが、各土地の辺の距離、面積、方位、角度などのような定量的な問題についてそれほど信用することができないことは公知の事実である。」ということであろう。

　あるいは、東京地判平28・7・15（平26（ワ）10536）が述べるように、「公図は、定量的にはそれほどの信用性はないけれども、他方、境界が直線であるか曲線であるか、一点で交わっているか、崖になっているか平地になっているかという定性的な問題については、相応の信

用性があると認められる。」ということになる[15][16]。

2　公図についてほぼ全面的に信用性を否定した裁判例

上記に対し、定性的な面も含めてほぼ全面的に信用性を排斥したと認められる裁判例として以下がある。

(1)　東京高判昭62・8・31判時1251・103

同判決は、「ところで、一般に『公図』と呼ばれている旧土地台帳附属地図は、地租徴収の資料として作成されたという沿革、作成当時における測量技術の未熟等にかんがみ、不正確なものであることはおよそ否定し難く、それ自体では係争土地の位置及び区画を現地において具体的に特定する現地復元力を有しないものとされている。そこで、訴訟の実際においては、かかる公図に加えて、筆界杭、畦畔等の物的証拠及び古老や近隣の人の証言等の人的証拠によって、当該土地の位置や区域を特定しているのであるが、このことは裏を返せば、公図の証拠価値はかかる物的、人的証拠によってはじめて決まるものであり、かかる物的、人的証拠がないときは、公図のみでは何の役にも立たず、本証としてはもちろんのこと反証としてもその証拠価値を認めることができないことにならざるを得ない（証言や本人供述であれば経験則に照らしてそれ自体の証拠価値を判断することができるのであるが、公図にあってはそれができないのである。）。

右に説示したことは、本件におけるように甲地と乙地との間に丙地が割って入っているかどうかという複数の土地相互間の位置関係についても、何ら異なるところはない（かような位置関係については話はまた別だ、という理由を見出すことができない。）。公図としてそれなりのものがあり、これには丙地が割って入った形で画かれていても、現地としては甲、乙両地が相隣接しているということで長期間安定している場合には、その公図が果たして三つの土地の当初の実態に即して作成されたものであるのかという疑問を生じ、長年月にわたって安定している状況を、公図とは違うという理由だけで変更することはできず、結局のところは、公図以外の物的・人的証拠によって三つの土地相互の位置関係を認定するほかないのである。」と判示している。

この判決は、「公図のみでは何の役にも立たず……その証拠価値を認めることができない」と断言している点においてやや公図の証拠価値を低く見すぎの感があることについては、**弁護士の視点7**に述べたとおりであるが、少なくとも当該事案についての筆界判断は妥当であったと思われる。

---

[15]　定量的な信用性がないという傾向が山林において特に顕著であるとしている裁判例として、福岡高判平14・6・27（平9（ネ）785）がある。

[16]　定性的な面の信用性に関して、堤塘の存在についても公図の証明力を認めている裁判例として、神戸地洲本支判平8・1・30判自158・83がある。

　また、一般的に公図は、各土地の位置関係については一定の証明力を持っていると解されているが、この判決では、土地相互の位置関係についても証明力を否定している。

　同判決が、公図以外のどのような資料に基づいて判断したかというと、一応、分筆の経緯や地形にも触れているが、係争地部分に建物を建築するに際しての建築確認や保存登記において敷地の位置や建物所在地について何ら問題なく処理され、その後、長年にわたって占有していたという過去の占有支配状況が主な理由であると認められる。特に「長年月にわたって安定している状況を、公図とは違うという理由だけで変更することはできず」としている点は、いわゆる現況あるいは過去の占有状況重視主義の傾向が顕著な裁判例の一つであるといえそうである。

(2)　長野地諏訪支判昭56・12・21訟月28・2・296

　同判決は、「公図は前述のとおり明治18年ころから主として民有地整理（徴税）のために作成されたもので官民有地境界確定のために作成されたものではなかったこと、また公図作成時点においては本件山林が深山幽谷に位置することでもあり、官吏の検査も正確を期し難かったであろうことは容易に推測されるところ、公図作成以前（明治18年ころ以前）に作成された図書類がほぼ一致して本件山林が八ヶ嶽の一部であって立場山内字桂小場に属しないとしていることは前記1において述べたとおりであること、等からすれば、右玉川村公図の正確性については疑問を抱かざるをえない。更に言えば、＜証拠略＞によれば、玉川村公図は明治26年調製されたが、現地調査のうえ作成されたものでなかったため、全体的に誤謬多く玉川村民間に紛争を生じたため、通常の公図のように税務署に保管されることもなく、玉川村公図4通はすべて封印されうち2通は諏訪郡役所に、他の2通は玉川村役場に保存されていたことが認められ、したがってその全般的な正確性についても多大の疑問があるといわねばならない。」としている。

　同判決は、一般論として山林における公図の信用力について触れるとともに問題となっている公図についての作成経緯から全面的に信用性を否定したものと認められる。

(3)　盛岡地一関支判昭43・4・10判時540・68

　同判決は、「鑑定人の鑑定の結果によれば、公図における甲、乙山林の地形と現場実測図の地形とはその形状においても面積についても全く相異しているため、実測図に公図の侵入を試みることは不可能であり、どの部分がどこに当るかも見当がつかないほど相違しているため、

公図によって本件係争地が甲、乙いずれの山林に含まれるかを判定することは全く不可能であることが認められる。

　そうすると、公図のある特定部分が現地のある特定部分に合わないことを理由に境界線を云々することは余り意味のないことといわざるを得ない。

　このように現地と公図の各地形が山林において甚しく異なるのは、公図の多くは明治初期に作成されたため、測量機械を使用せず目測によって線をひいたか、あるいは拙劣な測量技術で線をひいたずさんなものであることが主たる原因と考えられ、本件の公図も現地に比較して極めて単純な地形を表示していることから右のような不正確なものとみて差し支えないものと思われる。」として公図の証明力をほぼ全面的に否定しており、主として地形や小径の存在、売買契約当時の売主の説明等から筆界を認定している。

3　まとめ

　公図の信用性がほぼ全面的に否定される事例としては、上記2(2)、(3)のように山林に関するものが予想されるが、上記2(1)のように市街地の宅地においても「長年月にわたって安定している状況を、公図とは違うという理由だけで変更することはできず」として、公図の信用性を否定している裁判例も存在している。

第 6 章

境界確定の手法

第1　筆界の特定技法

1　筆界特定の能力と要素

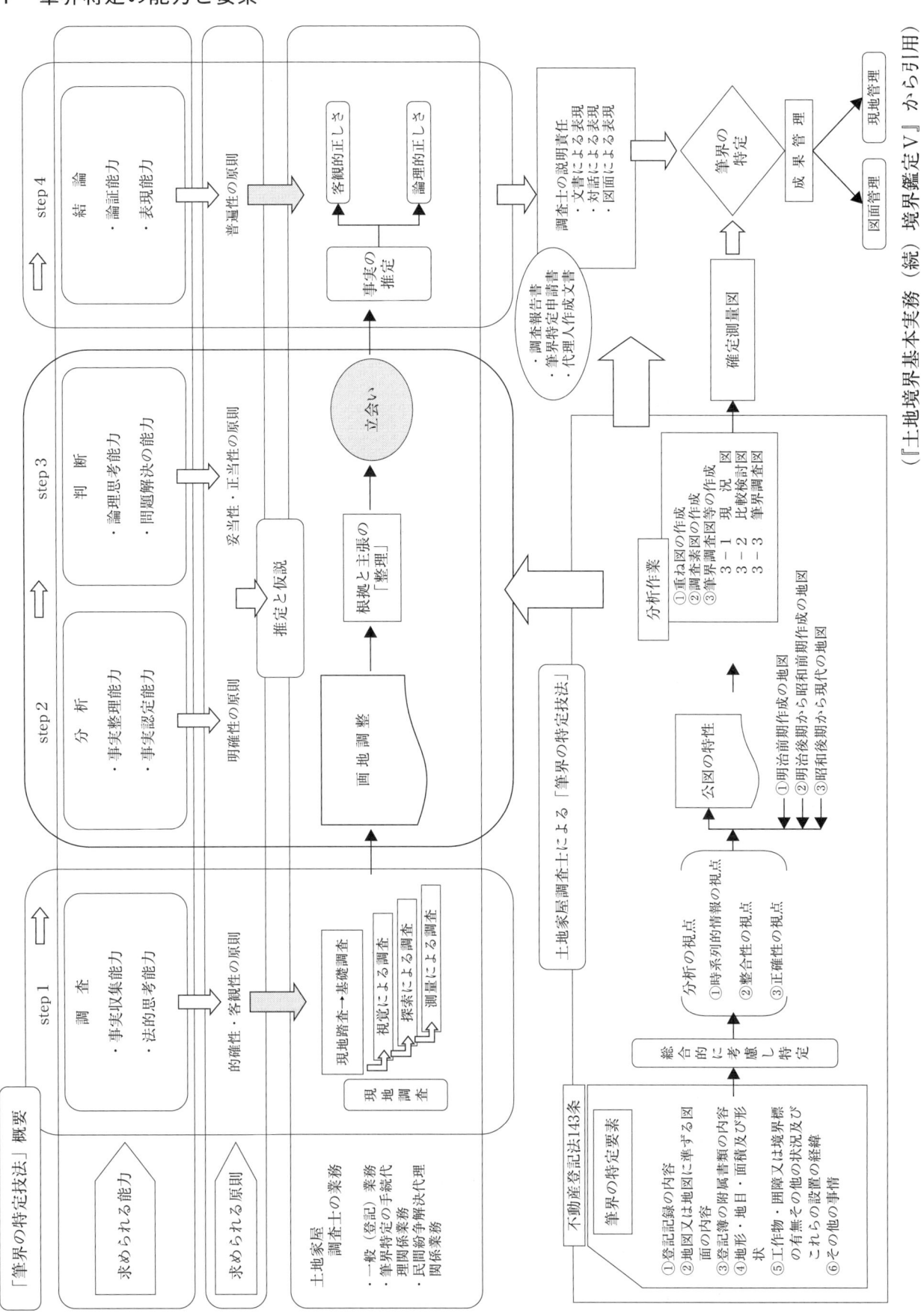

（『土地境界基本実務（続）境界鑑定Ⅴ』から引用）

（1）調　査

境界を確定していく上で、まず重要なのが調査である。これを二つに分けると「資料調査」と「現地調査」となる。

　ア　資料調査

資料調査の詳細な項目は、後掲2の「筆界特定に当たっての詳細項目」を見ていくこととなるが、確定する土地及び対象とする地域の成り立ちがそれぞれ特徴をもって形成されているので、自然と調査する資料は限定されてくる。だからこそ、その土地の成り立ちを確認することが実務の基本であり、原初の資料調査が重要なのである[1]。

※1　第一次資料選択

例えば、分筆地といえども元番が地租改正時の土地であるならば、当然に土地台帳は確認すべき資料であり、その後の分筆経過を確認し、そして分筆時の時代に応じた資料調査となる。

　イ　現地調査（踏査・探索そして測量）

前掲資料調査を踏まえ、次は現地調査となる。

現地を測量（実測）する前の現地調査は、その後の判断や境界立会時の説明においても大きく左右する。そしてここで重要なことは「想像力」である。

実測をもって仮の画地調整をした後において、再度の現地調査確認をすることもその判断の確実性を更に保証してくれる。いわば、分からなければ何度も現地に足を運び想像することである。

十分な現地調査と根拠のある想像力を加味した上の測量は、測点と測量の無駄を省き、次なる画地調整の混乱を招かないものとなる。

視覚　→　探索　→　仮測量　→　画地調整　→　視覚　→　探索　→　画地調整

（2）分析と判断

調査・測量を踏まえて、まず仮の測量図（画地調整図）を作成する。そこで検証すべきことは前段で調査した資料との比較である。

その結果、調査資料との相違を分析することとなるが、それは数値的な相違の場合もあれば、数値を持たない公図や、空中写真との重ねによる読み取りの相違なのかの判断ともなる[2]。

※2　第二次資料選択

数値的な差は資料の時代的背景を考えることによって、誤差なのか、現地が相違しているのかの判断となり、また地図・公図との重ねは図面の種類・精度によって異なる。特に公図地域におけるその位置差は前掲公図の検証を踏まえると、あくまでも参考資料の一つであって、むしろ現地形状や構造物・人証等が重要視されることとなる。ただし、現地形

状、構造物等何もない場合においては公図が重要な画地調整の資料とな
る。

　また、空中写真との重ねは拡大倍率の正確性と、基点とすべき重ね合
わせの一致点が多数あることが重要である。

　その確認の上で立会いに臨むが、この分析と判断は検証結果（画地調
整）の確証をなすものとして重要な部分である。

(3)　結　論

　もちろん結論を出すには立会い（人証）が重要な要素ではあるが、立
会者の主張が場合によっては何の裏付けもない場合もあるので※3、そ
の見極めには事前の漏れのない調査・測量と検証が大きく作用する。特
に、視覚の重要性として、立会時に関係者全員の前で重ね図や比較図を
もって説明することは立会者の納得の共有として効果は大きい。

　いわば、それが「論証能力」であり、「表現能力」である。

※3　第10章「境界確定も
う一つのメカニズム」
参照

2　筆界特定に当たっての詳細項目

筆　界　特　定　要　素			
作　業	筆界特定要素基本項目	筆界特定要素資料 筆界特定抽出技法	詳細項目
資料調査 ①	登記記録・旧土地台帳等	A　登記簿	・土地登記簿 ・建物登記簿
		B　閉鎖登記簿等	・土地閉鎖登記簿 ・申告書
		C　旧土地台帳	・旧土地台帳（法務局管理）
②	地図又は地図に準ずる図面	D　地図・公図	・電子公図 ・マイラー公図 ・和紙公図
		E　閉鎖公図、換地図等	・法務局閉鎖公図 ・換地所在図 ・換地現形図
③	登記簿の附属書類の内容	F　地積測量図等	・地積測量図 ・換地確定図 ・分筆申告図（書） ・建物図面
⑥	その他の事情（その他の資料）	G　官公庁保管図面	・市町村管理公図 ・市町村閉鎖公図 ・仮換地図面、資料 ・用地買収丈量図 ・公共事業関係図
		H　関係者の境界合意等の書面	・筆界確認書 ・境界証明書

			I	その他の図面	・改租図　　・地籍図 ・地元所有公図 ・一筆限図 ・土地宝典
			J	その他の地積測量図	・民間地積測量図
			K	その他の資料	・旧土地台帳（市町村保管） ・訴訟上の鑑定図面 ・空中写真　　・地籍帳
資料考察	①〜③	資料のまとめ	L	分筆経緯	・分筆経緯表 ・分筆経緯図
			M	所有経緯	・所有者経緯表 ・所有者経緯図 ・所有者別考察
	⑥	その他の事情（その他の資料）	N	その他の考察	・調査素図 ・公図面積読取り図 ・空中写真重ね図 ・調査区域の判断
現地調査	④	対象土地及び関係土地の地形、地目、面積及び形状	O	係争部分の利用形態の検討（過去・現在）	・小字別考察
			P	係争土地を含む周辺土地の利用形態	・地目別考察 ・空中写真との対比
			Q	関係者の占有状況	・建物図面、課税台帳等資料との現地比較
	⑤	工作物、囲障又は境界標の有無、その他の状況及びこれらの設置の経緯	R	境界標識又は構造物の有無	・現況調査図
比較考察	⑥	その他の事情（資料調査と「現地調査の比較考察」）	S	登記情報と現地調査の比較考査判断	・分筆及び所有者経過年表と現地調査による総合的判断 ・登記情報から得られる筆界情報
			T	地図情報と現地調査の比較考査判断	・現況調査図 ・公図との重ね図 ・地番順考察とその検討 ・地図情報から得られる筆界情報
			U	測量図情報と現地調査の比較考査判断	・公簿面積比 ・測量時における起点（基点）の明確化 ・測量図情報から得られる筆界情報
			V	現場検証	・各地権者の主張と調査資料との考察判断
			W	その他	・各種過去資料の復元と考察

（『土地境界基本実務（続）境界鑑定Ⅴ』を一部修正）

> 不動産登記法
>
> （筆界特定）※4
>
> 第143条　筆界特定登記官は、前条の規定により筆界調査委員の意見が提出されたときは、その意見を踏まえ、登記記録、地図又は地図に準ずる図面及び登記簿の附属書類の内容、対象土地及び関係土地の地形、地目、面積及び形状並びに工作物、囲障又は境界標の有無その他の状況及びこれらの設置の経緯その他の事情を総合的に考慮して、対象土地の筆界特定をし、その結論及び理由の要旨を記載した筆界特定書を作成しなければならない。

※4　前掲「筆界特定に当たっての詳細項目」の①ないし⑥の区分は、左記条文の調査すべき項目を区分したものである。

不動産登記法143条（筆界特定）には、調査すべき特定要素の基本項目が記されている。

日本土地家屋調査士会連合会では、『土地境界基本実務（続）境界鑑定Ⅴ』（36・37頁）において、前掲の表のごとく不動産登記法143条1項の内容を六つの基本項目に分解して、さらにそれぞれの筆界特定要素資料とその詳細項目を分類している。

(1)　登記記録・旧土地台帳等

登記記録の調査が筆界特定の基本要素として第一にある。

所有者の変遷と、分筆地であれば何年に分筆したか、地積測量図が存在するか、あるいは耕地整理、土地改良、区画整理等の換地処分地ではその換地資料の調査へと発展していくこととなる。

また旧土地台帳の確認は、それらの情報と共に分筆地が現状道水路等の敷地であるにもかかわらず個人名義の土地である場合、いわゆる道水路内民地※5として個人の立会いなのか、官公署の立会いとなるのか状況は大きく変わるので重要な確認事項である。

※5　第8章第3「道水路内民地の考え方（土地台帳と実務）」213頁参照

(2)　地図又は地図に準ずる図面

ここでは現在公図に至るまでの和紙旧図から、マイラー公図への書換え時の錯誤、及び電子公図化時の錯誤の確認をしておく必要がある。

また、換地工区と工区外の区分境界において問題が発生している場合も多いので、換地処分時に作成されている換地所在図と換地現形図との比較ができるならば、どの土地まで換地処分としたか、あるいは換地時に分筆処理すべき土地ではなかったかを確認できる資料として非常に有用である※6。

※6　次頁図面参照

ただし、既に換地事業関係の事務所が解散してしまっているとしたら、その確認方法は法務局保管の換地図と現形図の有無と開示によることとなる。

＜西部工区現形図の一部＞

縮尺 壱千分之壱

＜西部工区換地図の一部＞

縮尺 壱千分之壱

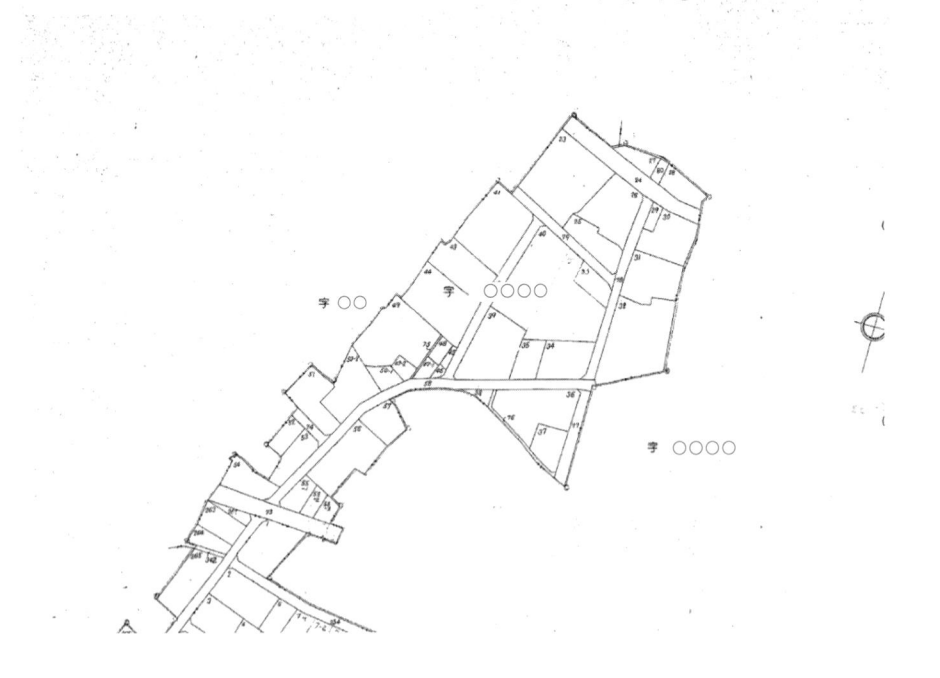

(3)　登記簿の附属書類の内容

　地積測量図によっては、その作成時期とその内容によって、活用できる図面か活用できない図面かの見極めの判断が求められる。ひょっとしたら机上分筆図であるかもしれないし、活用できるとしても作成時期や作成者によって、また測量機器も違っているのでそれは誤差の検討ともなる。

　分筆申告図の備付けは、かつて申告の窓口が市町村であったことから全国各市町村に保存されていたものの、現在ではそれほど多くはないようである。また昭和25年から一元化完成までは法務局（登記所）への申請であったことから法務局でも保存しているところがある。

　しかし申告の記載において、特に古いものは方位も記載されず地番のみ（枝番のみのものもある）で辺長記載がない中で、計算式と求積がなされているなど大雑把な地形図の様相をしているものが多い。

　また明治期の改租図、地籍図の方位は南北逆であったことから、分筆地番の記入が逆に転倒記入されている場合もあった※7。

※7　第3章第3　7「南北逆転の公図」116頁参照

(4)　対象土地及び関係土地の地形、地目、面積及び形状

　境界確定に当たっては、特に空中写真と実測図との重ねが重要である。明治時代の原始筆界とする旧土地台帳附属地図地域のことを知っている「古老」と呼ばれる人は既になく、残念ながら確証を持って語れる人はいない。

　そこで現地の形状が変わっていないと推測できる土地の確認として60～70年前ではあるが、その資料として空中写真が重要な役割をなす。

　例えば、過去の空中写真を日本地図センターから10倍拡大に引き伸ばしたものを取り寄せ、それを公図と同一縮尺の600分の1に拡大し、同一縮尺とした現況実測図とを複数の基点（現況物）をもって一致させて検証することである。

　経験則からすれば、複数の基点が正しく重なっていれば10cm、20cmの差は分からないけれども、50cmを超えるような位置誤差であるとすれば、現在の位置差との相違が浮かび上がる。

　これまで実務においてあまり使用されてこなかった確認手法であるが、今後の写真でも正射投影（オルソ画像）とした空中写真を手にすることができるようになった現在、空中写真判読法として大いに採用すべきであろう。

　なお公図との重ねも検証できるが、本書における公図（土地台帳附属地図）の作成経緯の検証から、あくまでも参考として公図の精度を見るぐらいで、くれぐれも公図線のみを基本として採用しないようにしたい。これは過去の反省でもある。

≪参　考≫

空中写真の活用について

　空中写真を活用すべき事案、特に昔より現地が変化している事案や境界を争う事案などにおいて、空中写真は活用したい。もちろんこれまでの空中写真は中心投影写真※8として正射投影ではないことから、写真縮尺の細かい拡大倍率（縮尺600分の1へ極めて近づけさせる方法）や写真の鮮明さを見ながら、また現地の昔から存在して変化していないと思われる現況物の存在を多点確認しながら、縮尺約600分の1の現況測量図を重ね合わせる手法をもってする。

　この空中写真による境界の判読法は、平坦な場所における地表面においておよその位置について活用できるものであり、起伏のある地形や山地では地形や林相など極めて限定的な活用にとどまる。

　現在では明治からの現地を知る古老がいないことと、さらに正射投影（「オルソフォト」、「オルソ画像」という。）※8された空中写真、あるいは中心撮影写真を正射投影写真にすることができることから、今後境界確認に当たって空中写真の活用は多様化されていくように思う。現に法務局における筆界特定ではかなり空中写真による境界確認の検証もなされているようである。しかし、まだ境界確認のための空中写真判読法は十分に活かされていない（確立していない）ように思う。

※8　中心投影と正射投影（オルソ画像）
　中心投影画像：空中撮影における写真として、カメラが必ずしも鉛直下を向いているとは限らないことと、基本的に起伏のある球面を写していることから、1枚の写真の中心においても縮尺が一定ではない欠点がある。
　正射投影画像：空中撮影の画像をデジタル化して、1枚の写真が全ての位置において鉛直下に撮影したように画像修正をしたものである。写真を2枚用いた実体視（肉眼で立体的に見える）はできないが、境界確認には細かい拡大倍率に注意を払えば中心投影画像よりは活用できる。

(5)　工作物、囲障又は境界標の有無、その他の状況及びこれらの設置の経緯

　(4)はどちらかというと過去を見つめての検討であるが、この(5)は現地調査のうちの現況調査である。

　そこに現存する構造物はあくまでも占有物であるが、所有権をも主張する存在であるから、設置当事者の主張は重きをなす※9。しかし、だからこそ境界確定の判断に当たっては慎重を要するところであり安易に是認しないことが求められる。

※9　施工業者等の証言

(6)　その他の事情

　(1)、(2)、(3)が資料調査の項目であり、(4)、(5)が現地調査の項目である。

　それらの項目は表裏一体をなすものであり、その比較検証は欠くことのできない要素である。しかし、そこに位置誤差等が出現したときにその部分をどうするかは、さらなる現場検証と現地立会いによって判断が下せる場合もあろうし、またその位置誤差が筆界の幅として互譲する範囲の幅であるのかもしれない※10。

※10　第7章「境界確認三つの時代区分（境界確定に当たって）」176頁以下参照

　以上の分類から、境界確定の前提としてそれぞれの詳細項目の深い理解がなければ「判断能力」と「論証能力」に欠けるものとなり、その結論も危ういものとなろう。

| 弁護士の視点9 | 筆界特定による境界紛争の解決 |

1　筆界特定によって境界紛争は解決しない？

（1）　境界杭が打設できない

　かつて筆界特定制度が動き出した当初は、筆界特定手続の一環として境界杭を打設していたという話も聞いたことがあるが、関係法令上、これを認める規定は存在せず、筆界特定がなされても隣地所有者が応じないために特定された筆界点に杭が打てないということが少なからずある。

　筆者は、隣地所有者に対し、民法223条及び224条を根拠として、境界標の設置を内容証明郵便をもって督促した経験があるが、隣地所有者からは筆界特定の結果を認めていないので応じないという回答が来たため、やむを得ず、筆界確定訴訟と境界標設置請求を内容とする訴訟を提起したことがある。

　境界杭については、裁判例上、勝手に打つことができないとされているため、隣地所有者に対し、費用折半で境界杭を打設することを請求するしかないことになる[11][12]。

（2）　越境物の問題が解決しない

　筆界特定の結果、隣地所有者の構造物が越境していることが明らかになった場合、当然のことながら筆界特定によって紛争が解決するわけではない。

　ただし、ちゃんと物わかりのいい隣地所有者であれば、筆界特定の結果を尊重し、越境物の撤去に応じるか、あるいは越境していることを認めた上で、将来、朽廃、取壊の後、再築する際には、筆界ラインまで下がることを合意することによって解決が図られる場合もある（そもそも隣地所有者のどちらも物わかりのいい人であったならば、筆界特定をしなければならないような境界紛争にはならないはずである。）。

（3）　売主の確定測量義務を果たしたことにならない？

　不動産売買契約上の売主の確定測量義務は、隣地所有者との間で境界について争いがないことの確認を求める趣旨であるため、筆界特定の結果が出ていても隣地所有者がこれを承諾していなければ、売買契約上の売主の義務を果たしていないと指摘される場合がある[13]。

　筆者は、買主から同様の指摘を受け、境界確定訴訟を提起したことがある。結果としては、筆界特定の結果を争わない、係争地部分が原告の所有であることを確認するという内容の和解をし、これによって買主側の最終的な了解を得た。

※11　東京地判昭39・3・17下民15・3・535、東京地判平23・7・15判時2131・72

※12　現在、大阪土地家屋調査士会などが筆界特定後の筆界点に境界標の設置をすることを目的とする簡易調停を実施しているとのことである。

※13　不動産登記簿には筆界特定済みであることが表示されているが、筆界特定済みであるからといって隣地所有者がこれを承諾しているとは限らないので買主

(4)　そもそも公に証明する効力しかない

筆界特定は筆界特定登記官が筆界を認定し、これを公的に表明する行為であるが、筆界を確定する効力はなくこれを公的に証明する効力しかない。これを確定しようと思えば筆界確定訴訟を提起するしかないことになる[14]。

(5)　筆界確定訴訟判決によって覆される可能性がある

筆界特定と筆界確定訴訟判決が矛盾、齟齬した場合は、筆界確定訴訟判決が優先することになるので、後述するとおり、筆界特定の結果が、筆界確定訴訟判決によって覆される可能性がある[15]。

2　それでも筆界特定を勧める理由

上記のように筆界特定を経たからといってそれで境界紛争が解決するとは限らないし、費用も時間もかかることにはなるが、それでも筆界特定の結果、依頼者・相談者が想定している筆界ラインと近似したところで筆界が特定される可能性が高ければ、筆界特定を先行させるように勧めることが多い。

その理由は以下のとおりである。

(1)　そうはいっても筆界特定によって解決する境界紛争もある

上記のとおり、筆界特定がされたからといって境界紛争が解決するとは限らないが、それでも解決する場合も相当程度はある。

日本土地家屋調査士会連合会と法務省が共催した「筆界特定制度創設10周年記念講演会」の『筆界特定制度10年の歩みと未来への提言』という講演録によれば、筆界特定制度が発足後、境界確定訴訟の新受件数がほぼ半減したとされている。つまりそれまで境界確定訴訟によって解決するしかなかった境界紛争が、筆界特定手続によって解決していることがうかがえる[16]。

隣地所有者のキャラクターにもよると思うが、筆界特定のみによって解決する境界紛争が相当数あることは確かである。

(2)　筆界特定線を前提として訴訟が進行するため短期間に解決できることがある（決して遠回りではない）

かつて筆界確定訴訟の平均審理期間は、非常に長くて平成9年は28.6か月、平成10年は26.5か月かかっていたとされており、一般民事訴訟の平均審理期間が8〜9か月であったので、通常の2〜3倍の時間がかかっていたことになる。

一方、筆界特定は、平均処理期間は、平成26年度で9.2か月とされている。

裁判の迅速化に関する法律の施行後、筆界確定訴訟の平均審理期間はかなり短縮され、15〜17か月くらいの間で推移しているとされているが、これは筆界特定が先行している事件を対象にしているものに限っているわけではない。筆界特定が先行している場合は、後述するとおり、筆界特定記録を取り寄せて、これを全て証拠として提出することになるので、主張・立証に要する期間が大幅に短縮されることになる。

は留意する必要がある。

※14　例えば、民法223条の解釈として、当事者間で争いのない境界あるいは確定した境界の境界点に境界標を打つことを求める権利を定めたものであるとすると、筆界特定ではまだ境界が確定していないことになるので筆界確定訴訟と境界標設置請求訴訟とを併合して同時に提訴しなければならなくなる。

※15　「筆界特定制度創設10周年記念講演会」の講演録によれば、平成22年10月末までの資料であるが、筆界特定後、訴訟になったものが18件あり、そのうち4件で異なる筆界が認定されたとのことであり、これだと22%は筆界特定が覆る可能性があるということになる。しかし、このデータは、時期が古く、母数も少ないので筆界特定手続が洗練され、裁判所も基本的にこれを信用するようになっている昨今はもっと少ないような気もするがどうだろうか。講演者である房村精一氏は22%は悪い数字ではないと評価している。

※16　前掲講演録によれば、境界確定訴訟の新受件数が、平成11年891件、同13年754件、同17年878件と、ほぼ800件前後で推移していたものが、筆界特定制度が始まってから後の平成19年394件、同26年395件とほぼ400件程度になり、半減している。

　統計的な資料を持ち合わせていないが、筆者の感覚では、筆界特定が先行していれば、訴訟の審理期間を6か月程度は短縮できるのではなかろうか。

　また、筆界特定が先行していると、多くの場合、筆界特定線を前提とする和解が非常に進めやすくなり、筆界特定を先行させている場合とそうでない場合とでは和解の成立率もかなりの違いがあるのではないかと推測している。例えば、2、3回の弁論あるいは弁論準備期日を経てすぐに和解の話に入っていけば、事案や当事者のキャラクターによりけりではあるが、かなり早い時期に和解を成立させることもできる。

　つまり筆界特定を先行させたとしても、急がば回れで、結局、その分の審理期間の短縮化が図られるので、必ずしも遠回りとはいえないと考える。

　(3)　結局、取得時効等の所有権界の争いになったとしても訴訟の争点を絞ることができるので、筆界特定を先行させる意味がある

　実際には、純粋に筆界だけが争点である訴訟は少なく、同時に原告が所有権確認や妨害排除請求・土地明渡請求等の所有権に関する請求を併合する場合もあるし、越境物がある場合に被告側が抗弁として係争地を時効取得したとし、撤去や明渡しに応じる義務がないと主張することが少なくない。また、さらに被告側が、時効取得に基づく所有権移転登記手続請求の反訴を提起することもある。

　このように筆界特定が先行していたとしても、筆界以外が争点になることも少なくないが、それでも主たる争点が筆界以外の点に絞られるだけでも意味があると解する。

　(4)　筆界確定訴訟において筆界特定記録を取り寄せることによって大幅に立証負担が軽減される

　不動産登記法147条は、裁判所の釈明処分として筆界特定手続記録の送付嘱託ができると規定しているが、筆者は、筆界特定が先行している場合に筆界特定線に従って筆界を主張する場合、訴訟提起と同時に文書送付嘱託の申立てをしている※17。

　筆界特定記録は、証拠の宝庫である。

　まず、図面類について言えば、なかなか通常は入手しづらい官公署等が保管している図面が含まれているし、かなり古い時期からの空中写真と重ね図が必ず含まれている。また、関係土地所有者らの立会記録の中に相手方が不利益事実を認めていることを発見する場合もある。

　筆界特定を先行させずに一から主張・立証する場合とでは、その負担において雲泥の差がある。

　(5)　当方の主張線が筆界特定で認められていれば、少なくとも筆界については既に勝ったも同然である

　前述したとおり、また、弁護士の視点10で紹介する各裁判例のよう

※17　前掲講演録では、筆界特定記録の文書送付嘱託がなされたのが、平成26年は24件、一番多かったのが平成20年の37件でおおむね30件程度であるとしているが、筆者としては意外な数字である。筆界特定が先行している場合は、全件で筆界特定記録の文書送付嘱託が行われていると思っていた。

に、筆界確定訴訟の判決において、筆界特定とは異なるラインで筆界が確定されるリスクはゼロではないが、どんなに多めに見積もっても2割程度であり、勝訴率は8割以上ということになる※18。

※18　前掲講演録参照

　もちろん筆界で勝って所有権界で負ける（相手方の時効取得が認められる）ということはあり得るが、少なくとも筆界ではほぼ負けないことになるので、依頼者・相談者の主張線と近似するラインが筆界特定で認められることが条件であるが、土地家屋調査士の意見を聞き、「いけそうだ」ということであれば、筆界特定を勧めている。

　その際、筆者は、越境物等の関係で筆界特定の結果が出ても境界紛争が解決せず、訴訟や調停に至ることが予想される場合には、土地家屋調査士と共に筆界特定申請の代理人となることがある。

3　筆界特定が先行している場合の筆界確定訴訟における和解

　筆界特定が先行していて相手方代理人が筆界について、積極的に争わない場合は、訴訟上の和解をすることがある。

　この場合、筆界については隣地当事者間の合意によっては動かないので、本来、筆界は和解の対象にはなり得ないことになる。

　そこで実務的には、「原告と被告は、対象土地を○○、関係土地を○○とする○○地方法務局○○年第○○号筆界特定の結果を争わない。」という条項を加えたり、筆界特定線を前提として、「原告と被告は、別紙物件目録記載1の土地と同記載2の土地の筆界が、別紙図面の○と○を結ぶ直線であることについて共通の認識を有することを相互に確認する。」という条項を入れている。

　このような書きぶりにすれば、原告と被告が、直接、筆界それ自体について和解をしたことにはならないからである。

　なお、そもそも筆界確定訴訟において和解ができるかということであるが、普通に和解が行われている。かつては、わざわざ筆界確定訴訟を所有権確認訴訟に訴え変更してから和解していたが、最近では、訴え変更まではせず、筆界確定訴訟部分についての終了合意条項を入れて、上記のような工夫をした上で和解をしていることが多いと思われる。

| 弁護士の視点10 | 筆界特定の結果を覆した筆界確定訴訟判決 |

1　筆界特定は筆界確定訴訟においてどのように評価されているか

(1)　筆界特定の結果を尊重している筆界確定訴訟判決

　筆界特定線は、筆界特定登記官が、通常ではなかなか入手が困難なものも含めて広汎な資料を収集・検討し、筆界調査委員の測量や鑑定的な意見を徴し、さらに関係当事者が現地において立ち会い、意見書

や証拠資料を提出する機会も与えた上でなされた高度に専門的な判断であるから、裁判所がこれを覆すのはなかなか大変なことであり、筆界確定訴訟においては、筆界特定どおりの判断が下される場合がほとんどといっていいと思われる[19]。

　以下の二つの裁判例に、筆界特定に対する裁判所の一般的な評価が示されていると思う。

　　ア　東京地判平21・6・12（平20（ワ）5102）[20]

　同判決は、「筆界特定手続は、専門的な知識経験を有する土地家屋調査士などの筆界調査委員が、筆界特定に必要な調査などを行い、意見を提出した上、筆界特定登記官が、かかる意見とその他の事情を総合的に考慮して筆界を特定する手続であり、その手続においては、関係者の意見陳述及び資料提出の機会も保障されていること、そして本件においても、上記筆界特定書では、甲乙両土地にある境界標及び囲障等の検討、公図及び耕地整理確定図の検討、公共用地境界図の検討、地積測量図の検討を通じて、上記の結論を得ているところ、その判断は必要かつ十分の資料に基づく適正なものであると認めることができる。」としている。

　　イ　東京地判平23・2・22（公刊物未登載）[21]

　同判決は、「高い専門性を有する筆界特定登記官が、鑑定的知見を有する筆界調査委員を関与させて判断したものであり、その内容の信用性には一般的に高いものが認められる」とした上で、「実際の判断過程にも合理性が認められる。そして、判断基礎となった事実関係の誤りを認めるべき根拠もない。」としている。

(2)　筆界特定の結果を覆している筆界確定訴訟判決

　　ア　東京高判平26・8・28（平24（ネ）5266）

　原判決は、筆界特定登記官が、昭和36年に撮影された両土地の空中写真に示された耕作境を現地に復元し、さらに昭和49年に作成された建物図面等に基づいて特定した筆界特定線をそのまま筆界と認めたが、その控訴審である同判決は、現地に存在する境界標を基準として昭和23年に分筆された際に測量された甲土地の公簿面積を確保する線を筆界として認めた。

　本事案では、係争部分に境界標は見当たらないが、関係土地には、コンクリート杭や金属鋲が設置されており、これらの境界標識のうち、市役所保管の境界確定図に示されたものは境界（筆界）点であると認め、他方、分筆の際に打設されたものではあるが、当事者に境界標としての意識がなく、打設時に隣地所有者の立会いがなかった杭については、境界点を示すものとは認めなかった。

　ここまでは筆界特定書におけるのと同じ判断であった。かつて境界標識が存在したとの控訴人の主張を排斥している点でも筆界特定と同判決は共通している。

※19　前掲講演録では、平成22年までの資料として、筆界特定後、訴訟になったものが18件あり、そのうち4件で筆界特定とは異なる筆界が認定されたとしている。

※20　前掲講演録で紹介

※21　前掲講演録で紹介

　ここからが、筆界特定書とは異なってくるが、同判決は、過去の占有支配状況に触れた上で、公簿面積が耕地整理事業により形成された土地について耕地整理の時に測量された結果であるから信頼性が高いとし、「控訴人土地の位置及び範囲は、この公簿面積に基づいて定められるべきであり、そのようにして本件境界を定めることが相当であるところ、前記のとおり、控訴人土地の境界点に係る境界標は現存しないが、この東側で控訴人が所有する439番②には、境界標である杭2本（K22点及びK11点）が設置され、現存しており、これが境界点と認められる。そして、同土地も本件耕地整理事業で形成された土地であり、前記説示のとおり、その公簿面積も信頼性が高いといえるから、上記杭2本の各境界点であるK22点及びK11点を結ぶ直線から西側に控訴人土地及び439番2の公簿面積の合計面積が確保される線を本件境界として定めるのが相当である。」と判示した。

　同判決は、筆界特定における判断を批判し、「特定書は、以上の推測を経て、控訴人土地と被控訴人土地の筆界特定線として、上記仮ラインから西側に6畝の面積を確保させた線であると判断するものであるが、境界点として確定している現地の境界標並びに本件関係各土地に係る公簿面積及び公図という客観的証拠を根拠とする前記2の当裁判所の説示に照らし、採用の限りでない。」として排斥している。また、空中写真の評価や筆界特定が根拠の一つとした建物図面をもとにしている点について「判断手法に疑問がある」としている。

　私見では、筆界特定よりも同判決の方が説得力があるように思われる。

　空中写真から耕作境を認定する手法や一般的には隣地の立会いもせずにかなりアバウトに作成されることが少なくなくない建物図面をしかもスケール読みするという手法には確かに疑問がある。

　公簿面積というのは、どちらかというとその他の認定資料に基づいて最終的に認められた筆界を検証するために使われるという感じがあり、専ら公簿面積に基づいて筆界を特定するということは必ずしも多くないと思うが、本件の場合には耕地整理事業によって形成された土地について耕地整理の際に測量された結果であるという特殊な事情があったということであろう。なお、公図については、信頼性が高いことを認めてはいるが、公図を中心において公図に基づいて筆界を認定したというよりも筆界特定線を批判的に検証する際に公図が用いられている点に同判決の特徴があると思う。

　　イ　名古屋地判平25・7・30（公刊物未登載）※22※23
　同判決は、①和紙公図・現公図、②地積測量図において、筆界特定の申請人所有土地の北側境界線と南側境界線の辺長が一致しており、③現地のブロック塀もこれに符合しているとし、④当事者もほぼブロック塀に沿った線であると認識していたこと、⑤このように考えても実測面積と公簿面積に有意な差がないこと、⑥他に境界を確定するに足りる証拠がないことなどを理由として筆界特定線とは異なる筆界を認定した。

※22　筆界特定判例動向22頁
※23　前掲※22の論考は、法務省民事局民事第二課局付検事宮崎文康氏と同課不動産登記第三係長塚田佳代氏によるものであるが、判例集では省略されがちな図面が添付されているので分かりやすい。

　そして、和紙公図・公図では、直線になっていることについては、「わずかな折れがあるにすぎず、上記各公図の境界線の線状のみから境界を確定することが必ずしも合理的とはいえないことに照らせば、上記各公図上、北側境界線と一直線上になっていることが上記認定を左右するものとは言えないというべきである。」と判示し、公図の形状に従って北側各土地の境界線と一直線とした筆界特定線を排斥した。

　同判決は、筆界特定における地積測量図の評価についても誤りがあると指摘している。

　私見では、筆界特定よりも同判決の方が説得力があるように見える。

　上記論考においても指摘されているように、ここでのポイントは、公図上の形状が直線であるのに折れ点を認めてもいいかということであったと思われる。筆界特定においては、公図の形状が、直線であることを重視したのに対して、同判決は、「わずかな折れにすぎない」として、むしろブロック塀による現地の長年にわたる占有支配状況を重視したために結論が異なることになったと思われる[24][25]。

　なお、この点について、村落の中心部でないような場所においては、多少屈折した線を直線として表示するなどその表示に多少の単純化がされていると認められることは我々の経験するところであるとしている裁判例として東京高判昭57・1・27判タ467・109がある[26]。

　つまり公図が直線だからといって筆界が直線とは限らないが、逆に公図が屈折していれば筆界も屈折している（位置や角度等の定量的な点はともかくとして）と認めるのが一般的ということになろうか。

　　ウ　大阪高判平24・1・27（公刊物未登載）[27]

　本事案は、X所有の372番1とY所有の373番（いずれも地目は山林）の筆界の確定を求める事案である。

　筆界特定では、現地に存在する三角地を373番の一部とし、その南東側崖下にあると地上に1105番があることを前提に筆界を特定したとされている。

　これに対し、同判決は、本件筆界を特定するに当たり、地租改正がされた明治初期に遡って、372番1、373番及びその周辺に必要な土地に関する所有者やその利用状況等の変遷等を考察して、推論し、その結論を導くべきところ、本件筆界特定においては、何らその点に関する考察がされず、その結論の根拠となっている1105番の位置についてもこれを正当なものと評価するには根拠が薄弱であるとしている。

　同判決は、結局、この三角地はすなわち1105番であると認定しており、筆界特定と異なる筆界を認定した主たる理由はこの点にあると思われるが、その認定の根拠として、山林図面や耕地図面、土地現形図、関係土地の所有権移転の経緯と利用状況、筆界特定手続においてはXもYも三角地は1105番であると述べていたこと、三角地に通じる通路の位置形状等を挙げている。

　同判決は、三角地が1105番であるとした上で、筆界特定線（Yの主張と同じ）によると公図や農事組合が管理している土地現形図と整合

※24　東京高判昭53・12・26判時928・66は、本件とは逆に公図上、屈曲しているにもかかわらず、これと異なる単純な一直線であると認定する以上、特段の理由を付すべきが当然であるとし、原判決に経験則違背又は理由不備の違法があるとしている。

※25　第5章第1　2(2)「定性と定量への疑問」参照

※26　公図の研究121頁は、「公図上直線で描画されている土地の境界線は、現地においては多少の屈折している場合も十分ありうると理解すべきである。これに対して、公図上屈折した線で描画されている場合には、その土地の現地における境界線が直線であると考えることはできない。」としている。

※27　筆界特定判例動向18頁

しないとし、境界線の形状についても山林図が逆「ノ」の字となっていることと異なるとして筆界特定線を否定している。

　なお、同判決は、山林図面を重要な認定資料の一つとしているが、その信用性について、一般論として精度が低いとしながらも他に確たる資料が見当たらない場合はその記載等によって筆界を認定することは裁判所の裁量の範囲に属するとしている。

　本事案では、筆界鑑定を嘱託したにもかかわらず、明確な結論は得られなかったようであり、山林における筆界特定の困難性を示すものであり、やむを得ない面もあるのかもしれないが、判決概要を見る限り、相当に詳細な事実認定をしているのに対し、筆界特定書がやや粗略であったかのように見える（ただし、これも実際の筆界特定書を確認しているわけではない。）。

　　エ　新潟地長岡支判平23・8・9（公刊物未登載）※28

※28　筆界特定判例動向15頁

　本事案は、Xが所有する238番1（本件土地）とY町が所有する道路の筆界に関する訴訟である。

　筆界特定においては、①公図と現況の一致する2点（343点、340点）を基点として重ね合わせてK₁、K₂の各点を求め、さらにK₂点から南側の字界を計算によって求め、②本件土地及び関係土地の南側の赤道の一部（186点と188点）を公図上の道路と判断して公図上の赤道（本件赤道）が直線であることから186点と188点を結ぶ直線の延長線と上記①で認定した字界の交点をK₃と認定した。

　これに対して、同判決は、①K₁、K₂を筆界点とすると本件土地の北西側に存在する235番2、236番2の各土地が現況が田である土地上に位置することになって現在の土地の利用状況と境界線が著しく離齬することになるとし、②筆界特定においては、340点と343点を基点として公図と現況を重ね合わせているところ、本件境界までの間に本件土地を除いて7筆の土地が介在しており、測量誤差が累積するおそれがあるから公図と現況を重ね合わせる方法としては相当ではないとした。さらに③本件赤道については、平成4年の拡幅以外に変更がなかったにもかかわらず、筆界特定の結果に基づくと大きく北側に移動することになり、現況と著しく離齬することになって相当ではないとした。

　筆界特定の手法として、既に筆界として確認されているものと認められる点を基点として公図と現況を重ね合わせるということは普通に行われているし、そこから認められた筆界点から更に他の筆界点を順次特定していくこともごく一般的に行われていることである。本件筆界特定もその手法によって筆界を特定し、その結果、現在の土地利用状況と離齬する結果になったとしても、それはやむを得ないことであると割り切って粛々と筆界点として特定しているように思える（筆界特定書を確認しているわけではない。）。

　それに対し、同判決は、現在の土地利用状況や道路（赤道）の現況と著しく離齬する結果になることを重要な根拠として筆界特定の結果

を否定したことになり、筆界の認定についての根本的な姿勢が、本件筆界特定と同判決では違いがあるようにも思える。

　また、公図と現況の重ね合わせについては、基点をどこにするかによって大きく結論が左右されるところ、7筆も他の土地が介在している地点で重ね合わせることは手法として相当でないとしている点は一つの指針になるかもしれない。

　　オ　大阪高判平22・4・15（公刊物未登載）※29

　同判決は、筆界特定において、昭和38年の分筆によって創設された筆界を認定するに当たり、分筆前の1番土地の北側境界については昭和62年の明示境界確定図面を用い、南側境界については平成19年の官民境界確定図を用いた点について、「上記分筆よりもはるか後の昭和62年及び平成19年に関係所有者だけで行われた別の筆界明示や筆界確認の結果を十分に検証をしないまま所与の前提とすることは、手法としても相当ではない」とした。

　その上で、分筆前の1番土地の北側に存する私道の幅員が昭和37、38年分筆時の地積測量図では3.9間あるいは7mとされているのに昭和62年の明示境界確定図では6mとされていることなどから「昭和62年の北側土地に係る筆界明示の結果を根拠に、本件各境界を推認することは相当ではないと言うべきである。」と判示した。

　また、南側境界についても平成19年にXがB県との間でした境界確認は、「X方家屋の敷地が、B県の土地を取り込んでいることを認める内容である。」とし、「この南側の筆界確認の内容はいかにも不自然であり、それが真実の筆界であるとは到底考えられない。」とした。

　同判決は、「……通常は、各区画が創設された際に現地で決定された筆界を前提に各土地に対する実効支配が行われ、当該筆界が各土地の所有者の共通認識よって維持されていくものである。したがって、一定の線を境に平穏に各土地が実効支配されているのであれば、特段の事情のない限り、当該占有境が所有権境であり、筆界であると推認することができるというべきである。」とした。

　そして、同判決は、「……1番4及び1番5はその上に建物を建築することを目的として分筆されたものと推定されるから、分筆によって創設された筆界を前提に建物が建築されていると推認するのが相当である。そして、平成18年まで関係各土地に対する占有関係は平穏に推移してきたのであり、上記特段の事情は見当たらないから、1番2ないし5及び北側土地上に存在している建物は、本件各境界の位置を認定するについては極めて重要な要素と言うべきである。しかるに、本件筆界特定は、この点に全く考慮を払っておらず、この点からも合理性が乏しいと言うべきである。」と判示した。また、同判決は、筆界特定の結果によると「Yの自宅建物だけでなく、北側土地上の建物も境界線を越えることになり、上記分筆の経緯に鑑みると、そのような結果を招来するのは不合理であるというほかない。」としている。

※29　筆界特定判例動向11頁

確かに原始筆界ではないので分筆の経緯を検討することは当然であるが、建物建築のための分筆であるから建物が「極めて重要な要素」であるとしている点については、若干の違和感がないではない。また、占有関係が平穏に推移してきたことから「当該占有境が所有権境であり、筆界である」と直ちに帰結している点において、やや現況主義に傾きすぎているという批判があるかもしれない[30]。

また、一般的には、筆界確定訴訟において重要な資料であると考えられている官民境界確定協議の結果[31]について、分筆時よりも相当後であることを指摘した上で「関係所有者だけで行われた別の筆界明示や筆界確認の結果を十分な検証をしないまま、所与の前提とすることは、手法としても相当ではない」としている点も特徴的である。

官民境界確定協議は、その法的性質こそ所有権界の和解であるが、通常は、筆界を探索し、筆界として合理性が認められる範囲内で合意しているはずであり、多くの場合、土地家屋調査士ら専門家が関与し、必要な資料を収集、検討し、関係当事者らを立ち会わせているのであるから筆界認定の資料としても重要であると思われる。

　カ　東京地判平22・3・29（登記情報588・148）

同判決は、まず、筆界の南端点について、筆界を示す構造物がないこと、占有状況から筆界を特定することもできないこと、さらに係争地を平分することも相当でないから種々の条件を考察し、合理的な判断のもと、本件筆界を特定することになるとしている。

その上で、公図と現況の重ね合わせの結果について「当該方法による本件筆界の特定に合理性がないということはできないところである。しかし、本件旧公図は、土地台帳附属地図であって、一般に定量的にはそれほど信用できないが、境界が直線であるか曲線であるか、崖か平地かといった定性的な点では信用できるとされているところ、前記重ね合わせの結果によれば、旧公図に描画された各筆界と現況の測量成果の各筆界とは、対象土地甲及び対象土地乙の北側筆界……については一致せず、……の土地の東側筆界……、……の土地の筆界並びに……土地の筆界……については大きく相違しているといわざるを得ない。そうすると、本件旧公図は、定量的な面での信用性は高くないといわざるを得ないのであって、本件旧公図と現況の測量成果に重ね合わせることによって本件筆界を特定するという方法は、より合理的な他の方法がない場合に限って相当性が認められるとするのが相当である。」とした。

そして、公図と現地の重ね合わせよりも「合理的な他の方法」として、「そして、分筆前甲地の本件筆界以外の筆界が特定され、分筆前甲地に割り付けられる現況地積が算出できれば、本件筆界の北端点はK点と特定されており、本件筆界は直線であるのであるから、本件筆界を特定することが可能になる。この方法は、公簿上の地積という客観的な資料に基づくものであって、定量的な問題がある本件旧公図の現

[30]　前掲[29]の論考では、「あくまで、係争地域の占有状況は、絶対的なものではなく、不動産登記法第143条第1項が列挙する考慮要素を踏まえた上での総合判断における考慮要素の1つにとどまることには留意する必要がある。」としている（筆界特定判例動向15頁）。

[31]　実務上の諸問題174頁は、「例えば、係争地の付近又は対側地において境界確定協議が成立している場合は、裁判所はこれを境界を示す重要な事情の一つとして評価し、これが適正な手続により行われ、他の諸資料に照らして合理性を肯定できるときは、その境界確定協議の結果に基づいて境界を確定する事例が、極めて多いことが注目される。」としている。

況の測量成果への重ね合わせるという方法に比べ、より合理的というべきである。」として、筆界特定線とは異なる筆界を認定した。

　同判決は、「そして、前記のとおり、対象土地甲と対象土地乙の各地積が、外畦畔を組み込んだ分を超えて増加したのは、その数値が具体的なものであることに照らすと、測量の結果を踏まえたものと推認される……。」とし、公簿面積が実測に基づく「客観的な資料」であると評価している点が特徴的である。

　　キ　大阪高判平21・6・23（公刊物未登載）※32

　筆界特定においては、X所有の97番土地とY₃所有の100番土地とが筆界を接していると認定していた。

　公図上は、97番土地は、その西端が100番土地の東端まで届いていないため、両土地は接していない形になっていたが、Xが97番土地を購入した際に作成された筆界確認書では接するようになっていたとされている。この筆界確認書について、同判決は、当事者が真摯に境界を探求したことはうかがえないとし、筆界確認書の根拠となっているXの供述や地積測量図の信用性を否定している。もしも97番土地が100番土地に接しているのであれば、Y₃らの承諾が必要であるのになされていないとし、筆界確認の意義を有しないとしている。

　同判決は、この筆界確認書をもって97番と100番が接していることを認めるに足りる的確な証拠はないとし、筆界特定手続においても合理的な根拠は示されていないと判示した。

　筆界確定訴訟においては、対象土地が接していることが訴訟要件であるため、同判決においては、当該土地についてのみ却下とされている。

　本事案では、複数の対象土地があり、中心的な筆界の認定については、筆界特定線にほぼ沿っているが、97番土地と100番土地の筆界についてのみ却下とされたものである。

　同判決が指摘するとおり、もしもX所有の97番土地の東端がY₃所有の100番土地と接していたとするならば、Y₃の立会承諾を得ない限り、筆界確認書の意味をなさないのは当然のことである。筆界特定書それ自体を確認することはできないが、筆界特定手続において、なぜ公図の位置・形状と異なる認定をしたのか、合理的な根拠が示されていないとするならば、覆されてもやむを得ないと思われる。

　　ク　その他

　上記裁判例のほか、「筆界特定を行った事案についての裁判例の動向」（登記情報657号8頁以下）には、①高松高判平26・9・10（公刊物未登載）、②京都地判平25・10・30（公刊物未登載）が紹介されているが、①については地裁判決と高裁判決とで結論を異にしており、高裁判決は筆界特定線におおむね沿った筆界が認定されており、②についても理由付けこそ異なるものの筆界特定の結果に沿った筆界が認定されている。

※32　筆界特定判例動向8頁

　　ケ　まとめ（筆界特定と筆界確定訴訟とでは考え方に違いがある
　　　か？）

　こうして筆界特定とは異なる筆界を認定した裁判例を概観してみ
て、筆界特定登記官の考え方と裁判所の考え方の間に何か基本的な相
違があるようには思われない。

　筆界特定における筆界特定の判断要素として、不動産登記法143条1
項は、①登記記録、②地図又は地図に準ずる図面及び登記簿の附属書
類の内容、③対象土地及び関係土地の地形、地目、面積及び形状、④
工作物、囲障又は境界標の有無その他の状況及びこれらの設置の経緯、
⑤その他の事情を、総合的に考慮して対象土地の筆界を特定するとし
ている。

　これに対し、筆界確定訴訟においては、①過去の占有状況、②公簿
面積、③地図又は地図に準ずる図面等における土地の形状、位置関係、
④境界標、⑤地形、⑥過去及び現在における利用形態、⑦紛争の経緯、
⑧係争地付近における関係者間の合意等が判断要素になるとされてい
る[33]。

　これらを比較してみても不動産登記法143条1項と筆界確定訴訟にお
ける判断要素とは基本的に同一であり、特に筆界特定と筆界確定訴訟
との間で判断要素や基本的な考え方に相違があるようには思われない
のである。

　しかし、例えば、前掲新潟地長岡支判平23・8・9のように、明らか
に現況や現在の土地利用状況を重視していると見られるものや、名古
屋地判平25・7・30（公刊物未登載）のように公図上、直線として描画
されているにもかかわらず、ブロック塀の現況や当事者の認識に照ら
して屈折した筆界を認定しているもの、あるいは、大阪高判平22・4・
15（公刊物未登載）のように建物建築のための分筆であるから建物が
「極めて重要な要素」であるとし、占有関係が平穏に推移してきたこ
とから「当該占有境が所有権境であり、筆界である」としている裁判
例があること等に照らすと、どちらかといえば、法務局の筆界特定は、
公図等の図面中心主義にやや傾いており、裁判所の筆界確定訴訟は、
現況あるいは過去の占有支配状況重視主義にやや傾いているように見
受けられないではない。

　もちろん、筆界特定書においても端的に「長年にわたって平穏に推
移してきた過去の占有支配状況」それ自体を筆界認定の要素としてい
るものも見受けられるところであって、法務局と裁判所との間で、根
本的な考え方に相違があるとまでは認められない。

　私見では、「悪しき現況主義」[34]が誤りであるのは当然としても、
全く現地の利用状況等を無視し、その結果、本来、境界紛争の解決に
資するはずの筆界特定がかえって新たな境界紛争を誘発するような事
態を招くようなことはできるだけ避けるべきであり、不動産登記法
143条1項の「総合的に考慮」という中には、そうした忖度もある程度
含まれるのではないかと考えている。

第 7 章

境界確認　三つの時代区分
（境界確定に当たって）

174

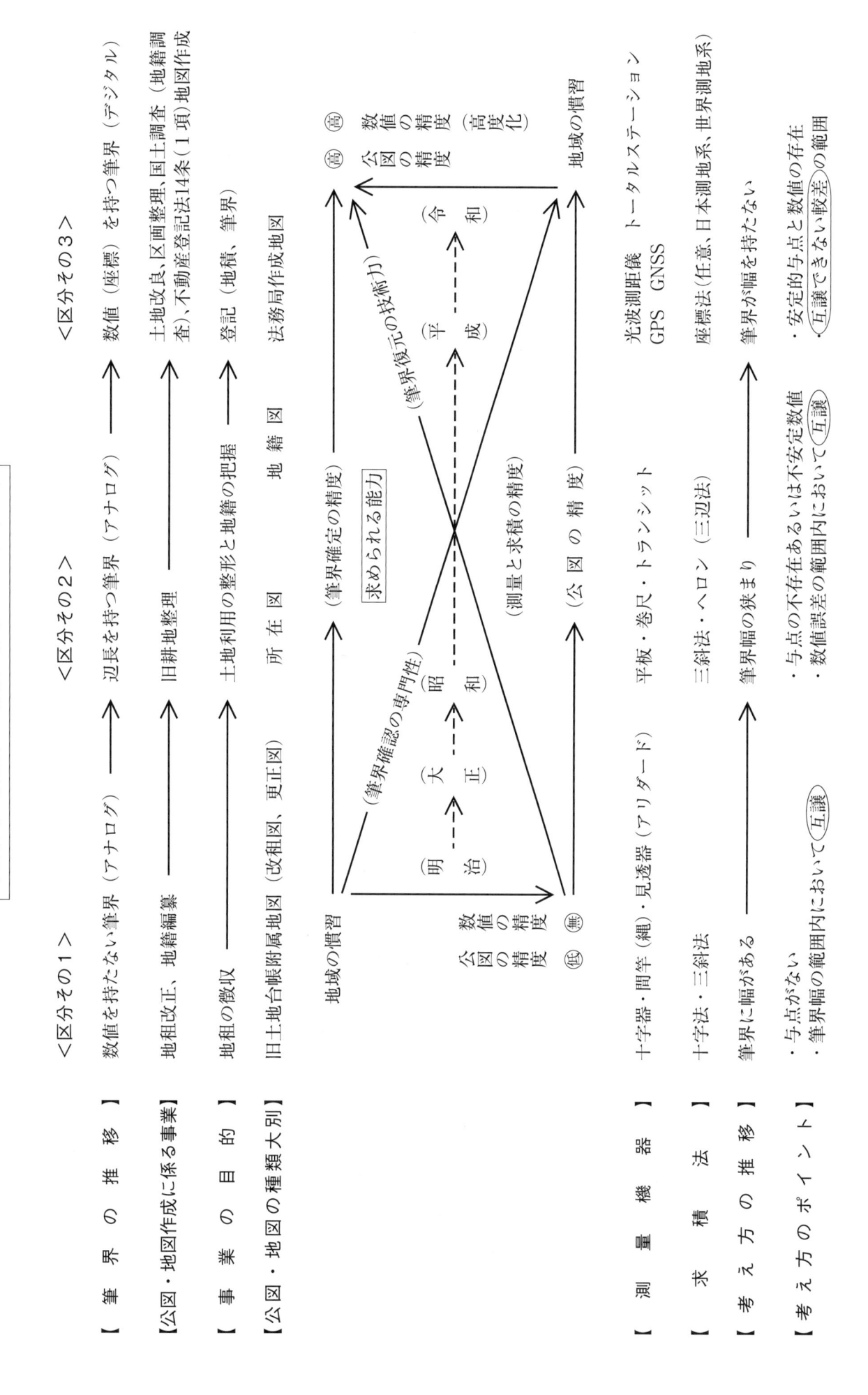

第1　三つの時代区分　境界探求（認証）の視点の推移の分析

　さて、本書のテーマである境界確認（確定）を考えるに当たって、**第1章から第6章**を踏まえて前頁の「筆界探求（確認）の視点の推移フローーチャート」にその時代背景を大まかにまとめてみた。

　ここで考えられるのは、これまで境界を考えるとき、それぞれの境界について地域区分、時代区分があるにもかかわらず、実務においても判例においても十把一絡げにして考えてこなかっただろうかということである。そこで、このフローチャートからまずは境界確定に臨んで大まかに三つの時代に区分して考えると理解しやすく、境界確定への近道であるように思うので解説してみたい※1。

　そしてそのキーワードとなるのは＜数値資料の存在＞ということである。

第2　区分その1（数値資料のない筆界）

1　概　要

　これは主に公図（改租図・更正図）地域をいう※2。明治時代初期、中期の境界立会いと承諾等の規程があり、さらに原則丈量に基づくとされる公図であるとはいうものの、あくまでも地租を徴収するために作られた図面であることから、地押調査を経て精度を高めたとされる更正図においても筆界を特定（ピンポイントで限定）するほどに精度は高くない。そして何よりも保証できる筆界の数値（辺長記録等）のない区分である。

　ただし、各旧府県によっては地籍編纂事業の成果とする道水路辺長、幅員（平均巾）が地籍帳、地籍図、ところによっては公図に残されているところもある※3。

2　考え方のポイント

(1)　数値及び与点がない※4

　先に述べた地籍帳、地籍図の記載から、道水路の幅員について参考となるものはある。しかし、それは地租徴収を目的とする図面（字限図）作りには街区の外周を固める上で、おおよその基本とはなったものの、その中の一筆地の形状は歴史的経緯を踏まえると、改租図は求積の計算

※1　もちろん三つの時代区分の中でも更に細分化してそれぞれの事例を見る必要がある。

※2　第4章第1「時代的記載と意識、その意味」参照

※3　地籍図・地籍帳の内容については、第3章第3　5「地籍図・地籍帳の内容」108頁参照。岐阜県などの筋骨図と呼ばれる公図にはその記載がある。第3章第3　6の「岐阜県の改租図」114頁参照。

※4　与点とは、位置又は高さが既に与えられている点で、既知点ともいう。本書では、境界

式は残っていたとしても持主の提出する図面（一筆限図）を持ち寄っての合成図であること、また更正図においても丈量はなされたとしても現在いうところの筆界としての図面であるかどうかは、甚だ疑問である。基本的には現地を特定する数値や与点は存在していないことも含め、非常にアナログ的なのである。よって、現在の公図（土地台帳附属地図）は現地をピンポイントで復元するほどの精度を持ち得ていないものがほとんどである。

点以外の点として取り扱う。

(2)　公図による現地復元の危険性

あくまでも地租徴収を目的に作図された公図のみをもって現地を復元することは、長年その現地形状を保ってきたと思われる現況物を否定してしまうこととなるので、公図偏重は要注意である。

基本とする公図自体に現地を復元するほどの精度がないことから、公図の本番界及び道路界において現況も何もない場合のみ公図を参考とできるが、現況物があればむしろ昔から変わらないとされる現況を尊重することとなる。

ただし、道路幅員については地籍図、地籍帳の存在する地域は、その幅員を参考とすることはできるが、あくまでも参考として捉える必要がある。その理由は全ての道路境界において立会いがなされたかどうか、また現在のような側溝などの明確な構造物の不存在による。

本来筆界は所有権の境を表現しているものであるが、**第1章第1の「公図の性格の変化」、「公図を扱う人の意識の変化」**にも記したように、どうも公図を基本に境界を考える意識となってしまっているのではないだろうか。実務から見ればあくまでも公図は重要なものであるとしても参考資料の一つとしての検証である。

(3)　街区内における本番（元番）界どうしの境界確認

前掲(1)、(2)において公図とされる更正図（字限図）がピンポイントで境界を特定するほどに精度は高くないと述べた[5]。それでもその更正図を作成するときには村役人と隣地持主等の境界立会い現地申合せ等を経ての作成であるとされていることから、道路等に囲まれた街区内における本番（元番）界と本番（元番）界どうしの形状と、公図（更正図）形状との確認は数値や与点のない土地を特定する上で重要な要素の一つではある。

現況物と分筆筆界以外の公図本番界とのずれ（巾）の範囲内において確認する。

※5　公図において分筆筆界が信用できないとする説明は、**第2章第2「分筆と地形図・測量図から見た境界」**65頁以下参照

(4)　現況物の存在

前掲(3)と共に何といってもこの「区分その1」では、現地における昔から変わらない安定的現況物の存在の有無が重要な要素であろう。

ただ、今となっては古くから安定的に存在するとされる現況物が筆界の誕生とする明治時代から不動であることを証言できる人はいないこと、また、それを裏付ける証拠はないとしたら、あくまでも合理的想像による判断となることは致し方ない。

(5)　空中写真の活用

そこで明治まで遡ることはできないが、古老や精通者がいなくなった現在、昔の空中写真、少なくとも昭和30年代以降のもの、場合によっては米軍が撮影した昭和20年代の写真の活用、あるいは確認は必須であり有用な証拠になり得る※6。

また、現地が変化したとされる時期が特定できる事案については、その前後の空中写真によっての確認となる。

ただし、経験則上現地の変化が40cm以下までの変化だとしたら読み取りにくい。

> ※6　具体的な活用の仕方については第6章第12「筆界特定に当たっての詳細項目」《参考》160頁の解説を、活用事例については後掲3「事例」179頁参照

(6)　面積の取扱い

この区分の面積においては、あくまでも地租徴収の結果とされる登記地積であり、誤差を許容する規定の中で※7、さらに土地所有者からそれぞれに申告させていた状況を考えると許容以上の誤差が想定されること、また、その誤差比率は一定ではないことから、安易に面積按分をしてはいけない区分である。

> ※7　誤差の許容規定として第2章第1⑰明治19年1月欠日「地租便覧」60頁参照

(7)　分筆筆界の見方

分筆筆界は新たな所有権の境が分筆境界として現地に存在するも、公図記入（書き入れ）はどのようになされたかという視点である。

それは公図の精度によって違うし、分筆時の時代差によっても違う※8。例えば、一筆地の比例按分として記入したか、残地求積の場合、筆界線、又は筆界点の片側から求積地の辺長をとって記入したか、机上分筆の地形図をもって記入したか、あるいは、いわゆる額縁分筆による求積地の位置は非常に不安定な記入でもあっただろう。

以上のことから、公図における分筆筆界はまず疑ってかかることにある。

> ※8　第2章第3「分筆申告図と境界」69頁以下参照

(8)　合意（互譲）できる境界

この区分その1の地域では、数値資料のない現況に応じた「幅の範囲内において合意できる境界」といえる。

⇒重要なポイント

なお、この幅とは不動産登記法143条（筆界特定）※9に規定される内容の調査・測量とその検証の下に導き出される幅をいう。

※9　不登143、第6章第1　2「筆界特定に当たっての詳細項目」157頁参照

3　事例

（事案の概要）

A市大字B字C地内において、昭和54年頃の新設市道（東西線）敷設により現地には現況道路が存在するにもかかわらず、公図にその対象地の一部である12番1と13番が分筆されていなかった。そこで新たに分筆登記をして分筆線記入をするために周辺も含め測量がなされた。

その結果、さらに対象地西側に接する赤道（旧々国道、現在市道）の南北線においてその線形が明らかに公図と相違していることが判明した事例である。

南北線の旧国道は地元精通者からの聴き取りにより昭和32年頃に道路改良がなされたことが確認された。そのことから、作業の手順は、広範囲な現況実測図を作成して昔の空中写真を重ねることにより、かつて存在した形状確認を第一とした。

現在愛知県内の空中写真では、旧建設省国土地理院が昭和36年に撮影した空中写真（資料5）以後のものが良いと実感しているが、現地の道路改良が昭和32年頃であることから、それ以前の昭和25年の空中写真（資料3）を取り寄せてその線形確認をしてみた。

その結果は、以下の重ねのとおりである。

資料1＜変更前公図合わせ図＞

公図では道路が明らかに
S字形状をしている。

資料2＜現況実測図＞

重　ね　図

所在　〇〇〇〇〇大字〇〇〇〇〇

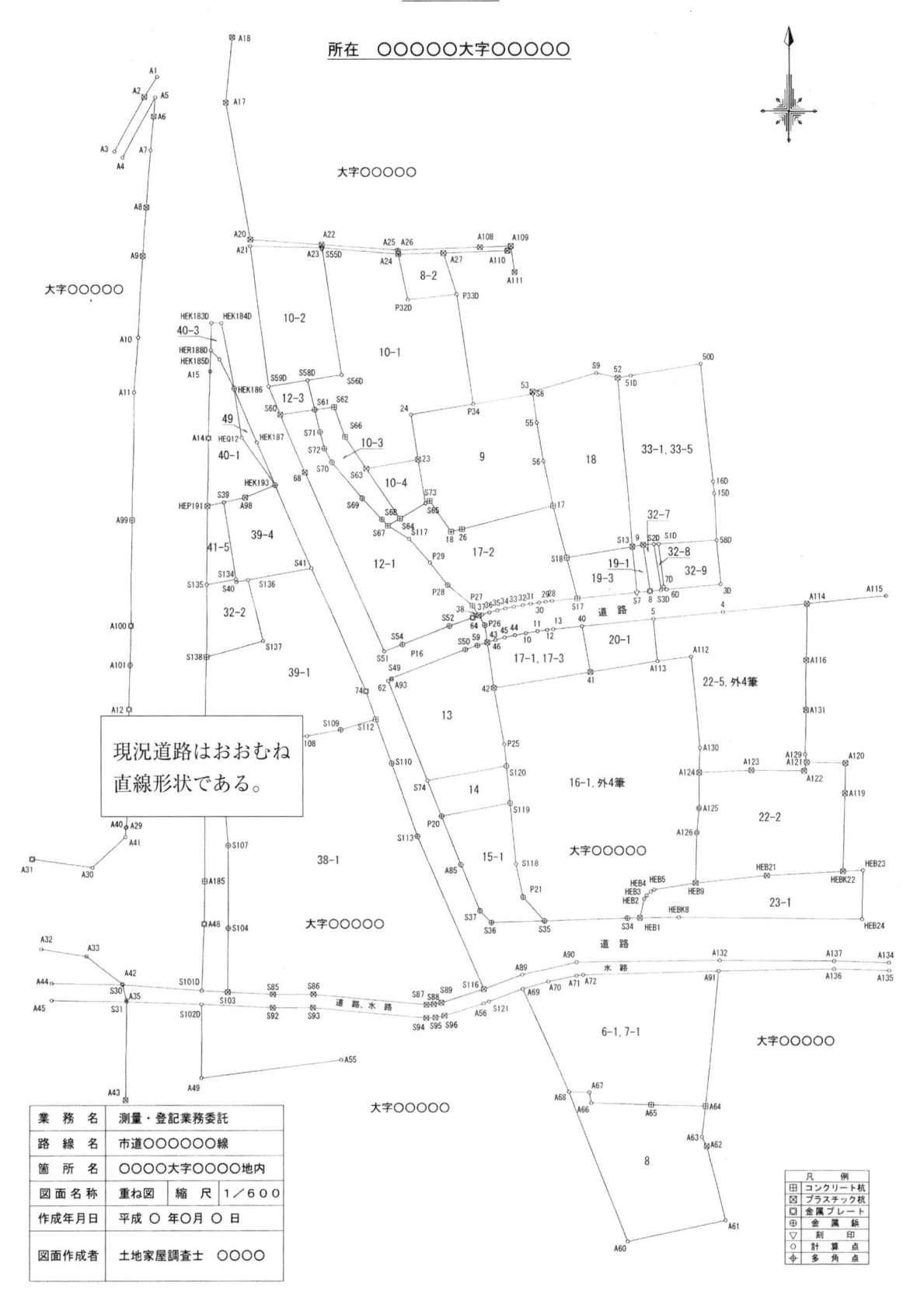

現況道路はおおむね
直線形状である。

業　務　名	測量・登記業務委託		
路　線　名	市道〇〇〇〇〇〇線		
箇　所　名	〇〇〇〇大字〇〇〇〇地内		
図面名称	重ね図	縮　尺	1／600
作成年月日	平成 〇 年〇月 〇 日		
図面作成者	土地家屋調査士　〇〇〇〇		

凡　例	
⊞	コンクリート杭
⊠	プラスチック杭
▣	金属プレート
⊕	金 属 鋲
▽	割　印
○	計 算 点
⊕	多 角 点

資料3＜空中写真（昭和25年）＞

国土地理院の空中写真

昭和25年の空中写真
ではＳ字形状である
ことが確認できる。

資料4＜現況実測図・昭和25年空中写真重ね図＞

資料5＜空中写真（昭和36年）＞

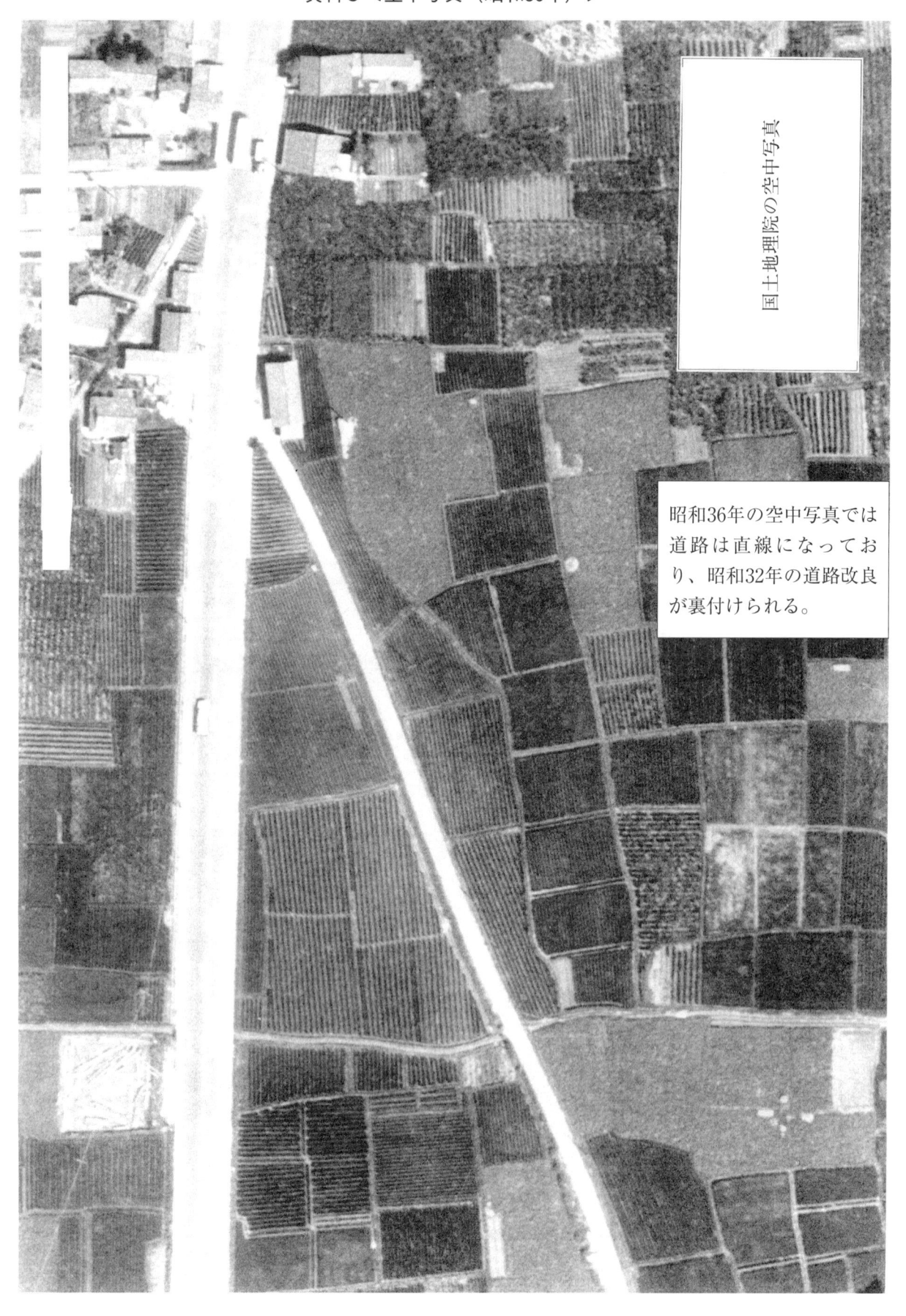

国土地理院の空中写真

昭和36年の空中写真では道路は直線になっており、昭和32年の道路改良が裏付けられる。

資料6＜現況実測図　筆界割り込み図＞

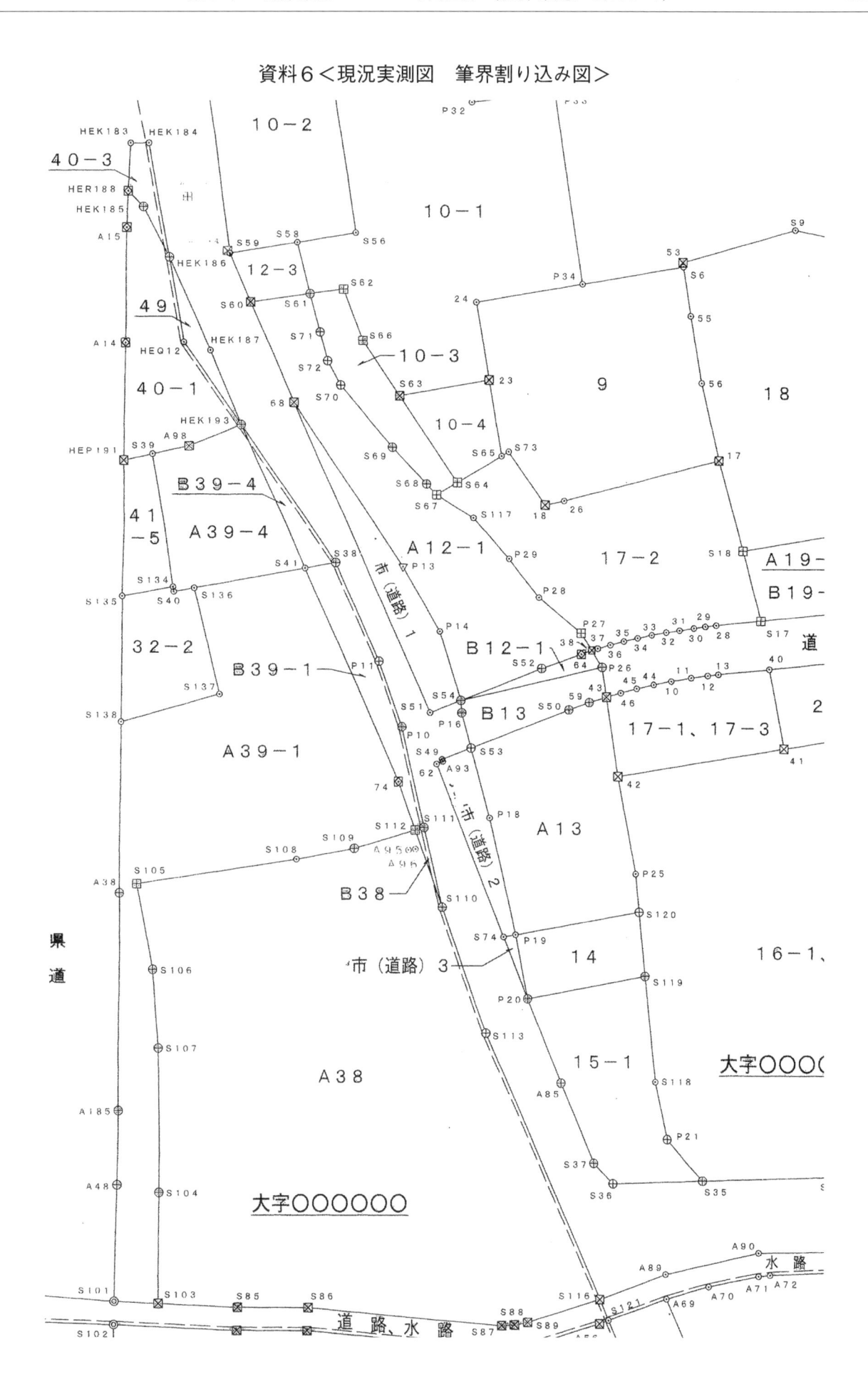

資料7＜登記処理後の公図合わせ図＞

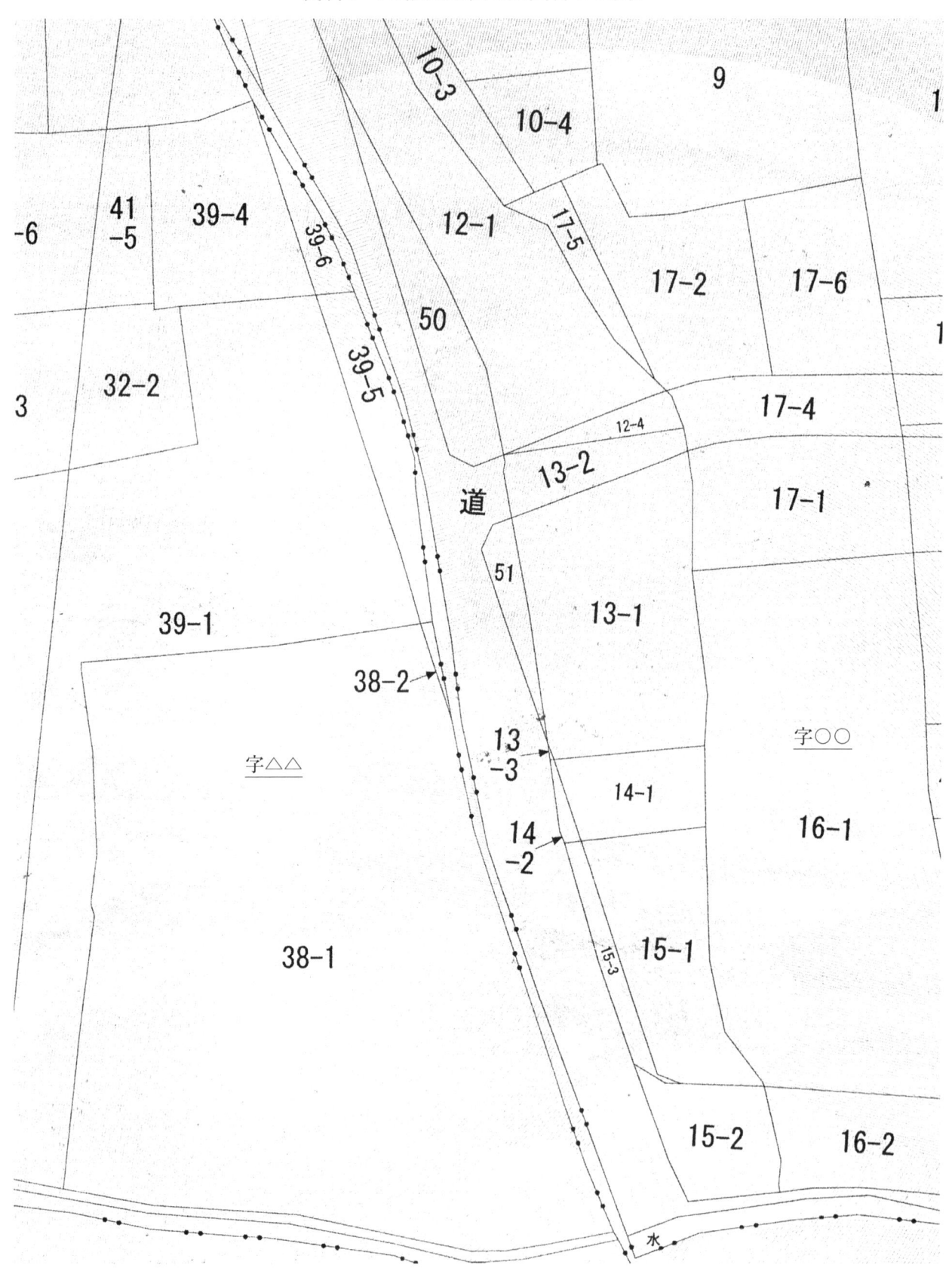

（検 証）

・公 図

申請地周辺は四つの字にまたがる地域なので四字の公図合わせ図を作成した（前掲資料1）。

その結果、四つの字の接合部ではほとんど不接合は見られない結果となった（旧更正図における結果も全く同じ）。このことは四つの字の接合部分において、隣接者同士立会確認をしたかどうかは別として、更正図作成時に現地調整が図られたと考えてよい。

・実測図

実測のポイントは、できるだけ昔から変わらない現況を広範囲において測量することと、不明確な道水路においては幅の両側を測量してその中は空中写真における当時の道水路等を挟み込んで固定化させることにある（前掲資料2）。

・空中写真

前掲資料2の現況実測図に対し「空中写真判読法」として、できるだけ古い空中写真とを重ねることによって筆界の探求及び、現況が不動であることの視覚的確認を得ることにある（前掲資料4）。

ただし、あくまでも公図と同一縮尺の600分の1である空中写真にしたことから、現地における数十cmの誤差はあり得ると考えるべきである。ゆえに当該事例のように現在の形状がかなり疑わしい事例において活用する方法である。

そして、重ねにおいて数十cm以上に相違が見られる場合は、昔の位置と現在位置が変動したとみてよい。個人的な経験ではその相違の読み取り幅は、写真の拡大精度、鮮明度から約50cmを目安として判断できるものと考えている。

第3 区分その2（数値はあるものの、与点のない、あるいは与点が不明確な筆界）

1 概 要

これは主に戦前の耕地整理※10から土地改良、区画整理、そして国土調査※11などの求積記録、辺長記録はあるものの与点が明確でないものや、法務局に備付地積測量図※12はあるものの与点が明記されていない等の測量図地域であって、現地に境界杭があっても与点の不存在や、その時

※10 耕地整理は明治5年が最初と言われているが、法制化は明治32年である。耕地整理法が廃止され昭和24年に土地改良法が制定、昭和

代の測量精度、求積方法等により地積、辺長にも誤差が見受けられ、土地全体に揺らぎがある筆界区分となる。

具体的には三斜求積、ヘロン求積等座標値を持たない求積による換地処分や土地整理のなされた土地であり、測量機器の発達や、図面（公図、地積測量図等）の精度及び境界標の設置の進展から戦前戦後の昭和50年代までの区分を更に細分化して見る時代でもある。

2　考え方のポイント

(1)　不安定的数値及び与点の不存在※13

机上分筆等の架空の図面、計算は除外するが、不安定的数値の存在は平板測量であったり残地計算として存在するも、現地に境界標の設置義務はなかった時代である。

今のように測量原点や引照点の表記はなく、この区分の時代の後期には引照点表記がなされる時代ともなるが、それでも近傍の電柱や、橋の欄干からの距離の記載として今から考えると非常に曖昧なものであった。

さらに、傾斜地の辺長等は巻尺による継ぎ足しの長さであり、障害物のあるところでは廻り分間法（結合方式）から作図した図上による読み取り辺長である。

よって、それらの資料はいつの時代のもので、現地形状がどうであったか、どのような測量機器が使われたか、どのような測量がなされたか、あるいは誰が測量をして作図したものであるのかなど、目まぐるしく変わる時代の状況と変化や環境を知り得ていないと、判断（読み取り）を誤りかねない。

よって「知識の豊富さ」と「想像力」が大いに求められる。

(2)　精度区分の適用

この区分その2の時代では測量機器の違いはあるにせよ何らかの近代的測量がなされた時代である。

しかしその時代範囲は戦前より昭和50年代までと広いので、その時代範囲をさらに二つに区分して考えてよい。

その区分けは昭和26年の国土調査法の施行前の時代と、施行後の時代の二つに分けて考えてみてもよい。なぜなら、施行後とすれば施行規定によって取り扱い方が厳格化されたことと、誤差判断について国土調査法施行令別表4の精度区分が適用できる区分となったことにあると考える。

29年に土地区画整理法が制定されている。

※11　国土調査法は昭和26年に制定され、これに基づき地籍調査が実施され、昭和32年から登記に反映されている。

※12　地積測量図は昭和35年の不動産登記法の改正（いわゆる「台帳一元化」）により法務局に備え付けられることになったが、実際の備付けは各支局・出張所により相違している。早くは昭和35年からで、昭和46年までに及んだ。

※13　区分その2の与点は、図根多角点・基準点・境界標・恒久的地物・引照点等であり、また与点そのものがない、あるいは座標値が与えられていないものもある。

国土調査法施行令別表4

精度区分	筆界点の位置誤差		筆界点間の図上距離又は計算距離と直接測定による距離との差異の公差	地積測定の公差	
	平均二乗誤差	公差			
甲1	2cm	6cm	$0.020\mathrm{m} + 0.003\sqrt{S}\mathrm{m} + \alpha\mathrm{mm}$	$(0.025 + 0.003\sqrt[4]{F})$	$\sqrt{F}\mathrm{m}^2$
甲2	7cm	20cm	$0.04\mathrm{m} + 0.01\sqrt{S}\mathrm{m} + \alpha\mathrm{mm}$	$(0.05 + 0.01\sqrt[4]{F})$	$\sqrt{F}\mathrm{m}^2$
甲3	15cm	45cm	$0.08\mathrm{m} + 0.02\sqrt{S}\mathrm{m} + \alpha\mathrm{mm}$	$(0.10 + 0.02\sqrt[4]{F})$	$\sqrt{F}\mathrm{m}^2$
乙1	25cm	75cm	$0.13\mathrm{m} + 0.04\sqrt{S}\mathrm{m} + \alpha\mathrm{mm}$	$(0.10 + 0.04\sqrt[4]{F})$	$\sqrt{F}\mathrm{m}^2$
乙2	50cm	150cm	$0.25\mathrm{m} + 0.07\sqrt{S}\mathrm{m} + \alpha\mathrm{mm}$	$(0.25 + 0.07\sqrt[4]{F})$	$\sqrt{F}\mathrm{m}^2$
乙3	100cm	300cm	$0.05\mathrm{m} + 0.14\sqrt{S}\mathrm{m} + \alpha\mathrm{mm}$	$(0.50 + 0.14\sqrt[4]{F})$	$\sqrt{F}\mathrm{m}^2$

備考
1　精度区分とは、誤差の限度の区分をいい、その適用の基準は、国土交通大臣が決める。
2　筆界点の位置誤差とは、当該筆界点のこれを決定した与点に対する位置誤差をいう。
3　Sは、筆界点間の距離をメートル単位で示した数とする。
4　αは、図解法を用いる場合において、図解作業の級が、A級であるときは0.2に、その他であるときには0.3に当該地積図の縮尺の分母の数を乗じて得た数とする。図解作業のA級とは、図解法による与点のプロットの誤差が0.1ミリメートル以内である級をいう。
5　Fは、一筆の地積を平方メートル単位で示した数とする。
6　mはメートル、cmはセンチメートル、mmはミリメートル、㎡は平方メートルの略字とする。

(3)　公図求積の検討と面積按分

　この区分その2では、区分その1と違って、地積の調査区分の時代であり、多少公図精度の違いがあるにせよ、測量の成果に基づき作図されていることから公図求積も対象となる。

　そして、換地処分地は換地面積が重視されていることから、境界標が不明となっている場合や、境界標の移動が考えられる場合では、隣地との面積按分をすることも境界確定の要素と考えられる。

(4)　合意（互譲）できる境界

　以上のことから、数値資料はあるものの、その数値の与点が明確でないことや、数値に幅があることから「数値誤差の範囲内において合意できる境界」といえる。　　⇒重要なポイント

　この区分その2は、ほとんど与点が明確でない資料だけに、また考えさせられる数値があるだけに、実務において一番悩ましい区分である。

土地家屋調査士の視点8	土地改良地域における落とし穴

　土地改良による換地処分地では過渡し※14は金銭によって処理するが、減歩は現地の道水路線や、街区※15の背割線※16において最終調整（面積調整）をするので公図上直線と見えても、一直線であるとは限らない場合がある。

　そして、本換地がなされるまでの期間が長かったところでは市街化調整区域内の土地といえども、仮換地（工期）中に分家住宅等宅地化がなされ、そこに設置されたブロック塀や構造物の上、あるいは道路側溝から民地側へ入り込んで最終的に換地がなされ境界標が設置される場合も意外と存在する。

　また地元の土地改良事業関係者や農業従事の土地所有者から立会時に聞かされてきたことであるが、新たに創造する業種の設計士や測量士等を兼務している土地家屋調査士、あるいは主に大都市を中心に日頃業務を行っている土地家屋調査士の中には、このことの理解がなされておらず、全て直線と主張した場合もあったようである。

　現在のように数値資料とする座標値が開示されているところは別であるが、数値資料のない古い土地改良区域では単に縮小された公図を一目見ただけで直線であるとの先入観が勝ってしまうので気を付けたい。

　土地改良土地の境界確定のポイントは、数量換地として、むしろ辺長よりも面積を基本に考えるべきなのである。

※14　「過渡し」とは従前に所有していた土地の面積より多く換地土地として渡すこと

※15　街区：道路や水路で囲まれた一つの大きな区画

※16　背割線：圃場整備とする田圃の区画地域における東西又は南北を一直線とする一筆地と一筆地の背中合わせの線のこと

3　事例①

（事案の概要）

　A市B区C丁目地内における34番2と34番3との境界をめぐる紛争についての事案であり、かつ越境物（建物）の問題を含んでの事案である。

資料1＜現在公図＞

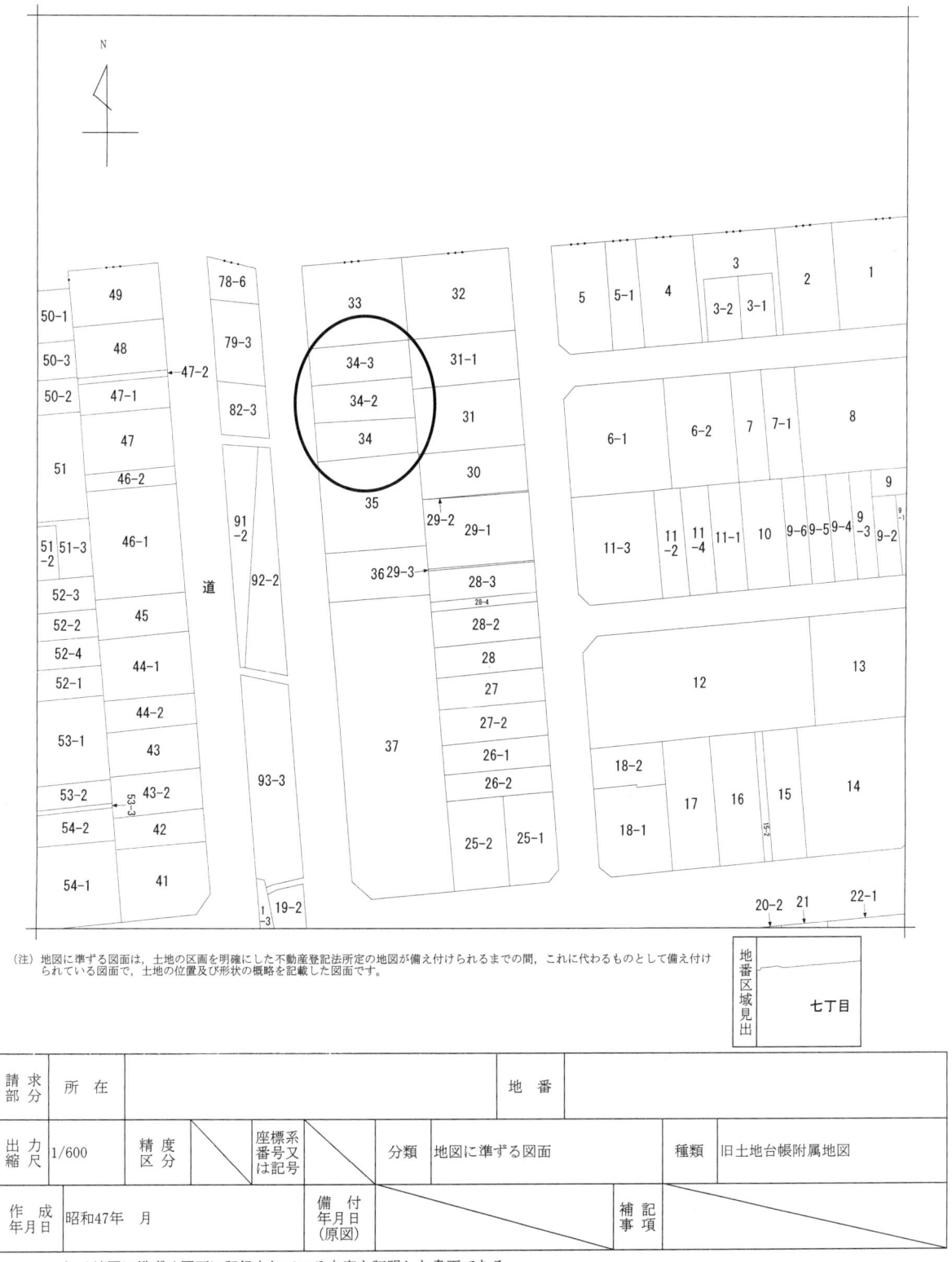

(注) 地図に準ずる図面は，土地の区画を明確にした不動産登記法所定の地図が備え付けられるまでの間，これに代わるものとして備え付けられている図面で，土地の位置及び形状の概略を記載した図面です。

地番区域見出	七丁目

請求部分	所在				地番	
出力縮尺	1/600	精度区分		座標系番号又は記号		分類	地図に準ずる図面	種類	旧土地台帳附属地図
作成年月日	昭和47年　月			備付年月日(原図)			補記事項	

これは地図に準ずる図面に記録されている内容を証明した書面である。
（　　　法務局管轄）
　　　　平成　年　月　日
　　　　　　法務局
申請番号：11-1　　　　　　　　　登記官
(1/1)

資料2-1＜34番の登記事項＞

表　題　部	（土地の表示）		調製	平成8年11月21日	不動産番号	1
地図番号	余白		筆界特定	余白		
所　在　　市　　　　　目					余白	
①　地　番	②地　目	③　地　積　㎡			原因及びその日付〔登記の日付〕	
34番	宅地		109:91	余白		
余白	余白	余白			昭和63年法務省令第37号附則第2条第2項の規定により移記 平成8年11月21日	

権　利　部　（甲区）　　（所有権に関する事項）			
順位番号	登記の目的	受付年月日・受付番号	権利者その他の事項

資料2-2＜34番2の登記事項＞

表　題　部	（土地の表示）		調製	平成8年11月21日	不動産番号	1	2
地図番号	余白		筆界特定	余白			
所　在　　市　区　丁目					余白		
①　地　番	②地　目	③　地　積　㎡			原因及びその日付〔登記の日付〕		
34番2	宅地		109:91	余白			
余白	余白	余白			昭和63年法務省令第37号附則第2条第2項の規定により移記 平成8年11月21日		

権　利　部　（甲区）　　（所有権に関する事項）			
順位番号	登記の目的	受付年月日・受付番号	権利者その他の事項

資料2-3＜34番3の登記事項＞

表　題　部	（土地の表示）		調製	平成8年11月21日	不動産番号	1	3
地図番号	余白		筆界特定	余白			
所　在　　市　区　丁目					余白		
①　地　番	②地　目	③　地　積　㎡			原因及びその日付〔登記の日付〕		
34番3	宅地		108:03	余白			
余白	余白	余白			昭和63年法務省令第37号附則第2条第2項の規定により移記 平成8年11月21日		

権　利　部　（甲区）　　（所有権に関する事項）			
順位番号	登記の目的	受付年月日・受付番号	権利者その他の事項

資料3＜元番（34番）の土地台帳＞

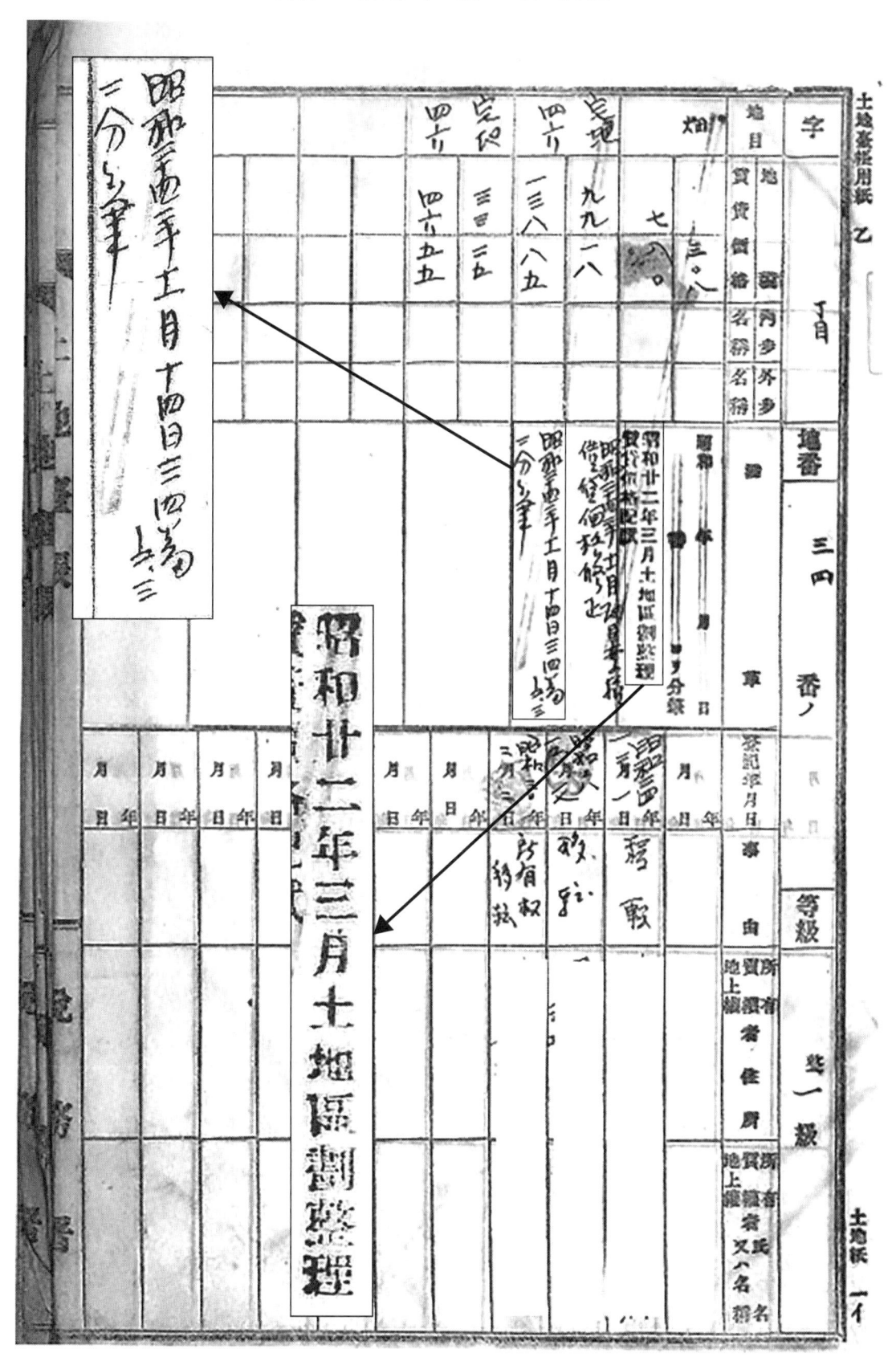

資料4＜区画整理図面（辺長の間数記載をメートル辺長に換算）＞

資料5＜実測辺長・換地辺長　比較図＞

※括弧書きの数値は、換算後の辺長又は登記簿地積

（検　証）

　対象地は地番に枝番がついていることから（前掲資料1）、現在の登記事項（前掲資料2-1・2-2・2-3）において分筆年月日を確認したところ、その日付の記載はなかった。そこで分筆元地の34番の土地台帳（前掲資料3）を調べたところ、昭和24年11月14日に両対象地が分筆されていた。そのことから同市に分筆申告図がないか確認したところ、残念ながら保存されてはいなかった。

　しかし、土地台帳記載の中に昭和22年3月土地区画整理の記載があった[17]。

　そこで、土地家屋調査士会の資料センターで調査したところ、当時の区画整理図面（前掲資料4）の存在が確認できた。分筆年は区画整理後であるから対象とする34番2と34番3の分筆地の辺長記載はないが、元番の34番を街区全体から見ることにより、事案はより広く客観的に見られることとなる。

　街区全体を測量してその対象とする西側街区の測量結果は別紙「実測辺長・換地辺長　比較図」（前掲資料5）のとおりとなった。

（結　果）

　この事例の問題として、

①　戦後すぐの換地処分地（区画整理地）であることから間数辺長に誤差を含んで換地されていること。

②　他の土地において既に分筆されて境界標が設置されているとしたら、もともと街区全体に存在する誤差配分を考慮して分筆しているのかどうか。

③　そのことによって分筆されていない土地の誤差配分をどのように考えていくのか。例えば、新たに境界合意がなされ境界標が設置されているところから検討する場合、他の土地に余剰辺長が多く残っている場合、あるいは余剰辺長が少ない場合はどのような余剰配分とするのか、また現況物との関係において均等な余剰配分ができない場合もあり現実としてとても悩ましい問題である。

4　事例②

（事案の概要）

　法務局備付地積測量図には、千差万別とはいわないまでもその時代時代のものがある。

　この事例は、昭和42年に実測された地積測量図である。

[17]　法務局に備え付けられている土地台帳の写しではその記載が読み取りにくいことが多くあるので、すぐに諦めず丁寧に読み取る必要がある。よって、土地台帳の原本を確認するとよい。また市町村や法務局によっても土地台帳が保存されているところがある。

＜昭和42年作成　法務局備付分筆地積測量図＞

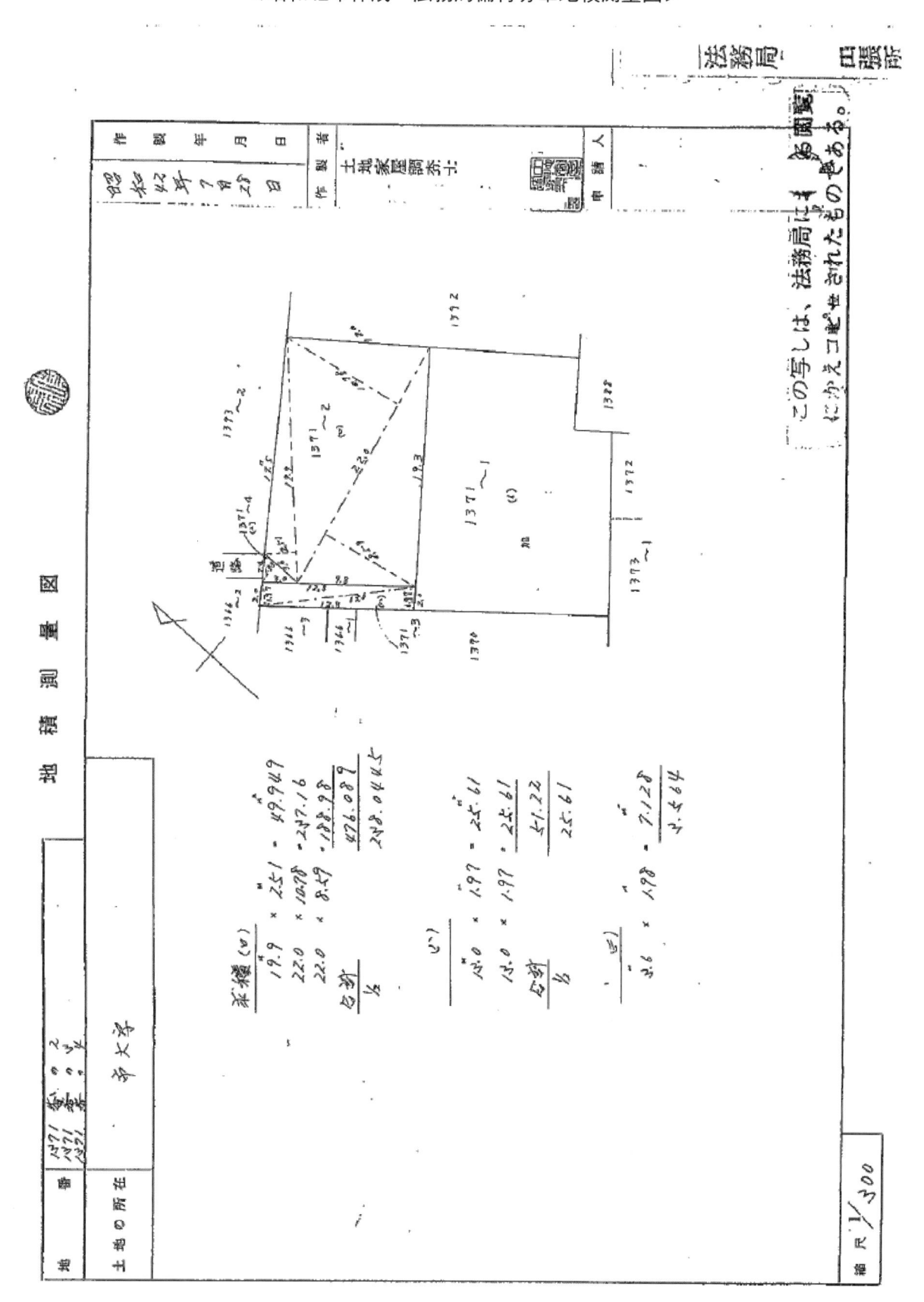

（検　証）

　地積測量図の辺長は10cm単位であり、それ以下の辺長が存在するのか、しないのかは不明であり、誤差の存在が感じられる。また、時代として平板測量によってなされた実測とすれば、求積辺長は読み取りによる辺長と思われるので、この求積辺長をもって復元しても面積を含め現地とは一致しないことが想像できる。

　そして、何よりも引照点や境界杭表示がないことから不安定的な図面である。土地台帳申告時代の延長として現地の確定性・安定性に欠ける図面であり、今となってはその時代の意識と認識がもたらした測量図といえるのではないだろうか。

第4　区分その3（与点が明確な筆界）※18

1　概　要

　これは主に与点や引照点が明らかであり、かつ座標値によって現地（筆界）が特定されている地域区分である。

2　考え方のポイント

（1）　安定的与点と数値の存在

　安定的与点は基本三角点、基準点等であり、複次的には引照点がある。数値はすなわち座標であり、世界測地系座標、旧日本測地系座標、あるいは任意座標も含められるだろう。

　与点と与点の座標、またその与点をもって与えられた筆界点座標は一体的な存在である。

（2）　復元としての境界

　この与点が存在する地域における境界確定の結果である筆界点と、既に既存座標がある地域においては、原則復元する境界地域であり、何ら錯誤がない限りその座標値は一点につき一成果として存在していくものでありたい。

（3）　一点一成果と観測値との収め方

　既存座標のある地域において再測量や復元する場合、使用する与点の違いや、計算方法あるいは機械的な誤差によって僅かではあるがその座標差が生まれる。その時その座標差をどれだけの較差の範囲内とすれば

※18　この場合の与点は、世界測地系あるいは（旧）日本測地系の座標値を持つ基本三角点・基準点・電子基準点等であり、その引照点をいう。
　また、その座標値が任意の座標値であったとしても測量地の引照点が堅固に設置されたものであればこの区分に含めてよいように思う。

移動のない境界標と判断できるのか、あるいは共有できるのかという技術者にとっての大きな問題がある。

（4）　合意（互譲）できない境界

以上のことから「較差の範囲内において確認する境界」として新たに合意する境界ではない。　　　　　　　　　　　　　　　　　　⇒重要なポイント

前掲(1)、(2)、(3)から既存数値あるいは、既存境界標において較差の範囲内にあったとき、新たな座標値をもって筆界を位置付けてしまうと、一点につき多点成果となって現地を不安定化させてしまう危険性がある。

よって、測量による検証によって問題がなければ既存数値を尊重すべきと考える。

この区分その3の地域は、第4章第2（132頁）にも記したが、その数値が公的に管理されるようになれば、新所有者との境界確認は必要であるとしても、立会承諾までもは不要であるように思う。

3　事　例

（事案の概要）

この地積測量図は、世界測地系の座標をもって現地確定がなされた図面である。

（検　証）

筆界及び所有権の確認行為として立会いがなされ、法務局に分筆地積測量図が備え付けられたことによって、与点（基準点や引照点）座標も明記され、筆界として限定的な安定をもたらしている。

そのことから今後何らかの錯誤がない限り、私人間において筆界の争いは考えられない。

そして、再度観測した場合、与点の存在や不存在、あるいは計算網[19]の相違によって観測誤差はあり得るが、それは僅かな計算上の位置誤差であることから、一点多成果[20]とならないためにも一点一成果として既存数値を尊重していきたい。

また個人的には、数値地図地域として既存座標がある地域においても既存の一点一成果（座標）を使用すべきと考える。

今後この区分その3の地域は、座標化する国土において急速に拡大することが予測されることから、数値（座標）の管理、あるいは復元の測量となっていくものと思われる。

※19　「計算網」とは各種基準点観測の組み方「網計算」をいう。

※20　「一点多成果」とは、測量するごとの僅かな位置差をもって一点の位置座標値として多点存在させることであり、「一点一成果」は再測による位置差が僅かであれば既存の座標値を使用して、多点座標値としないことを意味する。

＜平成29年作成　法務局備付分筆地積測量図＞

※この地積測量図では「基準点網図」が付記されているが、さらなる筆界の安定や、一点一成果とするために地積測量図の高度化、統一化を図る必要がある。

第 8 章

もう一つの境界確認
（官有地道水路）

第1　官公署による境界確定協議の意味

これまでは、主に境界というものを一般的な取扱いから総合的に見てきたが、ここでは、いわゆる「官民境界」について再確認してみたい。

1　立会いの目的とするところ

依頼者より土地の境界確定業務を受託したとき、ほとんどの場合、その土地の利活用のため道路に接することから公物管理界（官公署）との立会いが必要となっている。申請人、隣地所有者、官公署等の関係当事者のそれぞれの目的と認識（立場）の下、何を確認しようとしているのかの共通認識が一番重要なところである。

官公署における側溝等公物管理界の確認であるとするならば、筆界の確認、所有権の確認とは別物であり、行政法上の権能としての判断となる。

実際には筆界、所有権界と勘違いしている場合も多く、公物を管理する人が、必要な範囲を協議（機能管理）するものとするならば、区域線の明示であり、また境界の明示である。

ただ勘違いしていてもこの証明をもって登記がされたとき、登記官によって筆界の追認がなされる状況となっているのが実情であろうか。

境界確定協議（立会い）であるならば、確定権限を持った財産管理者としての立会いが必要である[1]。

※1　官民境界の確認としては、具体的には道路、水路を対象とした境界確定協議であり、その理論構成は『4訂版里道・水路・海浜』に詳しい。また、各地要綱等における取扱いの解説は、既に『道路・水路をめぐる境界立会い』にあり、さらに、具体的な質疑回答として『官民境界確定の実務』がある。

弁護士の視点11	官民境界確定事務取扱要領に基づく実務

1　境界確定事務取扱要領は内規であり直接住民を拘束するものではないが間接的に拘束される結果となる

多くの自治体が官民境界確定事務取扱要領を定めている。

名称は「境界確定」であったり「境界確認」であったり、「要領」であったり「要綱」であったりと、いろいろだが、いずれも自治体内部での官民境界確定協議に関する内規を定めている。ただし、このような事務取扱要領を持たず、書式と慣行だけで運用している自治体も少なくない。また、公有財産管理条例の施行規則という形を取っている自治体もある（下松市）。

事務取扱要領の法的性質は、自治体内部の内規であるので、住民を直接拘束するわけではないが、自治体職員はこの内規に従って職務を執行することになるから、事実上、住民にも影響が及ぶことになる。そのようなこともあるため、多くの自治体が、内規であるにもかかわ

らず、インターネット上で公開しており、パンフレット形式にしている自治体もある（東京都、大阪府）。

2　最近の事務取扱要領の動向

　平成20年代に入ってから事務取扱要領を制定したり、大幅に改訂する自治体が増えてきている。従前の要領は、理論的な整理がされていないもの（例えば、申請地所有者と隣地所有者、対側地所有者を区別せずに全てに印鑑証明を求める等）予防の観点からも合理性を欠くものもあったが、近年に制定、改訂された要領は理論的な整理もされ、境界紛争予防についても配慮しつつ、同時に事務の停滞を招かないように手続の省略化も図るなどするようになってきている（大津市、府中市等）。

3　官民境界確定協議の法的性質やあり方に触れた要領

　官民境界確定協議が、所有権界に関する和解であるというのは、通説、判例（国有財産に関するものであるが、東京地判昭56・3・30判時1007・45等）である。「協議」とある以上、官と民とが協議すなわち合意することを意味しているが、筆界は私人間の合意によって動かないというのが大原則であるので、自ずと所有権界の合意であるとしかいえないことになるのである。

　官民境界確定協議の法的性質についてはっきりと所有権界の和解であるとしている自治体もある。例えば、「大阪府都市整備部所管公共用地境界確定事務取扱要綱運用基準」は11条の注釈（「解釈」）の中で「境界の協議は、行政処分ではなく、私法上の和解契約と解すべきであり、その意味から関係者の立会により行われる必要がある」としている※2※3。

　これらの事務取扱要領の記載にも現れているとおり、官民境界確定協議の目的やあり方については、法的性質は所有権界に関する和解ではあるけれども、当事者同士で決めればどこでもよいというわけではなく、筆界＝所有権界であるという認識の上に立って、前掲大阪府の運用基準にあるように必ず筆界を探索し、筆界としての合理性を維持できる範囲内で協議を成立させなければならないということになる。もしも筆界としての合理性を認められないラインで官民境界確定協議を成立させてしまうと所有権界と筆界との不一致を生じ、錯誤・やり直しの問題や道路内民地の問題などを生じることになる。

4　官民境界確定協議は誰が主宰するのか（官か民か）

　官民境界確定協議は、誰が主宰するのか、要するに誰が仕切るのかという点については、後述する資料収集、費用負担や関係者の呼び出し、境界確認書の作成、境界標の打設を誰がやるのかという問題である。

※2　実際には、表記登記の目的で官民境界確定協議の申請がなされることが多く、一般的には表示登記申請を目的とする民民境界の立会協議は筆界の確認であって所有権界の合意ではないと言われている。私見では、所有権界の合意ではなく、筆界の確認である官民境界確定協議もあり得ると考えている。もっとも、筆界が一見明白であれば、そもそも「協議」する必要がなく、官民境界確定協議それ自体を省略できる場合もある。

※3　また、官民境界確定協議を所有権界につい

まず、国有財産法上の官民境界確定協議は、その条文の体裁からも一見明白に官側の主宰である。

問題になるのは、国有財産法上の官民境界確定協議「以外」の自治体の官民境界確定協議であるが、例えば、事務取扱要領中に「市長は」という主語で始まる条項がある場合[4]は、官側の主宰であることがうかがわれる。また、買収や公共工事等の目的で官民境界確定協議を官側から申し入れる場合も、明らかに官側が主宰することになる。そのことが事務取扱要領上からも明らかな場合が多い。関係書式も民側申請と官側申請とで異なっていることが多い。

上記以外は、民側が主宰することになっているのが実情である。なぜ、そうなっているのかを説明することは意外に難しいが、いわゆる申請主義がとられているからということになろうか。例えば、官側が日常的に官民境界を巡視して回って官民境界が不明で管理に支障が生じると思った場合は職権で官民境界確定協議を実施するということになっていれば、官側が主宰することになるが、実務では、そうはなっておらず[5]、民側からの申請を待って実施することになっているため、少なくとも官側からすると一種の行政サービスの一環と捉えられている節がある[6]。

5　官民境界確定協議の資料収集は誰がするのか（官か民か）

多くの自治体が、登記事項証明、土地所有者名簿、公図、現況実測平面図、現地案内図、地積測量図等のほかに、旧公図、閉鎖登記簿、土地台帳、土地所在図、土地改良耕地整理の確定図等の提出を求める場合があるとしており（東京都その他）、基本的に申請者が民側である場合は民側がこれらの資料収集をすることになる。

住民がいきなり窓口に行って「官民境界の立会いをしてくれ」と言っても、事務取扱要領において必要とされる添付資料がない以上、そもそも受理しないということになる。住民が「そっちで用意してくれ」と言っても官側がこれに応じる義務があるとはいえないであろう。後述するとおり、官側は必ずしも官民境界確定協議に応じなければならない義務があるわけではなく、少なくとも合理的な理由があれば、応じないことができるからである。

6　官民境界確定協議の関係者の呼び出し等は誰がするのか（官か民か）

ほとんどの自治体が、関係者の呼び出しは申請者つまり多くの場合は民側（多くは土地家屋調査士）がすることとなっており、事務取扱要領にもその旨の条項があるが、民側の呼び出しに応じない場合は、自治体側が書面で呼び出しをすることになっているところもある[7]。

ての「和解」と言い切るとそこに「争い」の存在を前提にすることになるが、実際には、筆界確定訴訟判決が確定していたり、筆界特定がなされていたり、既に官民境界確定協議済みの場合等で「争い」がない場合でも行われることがある（自治体によっては、後述するとおり、そのような場合は、官民境界確定協議を受理しない取扱いにしているところもある。）。

[4] 例えば、亀山市道路用地等境界確認事務取扱要綱20

[5] 奈良地判平8・11・29（平7（ワ）39）は、自治体が里道の管理を怠っているとして損害賠償請求がされた事案について「里道の管理を怠っているとの主張については、格別の理由もなしに被告らが常時、里道等の使用状況を把握しなければならないとすることは、いたずらに国民の負担を重からしめる結果を生じさせる事になり相当でない」としている。

[6] 私見では、官民境界確定協議は、公有財産の財産管理（機能管理の側面もあるが基本的に財産管理）の問題であり、自治体としては適正にこれを維持・管理する義務があるし、官民も民民も相隣関係であるには変わりがないので、例えば、境界標の設置費用の負担に関する民法223条、224条の適用があってしかるべきだが実務ではそうなっていないことや、官民境界の適正な維持管理が行われていなかったために官民境界が不明となり、これ

また、ほとんどの自治体において、境界確認書や立会承諾書等も申請者である民側がとりまとめて首長宛に提出することとされている。

7　官民境界確定協議の費用負担は誰がするのか（官か民か）

ほとんどの自治体が、申請者負担、つまり申請者である民側の負担としている（大津市、今治市）。また、境界標（プレート）だけを自治体が支給するとしているところが圧倒的に多い（府中市、大津市、亀山市、高槻市等）。

このような実務の根拠がどこにあるのかということも、実は必ずしも明らかではない。いわゆる受益者負担の原則というものがある。それによって利益を受ける者が費用を負担することが公平であるという考え方であり、おそらく官民境界確定協議を実施することによって利益を得るのは申請者であるから、申請者が民側ならば民側が負担するのが公平という理屈なのであろう。

しかし、本来、官民境界確定協議は、これによって不明であった官民境界が明らかになるのであるならば、官民双方に利益があるはずなので、若干の疑問がないわけではない。

特に境界上の設置費用については、民法223条が「土地の所有者は、隣地の所有者と共同の費用で、境界標を設けることができる。」とし、同法224条が、「境界標の設置及び保存の費用は、相隣者が等しい割合で負担する。ただし、測量の費用は、その土地の広狭に応じて分担する。」としていることと実務が符合していないことになる。官民境界だからといって民法の規定の適用がないとする根拠が見当たらない。そこで、現在の実務のあり方をどのように説明するのかという問題が生じる。

境界標については、自治体が提供するので、民法224条の費用折半とは異なっているが、これは自治体側がサービスしていると考えれば特に問題はない。

これに対し、測量費用については、現状は、全て申請者である民側が負担していて自治体は全く負担していないというのが実態であり、民側（代理人である土地家屋調査士を含めて）では、全部負担については不満がないわけではない。本来、「土地の広狭に応じて」となると、長狭物である道路や水路等の面積の方がはるかに大きくなって、自治体が大半を負担することになってしまう可能性もある。説明としては、地番の付いていない道路等の面積を算出することは困難であること、結局、申請境界に面する部分だけが対象になるからむしろ官側の負担の方が小さくなるということが考えられるが、あまり説得力があるとも思えない。とりあえず、実務ではそうなっているというしかないというのが実情である※8。

を確定するために必要な測量の範囲が広がっているような場合にこれらの費用を全て申請者である民側が負担することになることについては疑問がないではない。

※7　愛知県は、申請人からの依頼では立会いに応じない者がいる場合で所長がその者の立会いを必要と認めるときは、所長自ら境界立会依頼書により依頼するものとするとしている。

※8　『長狭物維持・管理の手引』では、「旧法定

8　官民境界確定協議の申請地（申請境界に接する土地）所有者の立会適格

官民境界確定協議の法的性質を所有権界に関する和解であると考えると、申請地（つまり申請境界に接する民有地）側の立会適格を有する者は、当該土地の所有権を処分できる権限を有する者でなければならない。所有権界について争いがあることを前提として、和解を成立させることは、所有権の処分を含む契約になるからである。そのような立会適格のない者が立ち会った官民境界確定協議は無効であるといわざるを得ないであろう。

(1)　共有、遺産分割未了

官民境界確定協議を所有権界についての和解であると考えると、管理行為や保存行為を超えて（民252）処分ないし変更（民251）を加えることになるため、共有者全員が立ち会うことになる[9]。

同じ理由で、遺産分割未了の場合は相続人全員とされている[10]。

なお、建物の区分所有等に関する法律の適用のあるマンション敷地については、特例を設けている自治体が多い[11]。

(2)　不在者

主として、官側から官民境界確定協議を申し入れる場合の問題であるが、申請地所有名義人が行方不明であり、不在者（民25）に当たる場合は、不在者財産管理人を選任して立会いを求めることになる（大阪府、大府市等）。

(3)　死亡者名義で相続人不明の場合

これも官側から申し入れることが多いかもしれないが、相続財産管理人が相続財産の処分のために申請する場合もないとはいえない。

立会適格があるのは、相続財産管理人ということになるが、不在者の場合に比べて予納費用が高額となる傾向があり、相続財産管理人の選任の申立てはハードルが高いかもしれない。

(4)　成年後見の被後見人

官民境界確定協議が所有権界に関する和解であるとすると、協議時に申請地所有者に意思能力がなければ、官民境界確定協議は無効になる。そこで、申請地の所有名義人が認知症等で意思能力がない常況にある場合は、成年後見人の選任申立をし、成年後見人が立ち会うことになる。

(5)　法　人

申請地所有者が法人の場合は、原則として代表者であり、例えば、支社長や支店長等が立ち会う場合は代表者からの個別の委任状を求めている自治体が多い（東京都、府中市等）。

(6)　破産者、清算会社

申請地所有者が、破産者の場合は破産管財人、清算会社の場合は清算人に立会適格がある（東京都、府中市、大津市、高槻市）[12]。

外公共物である里道・水路等は公図上に赤線または青線により、その位置が示されているのみで、申請者の登記された土地と異なり、その実態の把握はすこぶる困難なものであるので、仮に、境界確定に要した費用を折半または按分で負担することとした場合は申請者の負担が多くなり、不公平であることと、また、その経費の積算対象範囲を明確に区分できない等の理由により、現在の処理方法に拠らざるを得ないと考える。」とされている。しかし、面積案分したらむしろ官側の負担の方が増えることの方が多いのではなかろうか。

[9]　財務省、東京都、府中市、大津市等

[10]　東京都、府中市、大津市、高槻市

[11]　マンション管理組合の定款、議決等による共有者を代表する者に処理権限が与えられている場合は可としているところがある（府中市、東京都等）。理論と実務362頁は、共有の区分建物敷地（区分所有2⑤）については、立法的に全員一致が緩和されているとし、その分譲マンションの管理者（区分所有26）が立会適格を有するとしている。

[12]　破産者であっても当

(7)　賃借権者

申請地の賃借権者は、利害関係人ではあるけれども官民境界確定協議の当事者にはなり得ないので立会適格はないことになる（大阪府等）。したがって、申請地所有者である地主から委任状をもらっているのでない限り、申請があっても受理しないことになる。

ただし、申請地所有者が不在地主の場合は借地人宛に委任状を出させるか、同席させた方がよいことが多い。借地人抜きで行われた立会いで後日トラブルになることが少なくないからである。特に対抗力を有する借地権者については、留意する必要がある※13。

(8)　抵当権者、差押債権者

申請地に抵当権が設定されている場合に抵当権者には立会適格がない※14。

同様に、差押債権者にも立会適格はないが、そもそも申請地が差し押さえられているあるいは処分禁止の仮処分がなされている場合に、申請地所有者は官民境界確定協議の立会適格を有するかという問題がある。差押や仮差押、処分禁止の仮処分がなされている場合、申請地所有者は処分権が制限されているからである。

そこで、東京都は、「……「差押」又は「裁判所競売開始決定」の記載がある場合は、債権者又は申立人の「同意書」……を添付して申出してください。」（東京都「建設局所管の都有地・国有地との境界確認・確定の申出に係る提出書類の作成要領」2(7)）としている。

9　官民境界確定協議の隣接地（申請地の相隣接地）、対側地（申請地の道路・水路を挟む反対側の土地）所有者の立会適格

(1)　立会いを求める理由

官民境界確定協議は、申請境界を挟む官民間の契約であるところ、実務上は、相隣接地所有者や対側地所有者の立会いを求める自治体が多い。特に相隣接地については、ほとんどの自治体が立会いを求めていると認められる。他方、対側地については、都道府県は原則として立会いを求めず、必要に応じて立会いを要請するところが多い（東京都等）。

相隣接地については、道路等の長狭物の線形の確保のためである。通常は、申請境界の延長ラインが相隣接地の官民境界になるはずであり、そうでないとクランク上になって線形が保てないことになるからである。

また、対側地については、主として幅員の確保のためである。

このような将来の紛争予防の必要性が認められないような場合は、事務取扱要領において相隣接地や対側地の立会いを省略することができるとしている自治体がある※15。

該土地に抵当権が設定されていていわゆる担保割れしていると同時廃止事件として破産管財人が選任されていない場合がある。そのような場合は、破産者本人を立ち会わせざるを得ないであろう。

※13　弁護士の視点4参照

※14　地籍調査の実例として土地所有名義人が死亡し、相続人全員が相続放棄したので抵当権者を立ち会わせたという例があるが、地籍調査と官民境界確定協議はその法的性質が異なる。

※15　例えば、後掲亀山市

(2) 相隣接地所有者及び対側地所有者の立会いの法的意義と立会適格

したがって、相隣接地所有者や対側地所有者の立会いは、申請地所有者の場合と異なり、官民境界確定協議の成立要件ではない。その立場を強いて法的に捉えるならば、利害関係人であろうか。申請境界についての官民境界確定協議は、私法上の契約なので、第三者に対しては効力が及ばず、法的な意味での利害関係があるとはいえないが、事実上、自己所有地の官民境界の位置に影響を及ぼすことになるからである。また、その立会適格も申請地所有者に比べれば厳格に解すべき必要はない。

例えば、「大津市道並びに法定外道路及び普通河川等の境界確定事務取扱要領」第8第2項は、相隣接地所有者を「利害関係人」と呼んでおり、申請地が遺産分割未了の場合はその全員の立会い・承諾が必要としているのに対し、相隣接地所有者については、「相続人代表者でも差し支えない」として区別している。また、前掲大阪府の運用基準では、協議地つまり申請地の場合は、共有者全員の実印とか相続人全員の実印が必要であるとしているが、相隣接地については共有者や相続人の半数以上の認印で足りるとして、やはり両者を区別している（14条の運用）。

10　官民境界確定協議の錯誤、やり直し

既に一度官民境界確定協議が成立している申請境界について、再度官民境界確定協議をやり直すことができるかという問題がある。

官民境界確定協議は、私法上の契約であって行政処分ではなく、契約当事者全員が同意すればやり直しをすることができる。例えば、「亀山市道路用地等境界確認事務取扱要綱」19条は、「……再度境界確認をしようとする者が、当該確定箇所の関係土地所有者等全員から合意を得て、かつ、理由書を添付のうえ境界確認の申請をする場合で、市長が必要と認めるときは、協議のうえ、再度境界確認を行うことができるものとする。」としている。

もっとも通常は、有効に成立している官民境界確定協議をやり直す必要はなく、再度の申請があっても受理しない取扱いをしている自治体もある。例えば、前掲東京都の作成要領6「受理できない申出書」の(3)は、「申出地とそれに接する都有地又は国有地の境界が既に確定済みの場合」を挙げている。

官民境界確定協議の成立後に、当該不動産を取得した買主に対しては、官民境界確定協議の効力が及ばないので新たな申請は可能ではあるが、売主との間での官民境界確定協議が有効に成立している場合には特段の事情がない限りやり直す必要はないと思われる。

これに対し、明らかに過去の官民境界確定協議が誤っていた場合は、

の事務取扱要綱12条は、①道路用地等内に構成される構造物及び工作物、客観的な資料、図面等に基づき道路用地等の幅員が明らかに確保されるとともに、②境界線の線形の整合性が将来にわたり確保され、かつ、③関係土地所有者等に明らかに不利益を生じないと認められる場合は片面でいいとしている。「高槻市境界確定事務取扱要領」10条1項は「現地に確定点標識が存在し、かつ境界線が明確な土地等で現地及び資料等を勘案して市長が適当と判断した場合は、現地立会並びに承諾を省略することができる」としている。

関係当事者全員の同意の下にやり直しをすべき理由も必要性もあることになる。

　なお、過去の官民境界確定協議に誤りがあった場合に当然に錯誤無効になるかどうかについては、いわゆる和解の錯誤無効という講学上の問題が絡んでくるため、判断が難しいことが少なくない※16。

11　官民境界確定協議の拒否（官が拒否、民が拒否）

　民側が官民境界確定協議を申請したのに対して、官側がこれを拒否することができるかという問題がある。奈良地判平8・11・29（平7（ワ）39）は、「国と隣接地である私有地の境界を定める協議は、国と隣接地の所有者とが対等の立場で行われるべきものであるから、原告主張のような義務があるということはできず、右の境界に関する協議が整わないときは、本件のように訴えを提起するほかはないから、原告の境界明示の申請を被告らが放置し協議を拒否したことが不法行為を構成する旨の主張は採用できない」と判示している。

　一応、法的には、民側からの官民境界確定協議の申請に対して官側がこれに応じなければならない義務を根拠付ける法令は見当たらない。

　しかし、大阪高判平10・1・30判時1651・89は、相隣者間においては、境界について真摯に交渉すべき法的義務があるとして、合理的な理由がないのに立会協議に応じようとしない隣地所有者に対して慰謝料支払義務を認めており、官民間においてもこの理があてはまるとするならば、少なくとも官側は正当な理由なく協議を拒否することはできないというべきであろう。

　そこで、どのような場合が、正当な理由に当たるかということであるが、①既に境界確定協議が成立済みの場合、②申請者に適格が認められない場合（賃借人や抵当権者の申請、所有権について係争中の場合等）、③添付図面書類の不備等がこれに当たるであろう。東京都及び府中市は、その他に④地籍調査済みの場合、⑤法14条地図が作成済みの場合も不受理の理由にしている。④、⑤については若干の疑義がないでもないが、一応、正当理由になるであろう。

　官側が官民境界確定協議の申入れをしたのに対し、申請地所有者が立会協議に応じない場合であるが、国有財産法上の官民境界確定協議の場合は協議に応じる義務がある（国有財産法31の3②）。

　また、地籍調査の際も協力義務があり（国土調査法37条2号違反の場合には罰金もある）、登記官が実地調査する場合も協力義務がある（不動産登記法29条2項、137条1項・5項、162条1号・3号で、違反の場合に罰金あり）。これら以外の場合は、申請地所有者は、官民境界確定協議に応じる義務がないことになるが、前述した大阪高判の趣旨に照らして、やはり何ら正当な理由なく立会協議に応じないことは許されないと解する。

※16　官民境界確定協議の錯誤無効が問題となった事例として、千葉地八日市場支判昭60・9・5及びその控訴審である東京高判昭61・7・17（いずれも実務上の諸問題168頁、公刊物未登載）がある。原審の千葉地八日市場支判は、官民境界確定協議が公図に基づいて行われたにもかかわらず、境界確定申請書に添付された公図の写しと公図とが相違しており、この公図の写しを正しいものと誤信し、この公図の写しに基づいてなされた境界確定協議が正しいものと信じて同意した原告には、その重要な部分に錯誤があったとして境界確定協議を無効とした。これに対し、控訴審である前掲東京高判は、公図の写しにより一応の地形を確認して里道と隣接土地の境界について協議しているが、この協議は公図の写しのみに基づくものではなく、隣接所有者らに土地の現況を確認させ、所有者らの意見を徴して同意を得たものであるなどとし、一審原告は本件境界確定協議においてその重要な部分に錯誤があったとはいえないとして官民境界確定協議を有効とした。

2　各種境界証明

　一般に境界立会申請の窓口は、道水路課、土木課、維持課等であり、いわゆる公物管理の担当部署である。

　よって、実務上は公物管理の担当者が境界立会いを行って、協議が整った場合に財産管理者としての立場に代わって「境界確定証明」を出しているのが実情である。

　しかし、単に建築等に当たっての単なる公物管理界等の確認を求められた場合は「区域線証明」あるいは「公物管理界証明」等との名称であろう。

　また、道路認定しているものの、現在の登記簿上、道路内民有地として個人名義のままとなっている場合も「区域線証明」とする管理界証明等の証明となる。

　しかし、土地台帳等において国有地成、道路成、上地成等の記載がある官有地の場合、道路管理者の出す証明は登記簿上個人所有のままとなっているとしても、官に所有権が移っているものとみなされることから「境界確定証明」であってよいと思うが、現在これらの証明は市町村によってその区別が明解ではないように思われる。

第2　道水路幅員

1　道水路幅員の確認

　現在、官公署において道水路を管理するために、道路台帳、水路台帳を備えている。しかし、旧土地台帳附属地図地域等においては、必ずしも境界確定した幅員とはなっていない。あくまでも管理上のものである。

　しかし、明治期の時代でも前述したとおり幅員の資料が全くないわけではない。

　それは明治の地籍編纂における地籍編製地籍地図（いわゆる「地籍図」）に記載されている道水路幅員であったり[17]、古くは国道・県道・市町村道幅員の目安とする歴史的記述がある。

[17]　地籍図、地籍帳については109・110頁参照

　もっとも新設した道水路や、拡幅した道水路は、その幅員をどれだけの幅とするかを計画決定して敷設しているので、この場合は基本的に幅員は決まっている。

　ただし、その道水路が新設された時代によって、間数単位の幅なのか、メートル単位の幅なのかの相違はある[18]。

[18]　単位については63頁参照

2　歴史的道水路幅員

① 明治9年6月8日太政官達第60号「道路等級ヲ廃シ更ニ別紙ノ通相定候」[19]

> 　右ノ内一道ニシテ各種ヲ兼ルモノハ其類ノ重キモノニ従フ国道並県道
> ノ道幅其土地ノ景況ニ拠テ各地各殊ナルモノナレハ今遽ニ之ヲ一定シ実
> 地ニ施行スヘカラスト雖モ預メ一般ノ法則ナキ時ハ道路ヨリ生スル百般
> ノ事件其準拠ヲ失フノ患アリ仍テ左ノ定ヲ以テ一般ノ法則ト為シ且将来
> 新設スル所ノ道路ハ其土地ノ便宜ニヨリ此道幅ヲ保タシムヘシ
>
> ＜国道＞
> 　一等　道幅七間
> 　二等　同　六間
> 　三等　同　五間
>
> ＜県道＞
> 　同四間乃至五間
> 　　里道ニ至テハ要スルニ該区ノ利便ヲ達スルニ在テ其関係スル所随テ
> 小ナレハ必ス之ヲ一定スルヲ要セス
> 　橋梁ハ即チ路線ヲ互続スルモノナルヲ以テ道路ノ種類ニ随フヲ至当
> トス然レトモ其幅ノ如キハ必スシモ道幅ニ随フヲ要セス
> （編注）明治18年1月6日太政官布達第1号ヲ以テ国道ノ等級ヲ廃止

意訳【右のうち一つの道で数種を兼ねるものは、その種類の上位のもの
　　　に従う。国道及び県道の道幅はその土地のあり様によって別々な
　　　ものは早急に一定にし、現地が修正しづらくとも、規定を設けな
　　　ければ様々な問題が発生するおそれがあるので、左の規定をもっ
　　　て一般の法則とし、かつ将来新設する道路はその土地の便宜によ
　　　りこの道幅を保つこと

　　　＜国道＞
　　　　一等　道幅七間（12.73m）
　　　　二等　同　六間（10.90m）
　　　　三等　同　五間（ 9.10m）

　　　＜県道＞
　　　　同四間乃至五間（7.27mないし9.10m）
　　　　里道は街の利便のためのものであるので、必要な道幅であれ
　　　ば統一する必要はない。
　　　　橋梁は両方の道路をつなぐものであるので道路の種類に従う
　　　のが当然だが、その幅は必ずしも道幅に従わなくてもよい。
　　　（編注）明治18年1月6日太政官布達第1号をもって国道の等級を
　　　　　　　廃止】

≪コメント≫

　里道（旧赤道）の幅については実務において非常に悩むところであるが、「必ス之ヲ一定スルヲ要セス」とあり、現況と地籍帳・地籍図の記載によって特定されているところは別として、地籍帳・地籍図の記載が「平均」との表記となっているところではあくまでも参考としている。

　また、公図作成の実態から公図読みの幅員をもって道幅を決めることは避けたい。

第3　道水路内民地の考え方（土地台帳と実務）

1　上地成、国有地成等の意味

(1)　道水路内民地

　道水路内民地とは、現況道水路内に個人所有の土地が存在することを意味する。しかし、その道水路内での存在（土地台帳に「上地成」、「国有地成」、「道路成」、「水路成」等の記載）のあり方や公図における見え方から、実務においては悩ましい問題であり、その実態を知ることは官民境界確定に当たっては不可欠である。

　一方、例えば国道・県道の中に市町村の所有する土地が存在するいわゆる「道路内官地」もある。しかしこの場合は、ほとんどの場合、官公署間において必然的な合意、あるいは暗黙の合意の中にあると考えられる。

(2)　道路内民地の類型

　さて、一概に道路内民地といってもいろいろなパターンがある。まず考えなければいけない第一のことは、事例の見分けである。

　官民境界の確認として、下記の場合は、いずれもその調査に当たっては、道路内民地となった時代によって登記記録、土地台帳、公図、和紙旧公図、申告図等の確認へと遡ることになる。

　しかし、その時代背景や各種要因から登記未処理型にも類型がある。

　　ア　権利登記未処理型[20]　　　　　　　　　　　　　　※20　214頁参照

　土地台帳記載において「道路成」等官有になった記載はあるが、移転登記がなされていないものをいう。

　　イ　分筆登記未処理型[21]　　　　　　　　　　　　　　※21　224頁参照

　権利登記未処理型の一類型ではあるが、里道改良やセットバックのよ

うに現地は公衆用道路になっているものの、何らかの原因により単に財産の整理（分筆、移転）がなされていないものをいう。

　　　ウ　例外（見かけ上の道路内民地）※22

　登記はされているが公図上の分筆筆界線に直線としての連続性がないものをいう。これは道路内民地ではないので、単に公図のみを鵜呑みにすると間違いやすい。やはり公図記載は疑ってかかり、何よりも調査することにある。

※22　229頁参照

　（3）　各種類型における道路内民地の要因

　　ア　権利登記未処理型

　　（ア）　解　説

① 土地台帳時代の取扱いと一元化時の誤った処理

　明治時代より官民有区分における第三類や「地所名称区別改定」、「地租事務規程」の第三種から変化して、土地台帳法における「第二種地」※23が「第二種地成」として土地台帳に記載されていることは地目が変更されたこととともに公共の用地として非課税地になったことを意味している。

※23　「第二種地」については230頁参照

　そのような土地で土地台帳の記載として「国有地成」等の記載があるものについては土地台帳と登記簿表題部の一元化作業（昭和35年以降）において「表題部の新設を要しない土地」（昭35・5・27民事甲1279）としたにもかかわらず、表題部を新設し、国有とせず私有のままにした※24。

※24　『増補版　土地台帳の沿革と読み方』110頁以下参照

② 地域の特別な慣習

　戦後すぐのもののようで、地域全体で道路後退が行われている場合が多く、道路とした部分において課税されているが、その後退部分に対して地区へ補助金が支給されている※25。

※25　例えば、愛知県西部地域における「井領」と呼ばれるものなど

③ 里道改良

　昭和30年代後半から40年代に多く見られ、高度成長期としての時代の勢いを背景とするように、官公署の行う事業としてまずは旧赤道の拡幅を先行させ、登記は未処理のままとなっているもの。

④ セットバック等自主的後退

　いわゆる狭あい道路といわれる建築基準法42条2項道路（道路幅員4m未満1.8m以上）に指定された道路であり、新たに建物等を建築する場合、道路中心より2m後退した境界線（「セットバック」という。）を建築の境界として、未登記（分筆登記はなされず個人所有）のままのもの。

　なおその場合、官公署によっては道路後退杭と表記された境界杭が支給される場合もある。

（イ）　権利登記未処理型の事例

【権利登記未処理型①の事例】

（概　要）

　境界立会いに当たって官公署所有の道路内の土地と思われるものの、現在の登記記録を確認したところ、個人所有となっている土地であった。

　しかし、所有者が所有権を取得した日付が「昭和9年1月15日」となっていることから、それ以後意図的に相続登記がなされていない土地と思われ調査に入った事例である。

＜現在事項証明＞

表　題　部　　　（土地の表示）	調製	平成12年6月21日	不動産番号	○○○○○○○○○○○○○

地図番号	余　白		筆界特定	余　白	

所　　在	○○市○○区○○丁目	余　白

①　地　　番	②　地　　目	③　地　　　　積　　　　㎡	原因及びその日付〔登記の日付〕
15番2	公衆用道路	69	余　白
余　白	余　白	余　白	昭和63年法務省令第37号附則第2条第2項の規定により移記 平成12年6月21日

権　利　部　　（甲　区）　　（所　有　権　に　関　す　る　事　項）			
順位番号	登　記　の　目　的	受付年月日・受付番号	権　利　者　そ　の　他　の　事　項
1	所有権移転	昭和9年1月15日 第133号	原因　昭和9年1月15日売買 所有者　○○市○○区○○丁目○番地1 　　　○○　○○ 順位1番の登記を移記
	余　白	余　白	昭和63年法務省令第37号附則第2条第2項の規定により移記 平成12年6月21日

<現在公図>

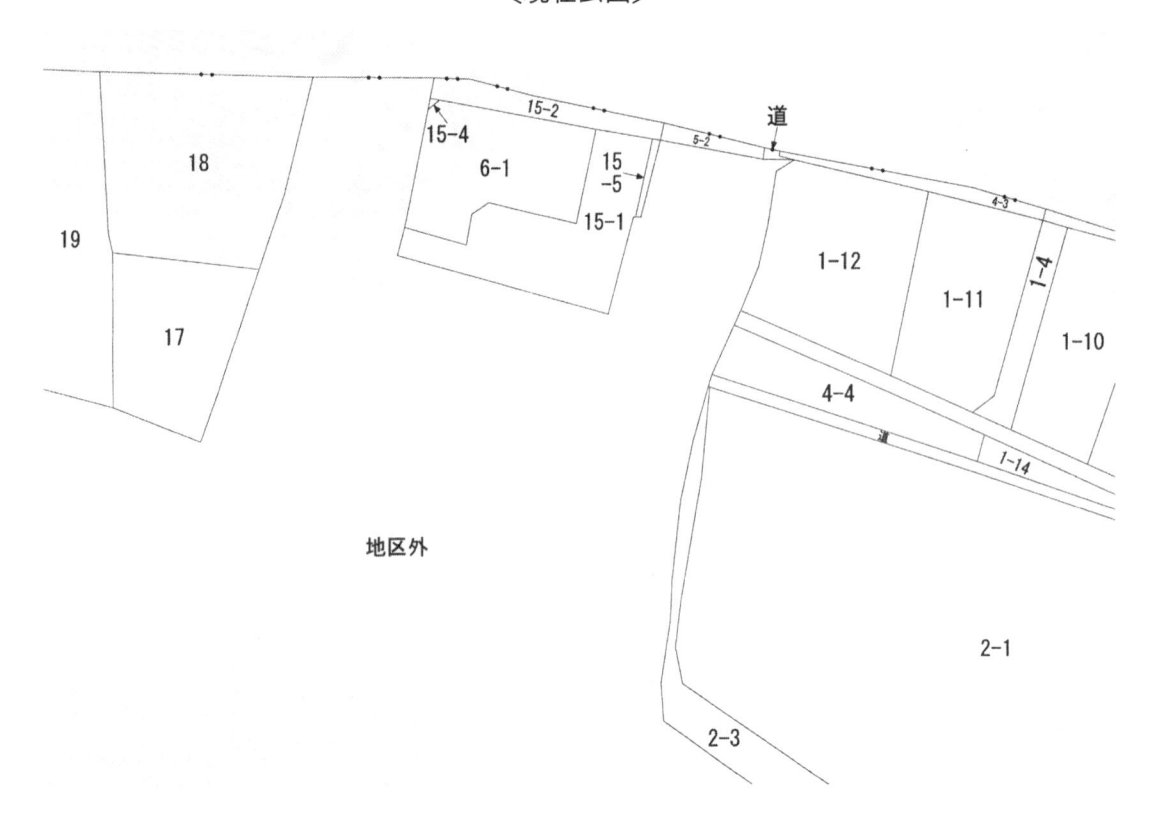

<旧公図>

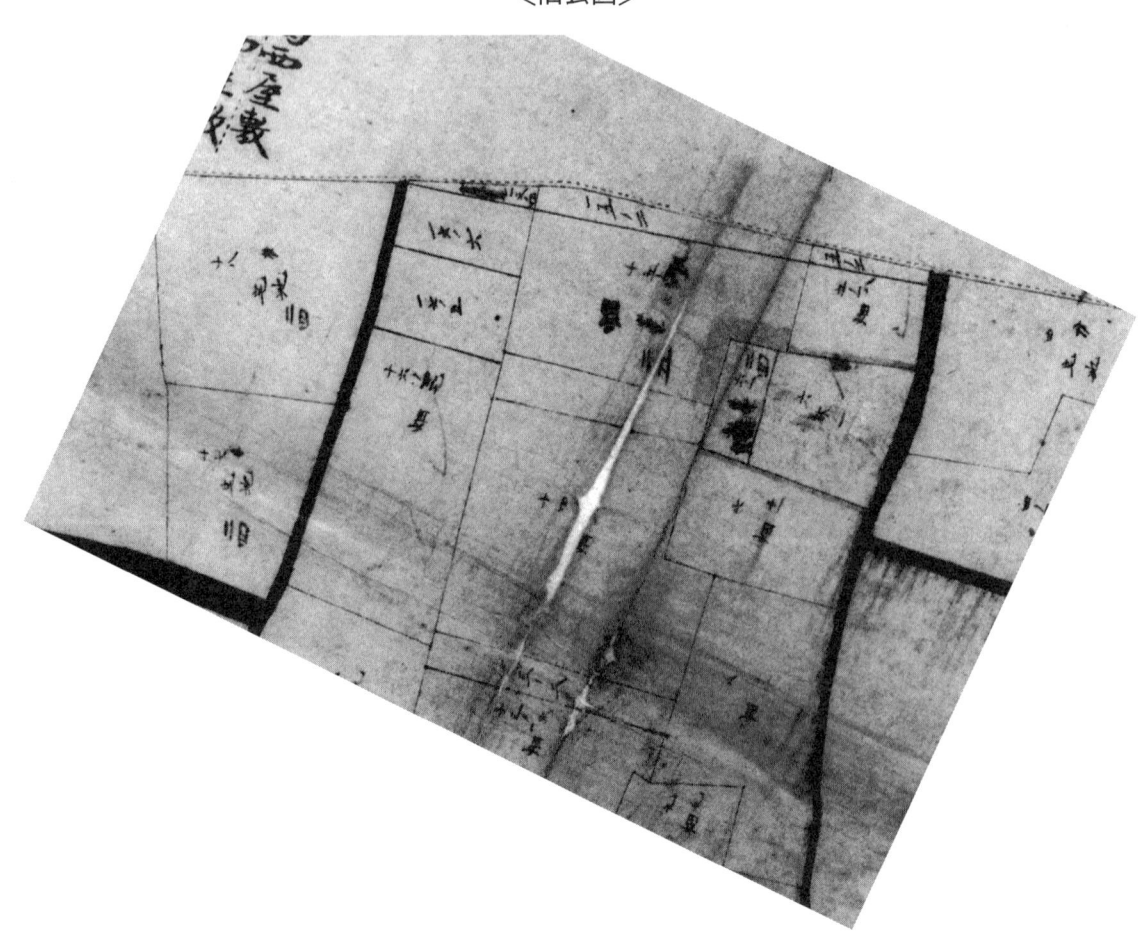

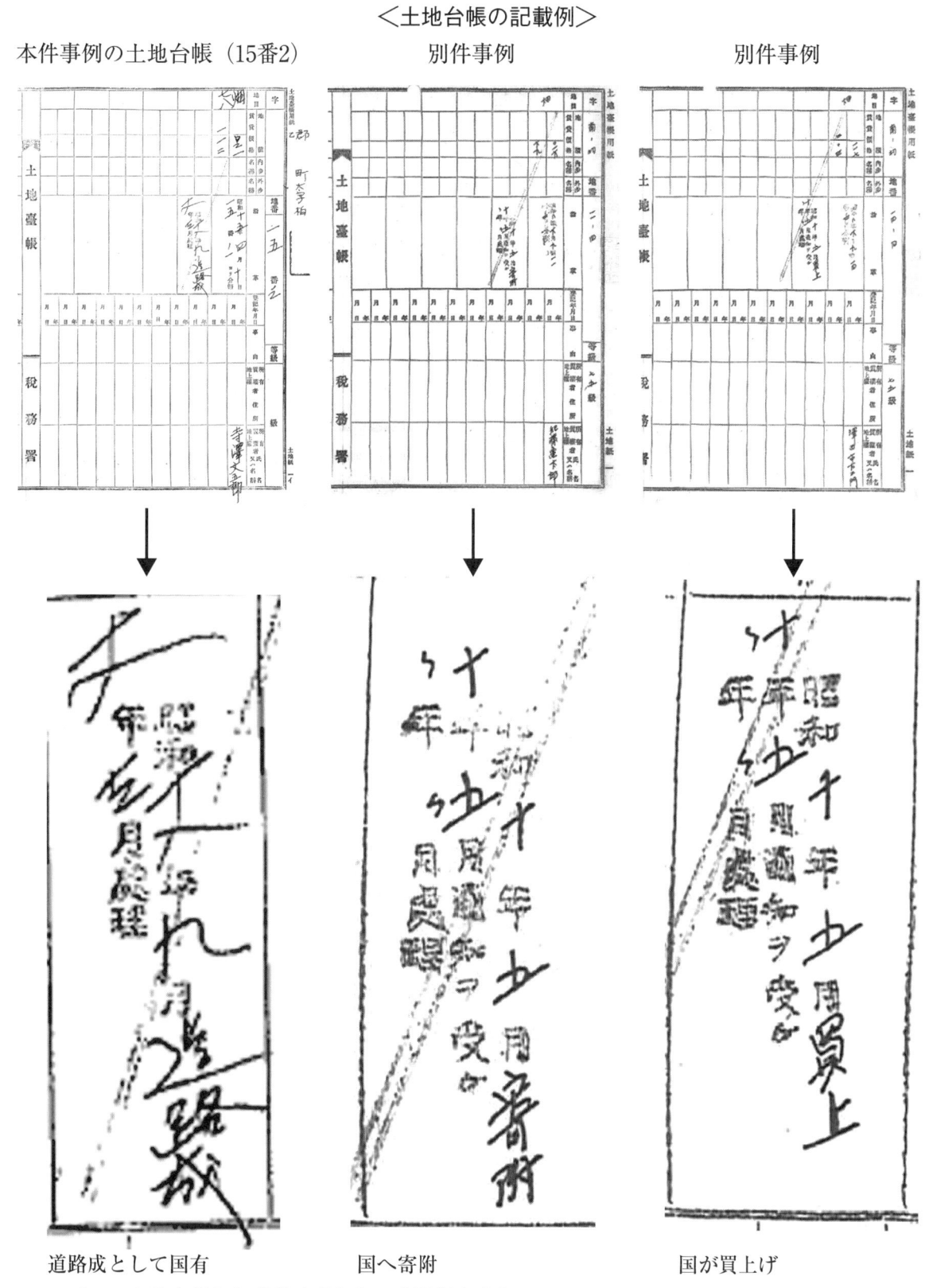

＜土地台帳の記載例＞

本件事例の土地台帳（15番2）　　　別件事例　　　　　　　別件事例

道路成として国有　　　　国へ寄附　　　　国が買上げ

※三つの土地台帳とも處(処)理として非課税を表している。

<申告書>（15番2の国有地への処理記載がある）

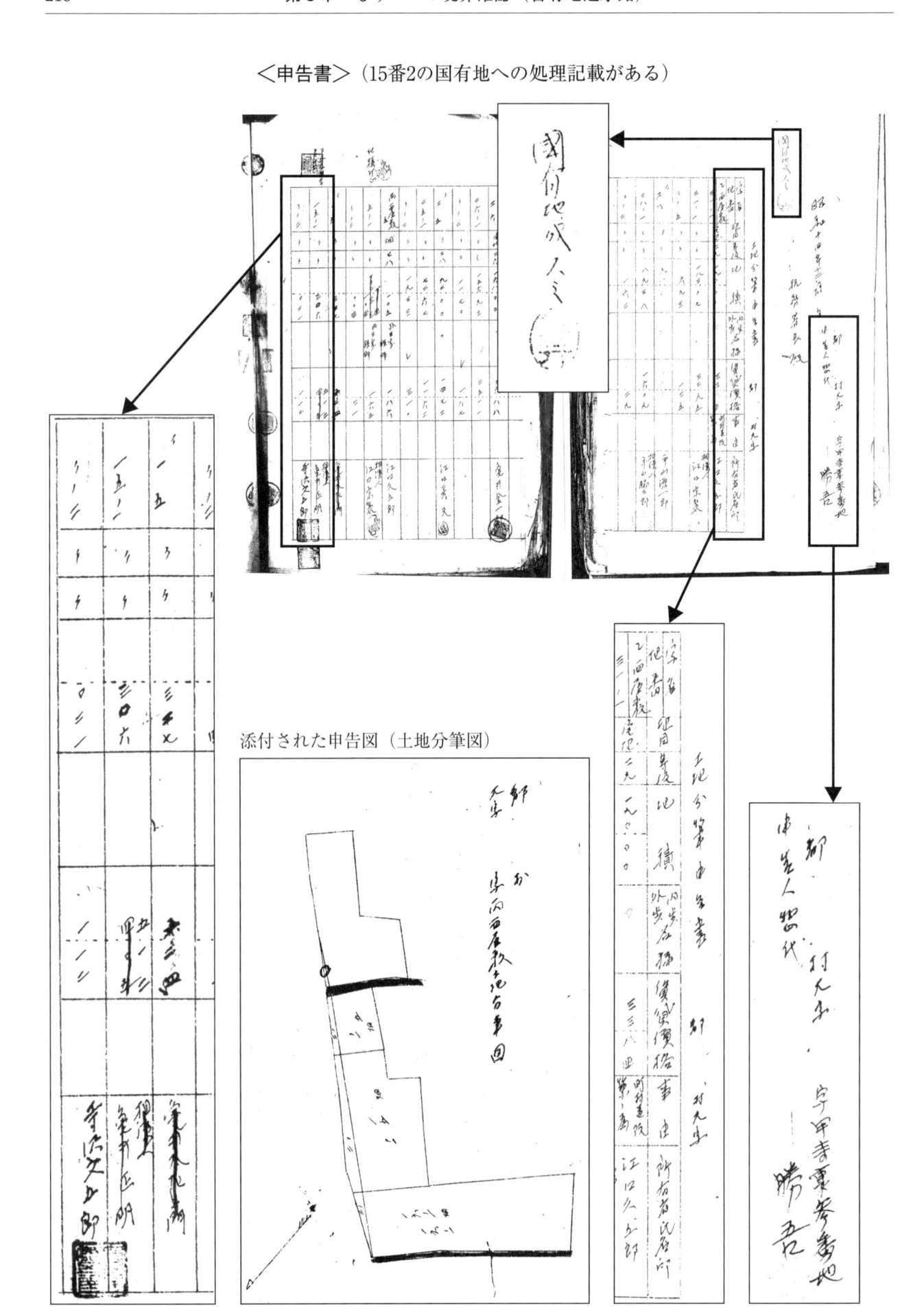

添付された申告図（土地分筆図）

（国有となった道水路の理解）

　道水路内民地については、土地台帳の記載から「道路成」、「上地成」、「官有地成」、「水路成」等の各種表現があり、218頁の申告書では「国有地成スミ」としてその処理の記載もある。

　『増補版　土地台帳の沿革と読み方』では「官有は国有の旧称であり、官地成（官有○○成）とは、民有地が官有に帰したことを言うものであるから、民有から国有への所有権移転と解して差し支えないこととなる。」としている。

　また、前掲「土地台帳の記載例」にある土地台帳の表記として「寄附」や「買上」の場合は、道路内民地と解さずとも明らかに国に所有権が移転したことを意味しており、単に登記の処理がなされていないだけとなる。

　これらのことを考えたとき、実は下記の明治27年3月1日の主税局長通牒による「登記ヲ要セサル」とする通知が、2年後の明治29年4月6日、同じく主税局長通牒としてその取扱いを一部否定し修正されたものの、行政庁の取扱いと登記との関連が、その後においても徹底されてこなかったことが現在の道水路内民地の問題としての一因であるように思う。

①　明治27年3月1日坤第898号大蔵省主税局長通牒

一　一筆ノ土地ヲ分裂シテ官ニ買上ケ之ヲ国ノ公有ニ属スル道路ノ如キモノト為ストキハ登記ヲ要セサルニ付自今明治二十二年十一月第六十七号訓令及ヒ同二十五年三月坤第六七三号通牒ノ手続ヲ履行スルニ及ハス除租処分土地台帳訂正計算諸帳簿整理ノ方法左ノ順序ニ依リ取扱相成度※26

一　人民ヨリ差出ス官有地成除租願書ヲ以テ分裂届明治二十年訓令第二十五号ニ依ルヲ兼タルモノトシテ受理ス

一　土地台帳ハ除租願書ニ記載セル分裂残地ノ段別地価地租ノ次羣ニ移記前羣ヲ朱抹スシ何年月日買上官有地成トシ除却段別地価地租ヲ沿革欄内ニ記入ス

※26　官が買い上げ国有にした道路などは登記が必要ないとした通知であり、この土地は非課税にあったことの理由でもある。

意訳【一　一筆の土地を分筆して官が買い上げ、国有の道路など公有とするときは登記をする必要はなく、これより明治22年11月の第67号訓令及び、明治25年3月の第673号で通知した手続を行うことはせず非課税とする。土地台帳訂正の計算諸帳簿の整理の方法は左の順序によって取り扱うこと。

　　　一　人民より提出される官有地となった土地の租税免除の願書は、分筆届をもって明治20年訓令第25号の取扱いを兼ねたものとして受理する。

　　一　土地台帳には租税免除の願書に記載してある分筆残地の面
　　　　積、地価、税金を次行に記載して、前行を朱抹する。何年何月
　　　　何日買上げ官有地になったとして差引きした面積、地価、税金
　　　　を沿革欄内に記入する。】

② 　明治29年4月6日大蔵省主税局長通牒

> 土地ヲ分裂シテ官有地ト為スモノ取扱方ノ件去ル二十七年三月一日付坤
> 第八九八号及通牒置候右ハ官有地成ノ登記ハ之ヲ省略シ分裂届ハ除租願
> 書ヲ以テ兼用セシムル等単ニ行政庁ノ取扱方ヲ簡便ナラシムルニ在リテ
> 登記所ニ対スル手続マテモ省略スヘキ旨趣ニ無之候※27且登記主管庁ニ
> 於テハ行政庁ノ処分ヲ経タル上ニアラサレハ登記ノ変更又ハ取消等難取
> 扱モノニ付既ニ登記ヲ経タル土地ニ係ルモノハ登記法第四十一条其他ハ
> 二十六年十月当省訓令第三十四号ニ依リ従来通御取扱相成儀ト御承知相
> 成度依命此段為念御通牒候也

※27　上記①の取扱いは不
適切であったことか
ら、2年後の取消しの
通知となった。しか
し、この後も分割線記
入の取扱いが徹底され
ずに推移して、混乱を
招いてきたようにも思
われる。

意訳【土地を分筆して官有地とする取り扱い方の件につき、去る明治27
　　　年3月1日付第898号で通知したことにおいて、官有地となったこ
　　　との登記を省略して分筆届が租税免除の願書を兼ねるものとした
　　　ことにつき、単に行政庁の取扱いを簡単にしたものであって、登
　　　記所への手続までも省略すべきものではない。その上で、登記所
　　　においては行政庁の処分を経た上でなければ登記の変更、又は取
　　　消しなど取り扱いにくいものについて既に登記を経た土地に係る
　　　ものは、登記法第41条により、その他は明治26年10月大蔵省訓令
　　　第34号によりこれまでどおりの取扱いであると承知されたく念の
　　　為通知するものである。】

【権利登記未処理型③の事例】

（概　要）

　15番の土地の境界確定を依頼されたときの事例であるが、公図を確認したところ隣地において明らかに現況道路の土地であるにもかかわらず未買収地として14番の土地の一部が道路内に残ったままとなっていた事例である。

　その土地の両隣地は公図上分筆地として地番が付けられていることから登記記録によりその分筆年を確認しようとしたが、その原因日付が記載されていなかった。そこで土地台帳を確認することとしたが、残念ながら分筆元地には分筆日付の記録がなく、さらに分筆地の土地台帳は保存されていなかった。

（道路内民地解消に向けての道路管理者の提言）

　立会いの席上、道路内民地の解消のためＡ市の取扱要領から隣地所有者に対し道路内の土地を寄付してもらえたら、Ａ市が測量と分筆費用を負担することができるとの提案があった[28]。

※28　現在、全国において道水路内民地解消に当たり、いろいろな規定が設けられつつある。

<現在公図>

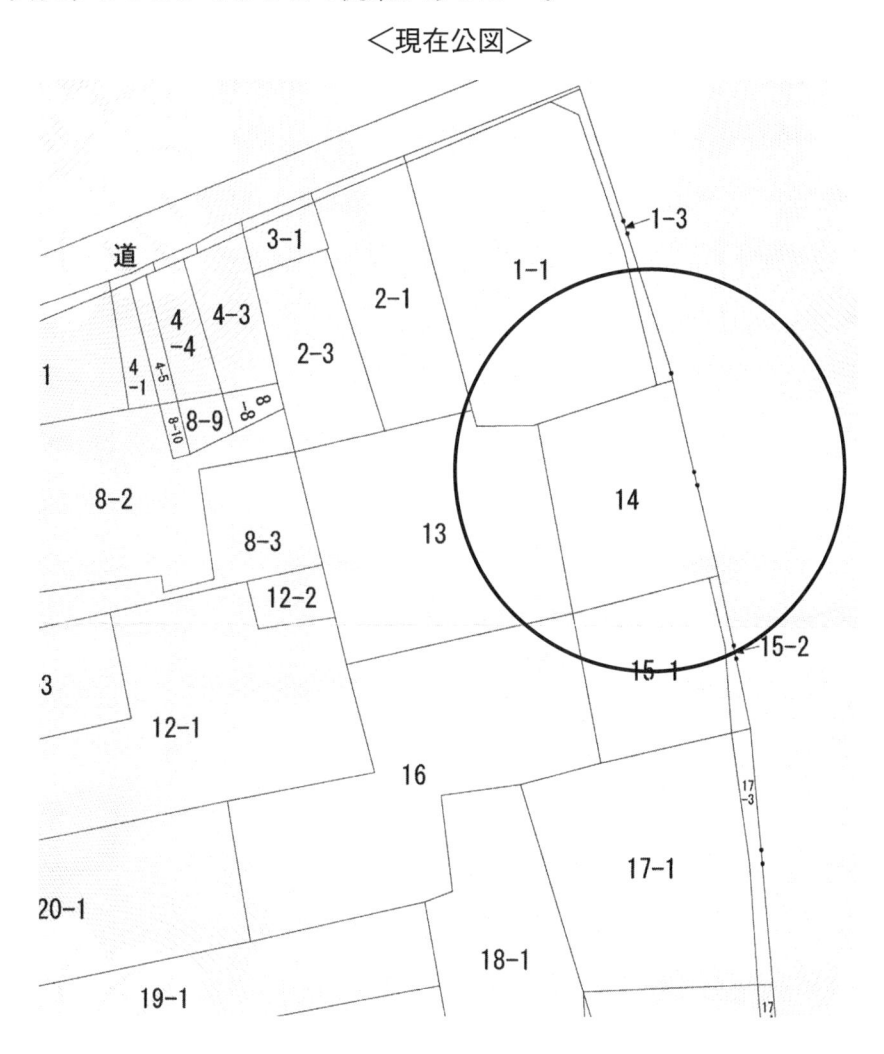

<旧公図>

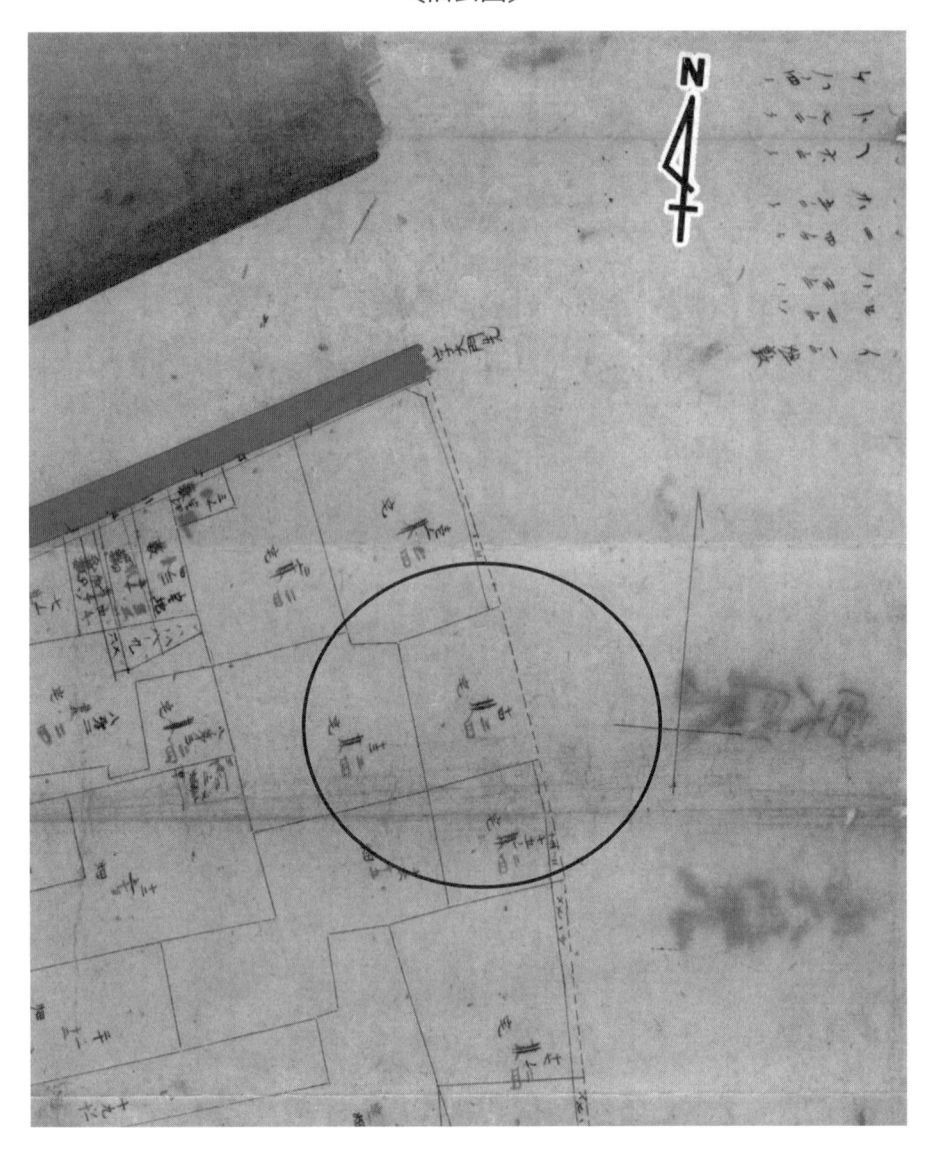

（その他の無地番地）

　余談ではあるが、この事例においては14番の北側隣接地である1番の
土地の北側において、現在の公図では空白地となって、登記簿もなくそ
の名義人は不明であった。しかし、旧公図に地番（1番2）が記載されて
おり、また、1番2の土地台帳から堤敷に地目変換されていたことが確認
できた。よって、現在所有者は不明であるものの堤敷の表現から国土交
通省河川事務所の立会いとして完了した。

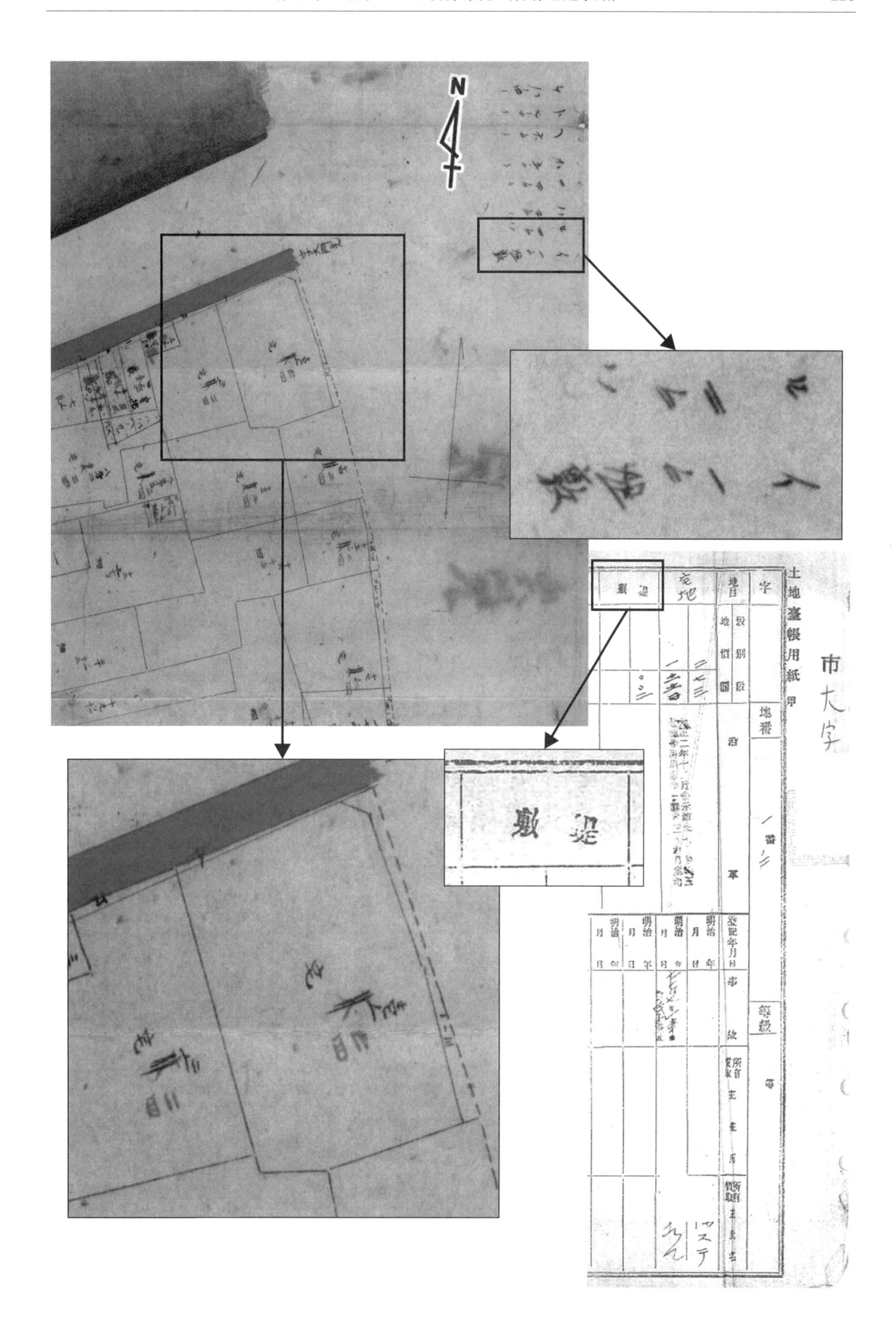

　イ　分筆登記未処理型の事例

（概　要）

　この事例は、現況道路が既に拡幅されていたものの法務局備付けの現在公図並びに和紙旧図においても分割線の記載がなされていない事例である。明治27年の大蔵省主税局長通牒の取扱いにあるように「登記までも要せず」としていたことから、当時は同様に、公図に道路拡幅線を記入していなかったと思われる。しかし土地台帳を確認したところ、明治26年11月9日分裂届出との記載があることから、市役所保管の和紙旧図を確認したところ、分割線が記入されており、ほぼ現況測量図の幅と一致した事例である。

<現在公図>
（道路（赤道）の拡幅が記載されていない）

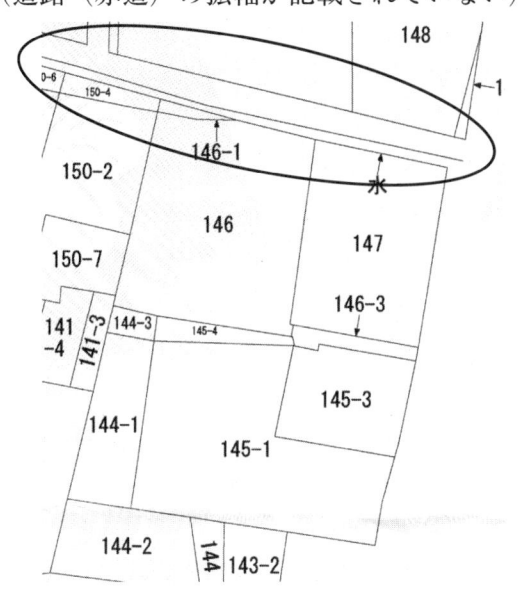

<法務局備付和紙旧図>
（道路（赤道）の拡幅が記載されていない）

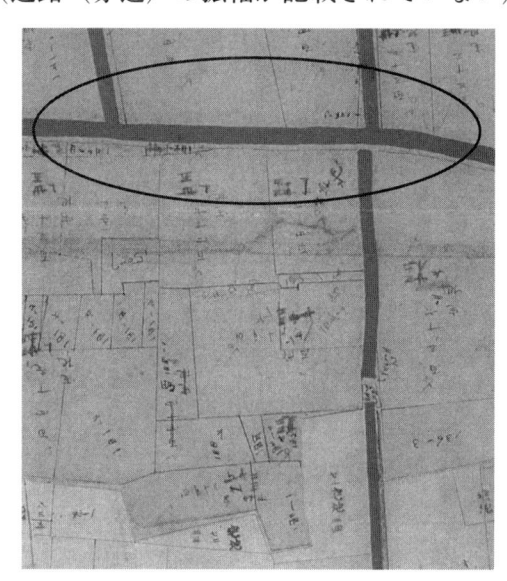

<市役所保管の和紙旧図>
（道路（赤道）の拡幅が記載されている）

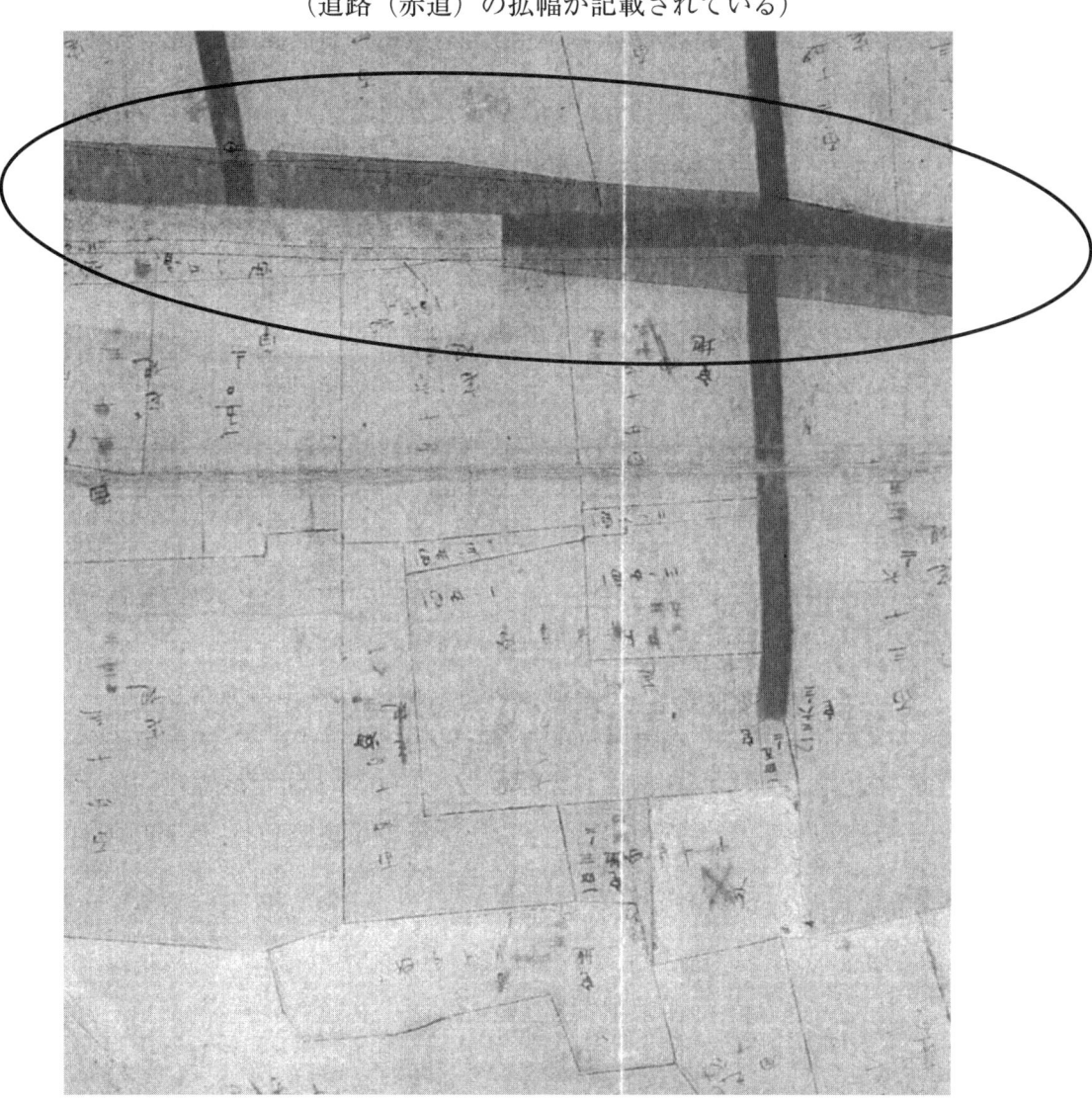

<法務局備付和紙旧図と現況実測図の重ね図>
（道路幅が全く合わない）

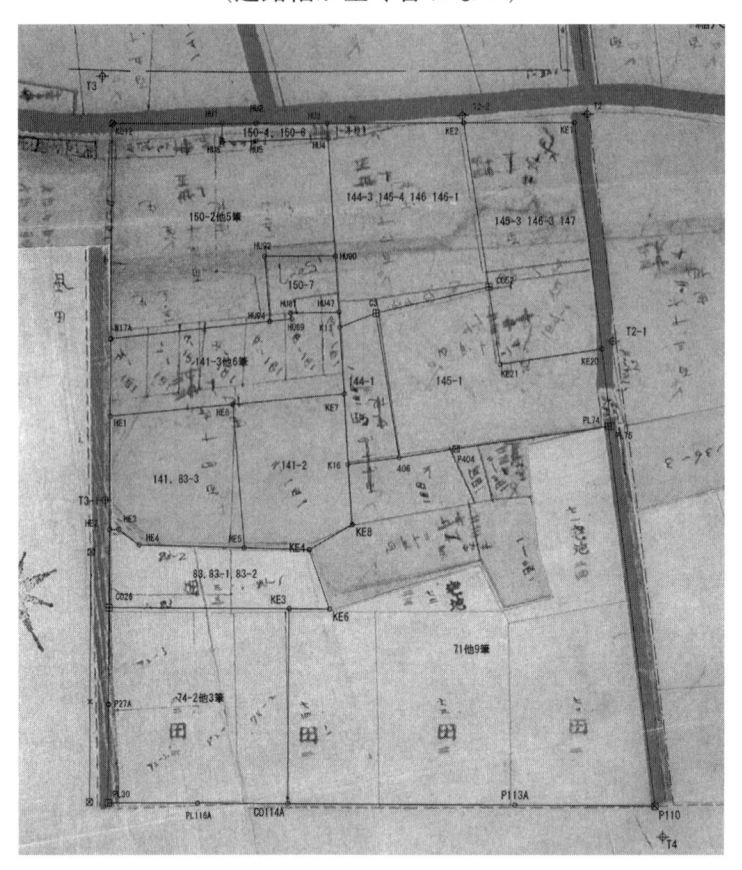

<市役所保管の和紙旧図と現況実測図の重ね図>
（道路幅がほぼ一致）

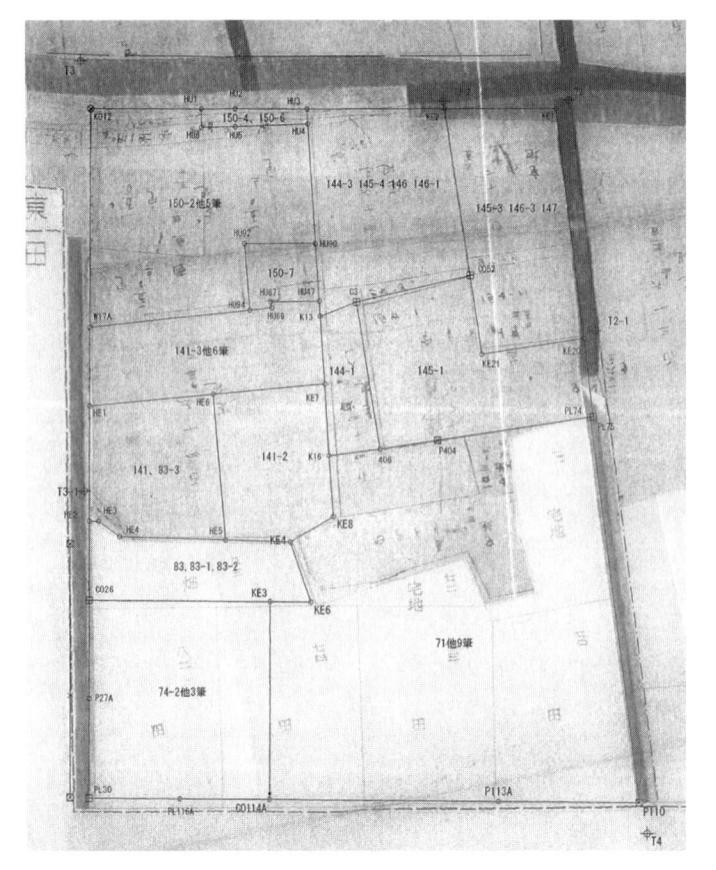

＜147番の土地台帳記載＞

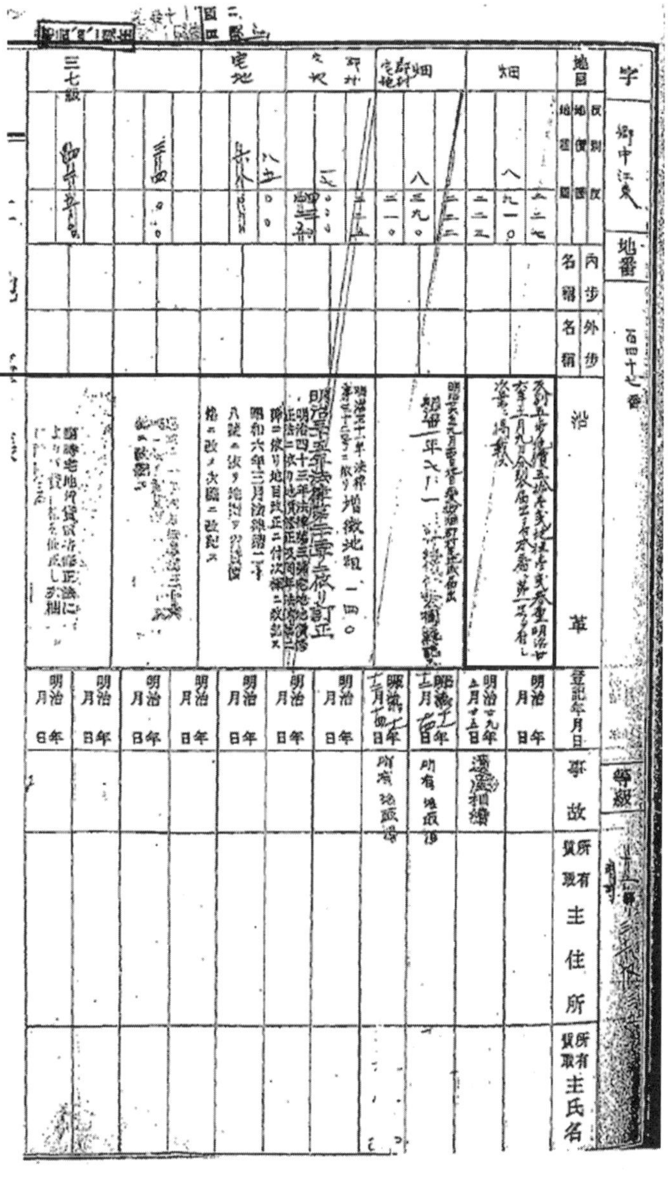

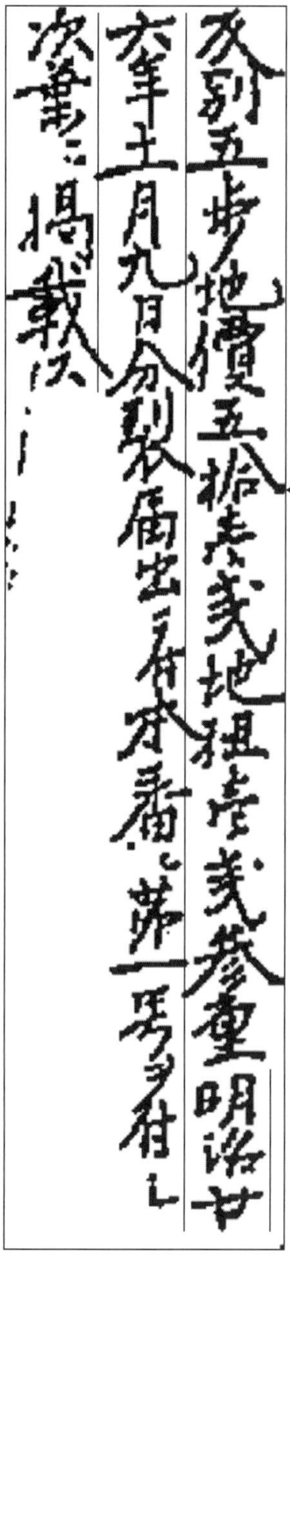

……明治二六年十一月九日　分裂届出に付　本番に第一号を付し次葉に掲載す

＜147番第1の土地台帳記載＞

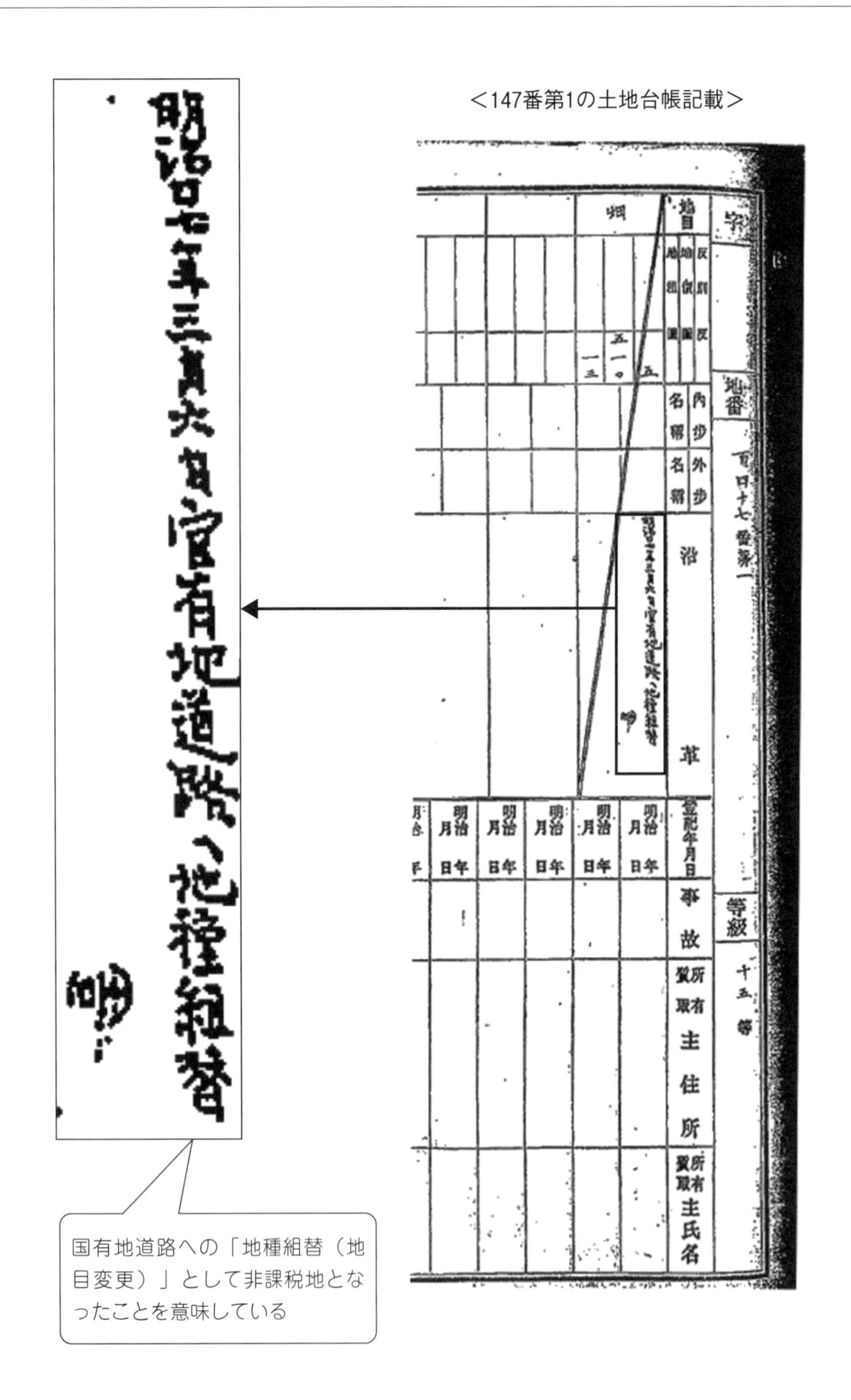

国有地道路への「地種組替（地目変更）」として非課税地となったことを意味している

ウ　例外（見かけ上の道路内民地）の事例

（概　要）

　公図に薄く着色した部分は、現地において幅員23mとする県道である。しかしこの県道は昭和50年代末から25年ほどにわたって部分的に登記がなされたことと、もともとの公図の精度が悪かったことから、現地の県道は全て直線であるが、このように不連続な線として書き入れられてしまったものである。

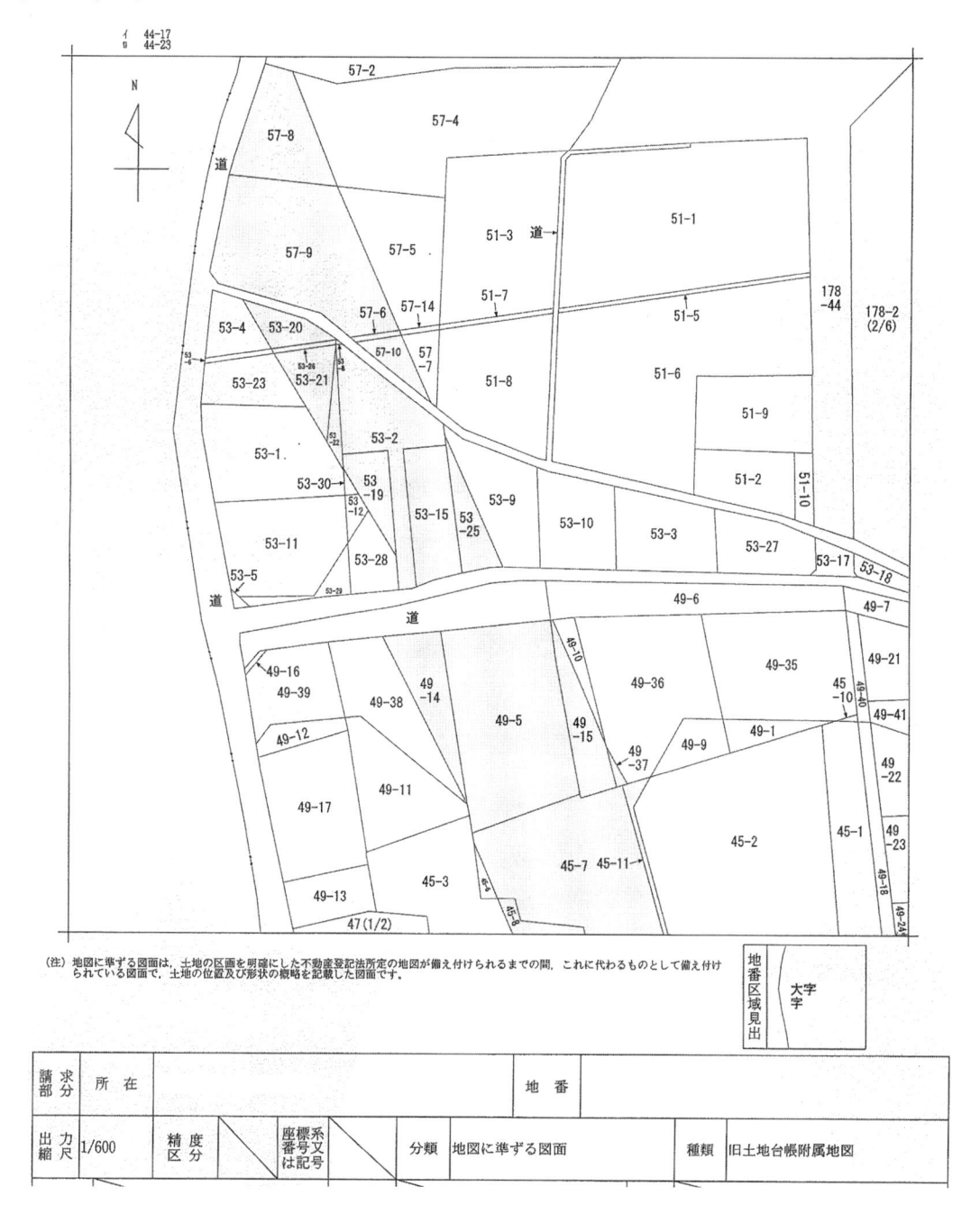

（注）地図に準ずる図面は，土地の区画を明確にした不動産登記法所定の地図が備え付けられるまでの間，これに代わるものとして備え付けられている図面で，土地の位置及び形状の概略を記載した図面です。

地番区域見出	大字

請求部分	所在				地番		
出力縮尺	1/600	精度区分		座標系番号又は記号		分類 地図に準ずる図面	種類 旧土地台帳附属地図

2　第二種地成の意味

(1)　第二種地とは

地租改正事業は正に地租徴収のための国家事業であり、所有する土地から地租（今でいうところの「固定資産税」）を取るために、課税できる土地と課税しない土地を明治7年11月7日太政官布告第120号「地所名称区別改定」をもって明確に区別した。

その中で官有地は四種に、民有地は三種として区別し、地券を発行する土地としない土地、課税する土地としない土地として区分したのである。

民有地の第一種地は、「地券ヲ廃シ地租ヲ課シ区入費ヲ賦スルヲ法トス

　　　　　　一　人民各自所有ノ確証アル耕地宅地山林等ヲ云」

第二種地は、「一　人民数人或ハ一村或ハ数村所有ノ確証アル学校病院郷倉牧場秣場社寺等官有地ニアラサル土地ヲ云」

第三種地は、「地券ヲ発シテ地租区入費ヲ賦セサルヲ法トス

　　　　　　一　官有ニ非サル墳墓地等ヲ云」[29]

としたが、ここで問題としている道水路等については明記されていなかったことから、明治8年10月9日には太政官布告をもって「一　民有ノ用悪水路溜池敷堤敷及井溝敷地」、明治13年10月5日同じく太政官布告をもって「一　公衆ノ用ニ供スル道路」として非課税とする第三種地の特定をしたのである。

その後土地台帳制への移行を前に、明治17年12月16日大蔵省達第89号「地租ニ関スル諸帳簿様式」により台帳を整備し、明治22年3月22日法律第13号により「地券ヲ廃シ地租ハ土地台帳ニ登録シタル地価ニ依リ其記名者ヨリ之ヲ徴収ス」とし明治22年勅令第39号にて「土地台帳規則」を制定したのである。

その後「地租事務規定」により運用されてきたが、実際に「土地台帳法」という法律が制定されるのは意外にも昭和22年法律第30号によってであり、「土地はこれを第一種地及び第二種地とする」と明記された。いわば、地目変更である。

≪参　考≫

土地台帳法（昭和22年法律第30号、昭和25年法律第227号による一部改正）

第2条　土地はこれを第一種地及び第二種地とする。

[29]　この第二種地、第三種地の種別から表題部所有者として「村持」あるいは「共有総（惣）代」名とする登記簿記載へと進展する。

　第3条　第一種地は、第二項に規定する土地以外の土地をいう。

2　第二種地は、左に掲げる土地をいう。但し、第二号乃至第六号に掲げる土地で有料借地たるものを除く。

　　一　都道府県、市町村、特別区、これらの組合又は財産区の所有する土地

　　二　国又は都道府県、市町村、特別区、これらの組合若しくは財産区が公用又は公共の用に供する土地

　　三　墳墓地

　　四　公衆用道路、運河用地

　　五　用悪水路、溜池、堤塘、井溝

＜閉鎖登記簿（表題部）記載例＞

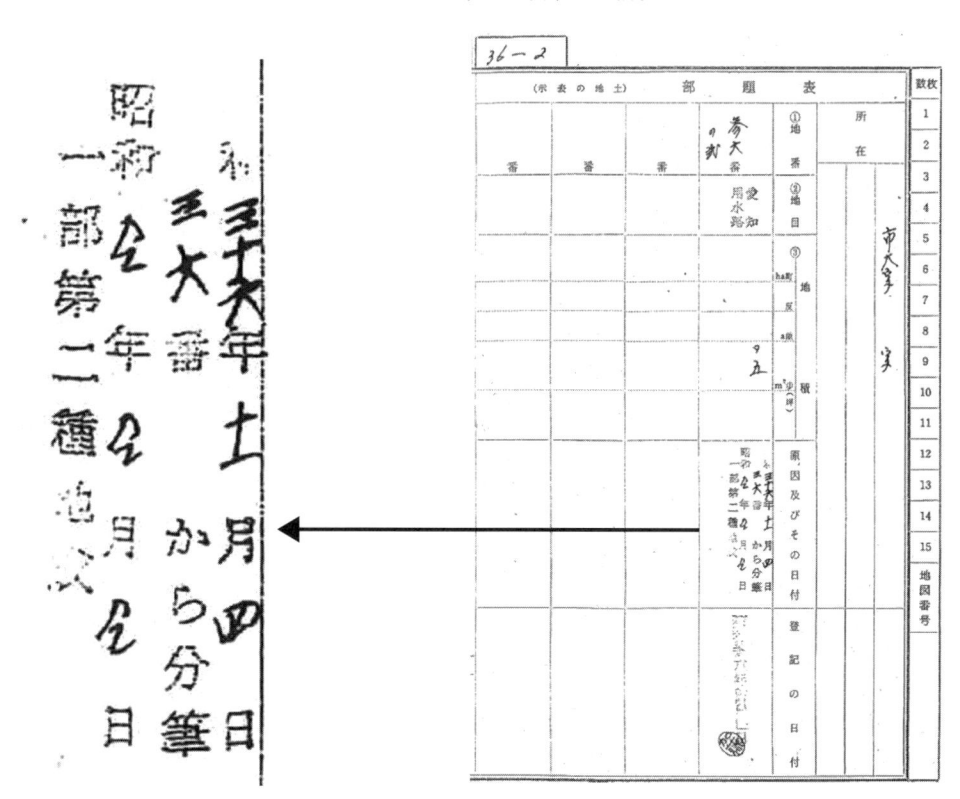

| 弁護士の視点12 | 民有地が道路敷内にあることが判明したときの行政側の対応策 |

1　道路内民有地問題とは

いわゆる道路内民有地、すなわち現況が道路敷になっている土地が民有地であることが判明し、民有地所有者から買取りや補償、損害賠償を求められたり、さらには「道路を塞ぐぞ」と言われる等の問題が生じることがある。

そもそも官民境界について争いがある場合は、道路内民有地に当てはまるかどうかの問題であって、ここでは論じない。そもそも民有地所有者が不明の場合も含めない。

ここで検討しようとしているのは、道路敷内に民有地の一部又は全部が存在していることについて確証がある一方、当該民有地を官側が買収や寄付採納等により取得したことを証明することができず、民有地所有者から様々なクレーム（権利請求）がなされている場合の行政側の対応策である。

道路内民有地の発生原因については、本章第3「道水路内民地の考え方（土地台帳と実務）」213頁以下に述べられているとおりである[30]。

実際には、発生原因ごとに対応策も異なってくると思われるが、ここでは、かつて道路拡幅の際に寄付採納あるいは買収がなされていたにもかかわらず、分筆及び移転登記がなされておらず、しかも寄付採納あるいは買収に関する記録が散逸していて証明ができない事例を想定して検討する。また、相続ではなく、最近、売買や競落によって第三者が民有地の所有権を取得し、その者からクレームがついている場合とする。

2　民有地の第三取得者から自分が購入した土地の一部が道路敷になっているというクレームがあった場合の行政側の対応策

(1)　事実関係の確認

まずは、本当に道路敷が民有地になっているかどうかを確認することになるし、第三取得者の権利関係も確認することになる。その結果、かつて道路拡幅をした際に買収によって民有地を一定幅で取得していたと推認されるものの、既に30～40年も前のことであり、買収を証明できる記録が何も残っていないことが分かったと仮定しよう（筆者が実際に相談を受けた事例をモデルにしている。）。

[30]　道路内民有地の発生原因については、理論と実務351頁において、①権利設定・登記処理の漏れ、②セットバック部分の権利不明確、③公物管理界と筆界の不一致、④官有地由来の二重登記があるとされている。

（2）　一筆の土地の一部の売買ではないか（道路敷になっている部分は未購入ではないか）の確認

　一筆の土地の一部の売買も可能であり、例えば、現地を実際に確認し、一筆の土地のうち、道路敷になっている部分は除外して購入していることが明らかであれば、その第三取得者は道路敷部分についてはそもそも権利者ではないことになる。

　例えば、売買契約書の末尾に図面等が添付されており、面積表示等に照らして明らかに道路敷部分を除外して売買していることが分かれば、「そもそも道路敷部分について権利がないですね。」と指摘することが可能になる。

　他方、一般的には、特に一筆の一部の譲渡であることを断らない限り、一筆全部が売買の対象になっていると考えられるし、競落した場合も執行官調書では一部道路敷になっていることが指摘されていたとしても一筆全部を取得したことになる。

　通常、現地を見て買い受けたのであれば、一部が道路敷になっていることを知りながら買ったのではないかという疑念を生じることになるし、執行官調書に一部道路敷との記載がある場合も同じであるが、だからといって必ずしも道路敷部分を除外して取得したとはいえないし、道路敷であることを知りながら取得したからといって権利者ではないとはいえない。後述する背信的悪意者に当たる場合も道路敷部分の権利者であることに変わりがなく、単に相手方に登記がないことを主張することが信義則に反するにすぎない。

　そうするとそもそも権利者ではないという主張をすることができる場合というのは限られることになる。

（3）　背信的悪意者の主張

　実際には、寄付採納や買収等によって所有権を取得しているにもかかわらず、分筆・移転登記等の手続をしていない場合に、民有地を所有者から譲り受けたり、競売手続において競落したそれらの第三取得者から所有権を主張されると官側はそれらの第三取得者に対して登記なくして自己の所有権を主張することができなくなる。

　ただし、この場合もその第三取得者が、相手方の登記がないことを主張することが信義則に反すると認められる者、すなわち背信的悪意者である場合には、もしも寄付採納や買収等があったことを立証できれば、第三取得者に対して対抗できることになる。

　広島地判昭53・1・20訟月24・2・205は、「本件土地は、……広島市がその費用を投じ附近所有土地の一部寄付を受けて道路として拡幅、

整備をなすに当り、Ａらから寄付を受けたもので、……偶々広島市に登記手続が遅れているのに乗じ、その登記義務の履行にたやすく応じないのみか、なおもこれにより利を得ようと画策し、訴外Ｂ、同Ｃの後、原告も、Ａの仲介でこれらの事情を十分知悉しながら相呼応して右買受け、同登記に至っているものであって、かような原告は、登記が通常の取引関係における第三者の信頼を保護しようとするものである趣意に照らし、いわゆる背信的悪意者ともいうべく、とうてい登記の欠缺を主張する正当な利益を有する第三者とは解せられないところである。そうすると、原告は、本件土地につきなお未登記である広島市および同市から使用貸借により一部使用中の被告に対しても、すでに登記を有することにより同所有権を主張することはできないものというべきである。」と判示した。

　このようにたまたま道路敷になっている土地について登記が経由されていないことを奇貨として土地を買い受けた上で不法な利を得ようとしているような場合には、背信的悪意者の主張ができるが、そのような場合に当てはまり得るかどうかはもとよりケースバイケースである。

(4)　時効取得の主張（道路として供用を開始してから20年以上経過したので道路敷部分を時効取得したと主張する）

　寄付採納や買収によって道路としての供用を開始してから既に20年以上経っていることを理由として官側が時効取得を主張することは一応可能である。

　これを認めた裁判例として、東京高判平15・10・30判時1854・44は、市が市道として認定し、供用している道路の敷地を構成する本件土地につき、登記簿上の所有名義人である控訴人が、所有権の確認及びその買取り等を求めたのに対し、市が、本件各土地はいずれも控訴人の先代から寄付を受けたか、そうでないとしても、国が時効により所有権を取得したから、これを援用するとして争った事案において、寄付があったとは認められないが、本件各土地は市が国の占有代理人として占有していたもので、国の時効取得が完成しており、市は、本件各土地につき、市道の敷地の一部として、国から無償で貸付けを受けている関係にあるから、国の本件各土地の所有権に関する時効取得を援用するにつき直接に利益を受ける者ということができるとした[31]。

　しかし、官側が時効取得を主張することについては以下のような問題がある。

※31　その他に国の道路敷の時効取得を認めた裁判例として東京地判昭60・12・20判タ637・129がある。

　　ア　官側が時効取得を主張することの当否

　本来、民有地の取得原因としては、寄付採納、買収あるいは収用等
の手続が予定されているのであり、時効取得を主張するということは
これら本来の手続がとられていない（あるいはこれを証明すること
ができない）ということを意味することになるから官側が時効取得を主
張することについては謙抑的であるべきではないかと思われる。

　しかし、実際には、官側が民有地の時効取得を主張することは主と
して所有権確認訴訟における抗弁として行われている。あまり望まし
いことではないとしても、やむを得ない場合もあると思われる。

　　イ　所有権の時効取得が否定されるケースがある（固定資産税の
　　　　賦課、民有地であることを認めるような言動）

　東京高判昭58・4・27判時1080・56は、市が市道二線を連結する目的
で所有者から土地の寄付を受け道路を新設した際、寄付採納の行政手
続及び道路法上の手続を怠ったため、右土地が以後も私有地として固
定資産税の課税対象とされてきたときは、たとい右道路が現実には広
く公衆の通行の用に供され市が維持管理使用していたとしても、右土
地の市の占有につき取得時効の基礎となる自主占有があったものと認
めることはできないとして、固定資産税を賦課してきたことを理由に
自主占有を否定し、市の所有権の時効取得を認めなかった。

　他方、同判決は、市は隣接地である市道の一部を要役地、右道路を
承役地とする通行地役権を時効取得したものと解すべきであると判示
し、民側に対し、市への地役権の設定登記手続請求と道路交通妨害の
禁止を命じた。

　千葉地判平25・11・28金法2004・138は、道路敷について国の時効取
得の成立は認めながら「被告は、上記(3)の取得時効の完成後である平
成6年12月、本件確認書を取り交わすに当たり、原告に対し、本件道路
敷地について原告の構成員らが所有権を有することを承認し、時効の
援用権を喪失したものと認められるから、上記(3)の取得時効を援用
することはできない。」として、いわゆる時効援用権の喪失の法理によ
る官側の取得時効の主張を排斥している。

　　ウ　第三者が時効完成後に当該土地の所有権を取得している場合

　時効完成後の第三取得者に対しては、登記なくしても時効取得を対
抗し得ないというのが確定した判例であり、大阪地判昭63・8・8判時
1324・83は、国が登記を具備しないまま、道路として供用開始したと
して損害賠償請求をされた事案について、国が時効取得を主張したの
に対し、「被告は、本件道路敷は、その道路としての供用開始前に買収
され、又は時効によりその所有権を取得したと主張するが、仮に右主

張のいずれかが認められるとしても、これによって被告が本件道路敷の所有権を取得する年月日は、原告が本件土地を取得し、所有権移転登記を経由した年月日以前であることは、その主張自体から明らかであるところ、……被告は右いずれの事由による所有権取得についても移転登記を経由していないことが明らかであるから、これをもって原告に対抗できず、再抗弁は理由があることになる。」としている。すなわち、国が道路敷について時効取得を主張したのに対して、時効完成後の第三取得者に対しては登記なくして対抗し得ないとした※32。

このように仮に取得時効が成立し、かつ、これを援用することができるとしても、時効完成後に当該土地を売買や競落等によって取得した第三取得者に対しては、登記なくして対抗し得ないことになる。

ただし、この点について、その第三取得者が背信的悪意者に当たる場合には時効取得を対抗できることになるのは前述したとおりである。

(5)　道路法の区域決定の効力が及んでいることの主張

旧建設省が編集した『公共用財産管理の手引　第2次改訂版』128頁では、公共の水路に関する記述ではあるが、「登記していなければ、国は、譲受人に対し対抗できないと考えられるが、公共の水路等として現に使用されている場合は、公用制限付きの所有権を取得したにとどまるものとされている。」としている。

そこで、官側としては、道路法上、適法に道路として供用開始してから後に第三取得者になったとしてもそれは道路としての公用負担付の土地を譲り受けたにすぎないから道路としての使用を妨害することはできないという主張をすることが考えられる。道路の場合は、道路区域決定の効力によるもの（道路4）ということになる。すなわち、一応この理論を使えば、所有権は第三取得者のものになるけれども道を塞いだり、使用料相当の損害金を請求したりすることはできませんよということになる。

この点について、宮崎地判平12・3・17（平11（行ウ）6）は、「道路法に定める道路を開設するためには、道路敷地につき、所有権その他の権原を取得した上で、供用開始の手続に及ぶことが必要であり、他人の土地につき何らの権原を取得せずに供用を開始することは許されない※33。」とした上で、「右土地については、Aと被告との間において、大正時代既に付近住民等の通行の用に供するために対価無償で返還時期を定めずに使用貸借契約を締結していたことは、当事者間に争いがないのであるから、右供用開始処分は、適法に取得された右使用貸借上の権利を道路敷地の使用権原としてされた適法なものというこ

※32　ただし、結論としては、道路としての適法な供用開始があったと認められるとして、損害賠償請求を退けている。

※33　最判昭44・12・4民集23・12・2407参照

とができる。」と判示している。そして、使用貸借契約を解除したとの主張に対しては、「このように、本件土地については、学校学ノ木線として適法に道路として使用が開始されて以降、現在も、小学校通り線として適法な手続を経て供用開始行為がされ、道路としての使用が開始されている以上、道路の構成部分として道路法4条所定の制限が加えられることとなる、すなわち、私権を行使することができないこととなる。」とし、賃料相当損害金の請求を排斥し、民側が設置した板塀を官側が道路法及び行政代執行法所定の手続により右板塀を撤去したことは、道路管理権に基づく適法な行為というべきであるとした。

官側としての最後の砦は、ここにあると思われる。所有権が第三取得者に帰属ずることはやむを得ないとしても、道路法の区域決定の効力によって私権が制限され、民側が道路としての供用を妨害することはできず、不法占拠されたら代執行しても違法にはならないということであろう。

ただし、この場合も補償の問題は起きるのではないかとか、道路法の適用がない認定外道路の場合はどうなるのかとか、沿道住民らとの間の使用貸借契約の立証ができなかった場合はどうなるのかという疑問がある。

(6)　占有妨害予防請求権の行使

道路敷となっている民有地について、第三取得者が自分の土地であるから道路を塞ぐと言っている場合に、市の道路占有権に基づく予防的妨害排除請求権を行使することも考えられなくはない。

実際に道路を損傷したり、土石や竹木等を堆積させて交通に支障を及ぼしている場合は、道路法43条1号及び2号に基づき、違反者に対して道路管理所による監督処分として原状回復を求めることができるし、監督処分を履行しなければ、同法71条により、さらに代執行もなし得ることになる。

ところが、そこに至らない程度の障害物を道路上に設置するような行為を繰り返している場合や道路を塞ぐと脅しているにすぎない場合に、道路法43条を根拠に予防的な妨害排除請求ができるかどうかについては、疑問がある。

そこでこのような場合には、民法上の占有権に基づく妨害予防請求権を行使することが考えられる（民199）。

この点について最判平18・2・21民集60・2・508は、その余地を認めている。

この事案は、国が民有地の寄付を受け、道路として供用を開始したものの未登記のままであり、その後、A市が道路管理者として管理を

してきたが、道路敷とされている民有地を譲り受けたBらがA市に対し、買取りを求めたり、代替地を要求する等の行為に及びこれを拒否すると障害物の設置を繰り返していたという案件である。A市は、その都度、行政代執行等の措置をとるなどして対応してきたようであるが、最終的に道路管理者として占有権に基づく妨害予防請求を内容とする訴訟を提起したものである。

最高裁は、A市の請求を認めなかった原審判決（東京高判平13・10・30判時1781・102）を覆して、「占有権の取得原因事実は、自己のためにする意思をもって物を所持することであるところ（民法180条）、ここでいう所持とは、社会通念上、その物がその人の事実的支配に属するという客観的関係にあることを指すものと解される。そうすると、地方公共団体が、道路を一般交通の用に供するために管理しており、その管理の内容、態様によれば、社会通念上、当該道路が当該地方公共団体の事実的支配に属するものというべき客観的関係にあると認められる場合には、当該地方公共団体は、道路法上の道路管理権を有するか否かにかかわらず、自己のためにする意思をもって当該道路を所持する物ということができるから、当該道路を構成する敷地について占有権を有するものというべきである。」とし、事件を東京高裁に差し戻した[34]。

そうすると道路管理者としては、占有権に基づいて妨害予防請求権を行使することができる場合があることになる。

(7)　今後の対応策

上記のとおり、最終的には、地役権の時効取得あるいは道路法の区域決定の効力により、民側からの損害賠償請求や明渡請求等を排斥することができるし、「道路を塞ぐぞ」と言われても道路交通妨害禁止の仮処分や行政代執行等の法的手続をとることも不可能ではない。

しかし、もともと寄付採納や買収等によって所有権を取得していると思われる場合は、やはり所有権の時効取得を主張すべきであると思われる。

その場合、前掲東京高判昭58・4・27が判示しているとおり、寄付採納等の行政手続や道路法上の手続を怠りながら固定資産税を賦課したままになっていると、少なくとも所有権の時効取得の主張が困難になると予想される。したがって、その解消のために分筆移転登記までは財政上の制約があって困難かもしれないが、道路敷になっている部分だけ現況公衆用道路として非課税とすることを検討すべきではなかろうか。

[34]　同最高裁判決は、道路管理者の占有権を認めるための基準として、①道路法28条に基づき、道路台帳の調製及び保管を行っていること、②同法42条に基づく本件道路を常時良好な状態に保つために必要な維持・修繕を行ったこと、③同法第3章第3節に基づき、電線、電話線、水道管等の架設・埋設工事のために必要な場合に道路の占用許可を与えていたこと、④同法71条に基づき、交通妨害行為を行う都度、監督処分を行い、更に行政代執行をするなどしていたことを挙げている。

第 9 章

地籍調査と公図・地図

240

第1　地籍調査を通して

　昭和26年からの国土調査法※1に基づく「地籍調査」は、明治時代の「地籍編纂事業」及び「地押調査の件」と同じように地租改正事業における公図（改租図・更正図）を基本に置いて調査がなされていることであり、その不備を是正するということでは、明治時代の地押調査をして全国一斉に布達されて地図を更正させるということと、現在の地籍調査事業の成果たる地籍図の作成がその作業と役割において同じであろう。

　ただし、地籍編纂事業は全国一斉に布達されたが、その成果が地籍簿、地籍図として改められなかった地域もかなり存在したことと、現在の地籍調査は全国一斉に行われてはいないこと、また、行われた地域では全ての地籍簿が登記記録に反映しており、地籍図とする公図が法務局に備え置かれているということでは相違する。

※1　国土調査法（昭和26年6月1日法律第180号）

1　地籍調査事業と境界（筆界）の注意点

(1)　地籍調査事業は法律に基づく換地処分ではない※2

　登記簿の原因欄には「○年○月○日国土調査による成果」との表現があり、対象地域の計画団体や地元地権者の意識としては換地処分のように考えられていたきらいがあったように思う。その結果後掲事例のような注意すべき事案が見受けられる。

※2　地籍調査については、理論と実務第6編を詳しく参照されたい。よって本書においては実務事例の掲載にとどめる。

　なお、前掲書507・508頁において地籍調査は「修正主義」であるとして「創設主義」ではないとしている。

【事例①】

　地籍調査は、現地の筆界を旧公図（和紙更正図・資料1）より更に正確に表した地図にすることが本来の目的の一つである。しかし、現在公図（資料2）に見られるように隣接者どうし、あるいは計画団体の意向から、本来は分筆登記や付替えの登記をするべきところ、その処理を経ず、現地形状に合わせて地図訂正のごとく、筆界を変えてしまったのではないかと疑われるようなところを時々見かける。

資料1＜閉鎖和紙更正図（昭和54年3月15日国土調査により閉鎖）＞

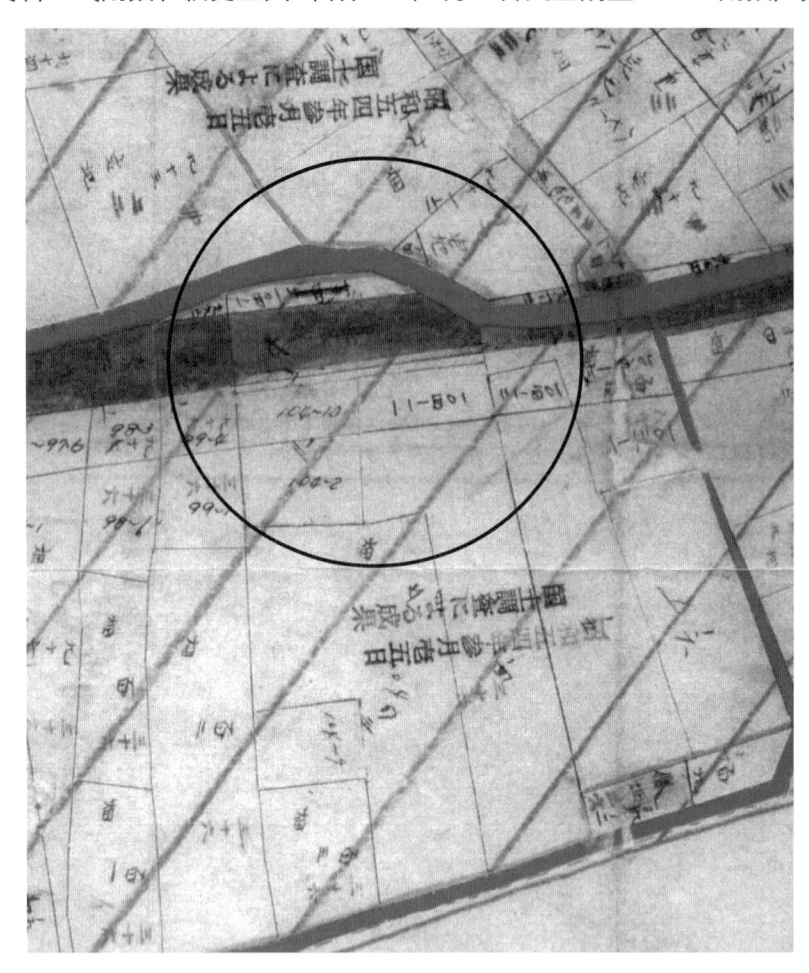

資料2＜現在公図＞

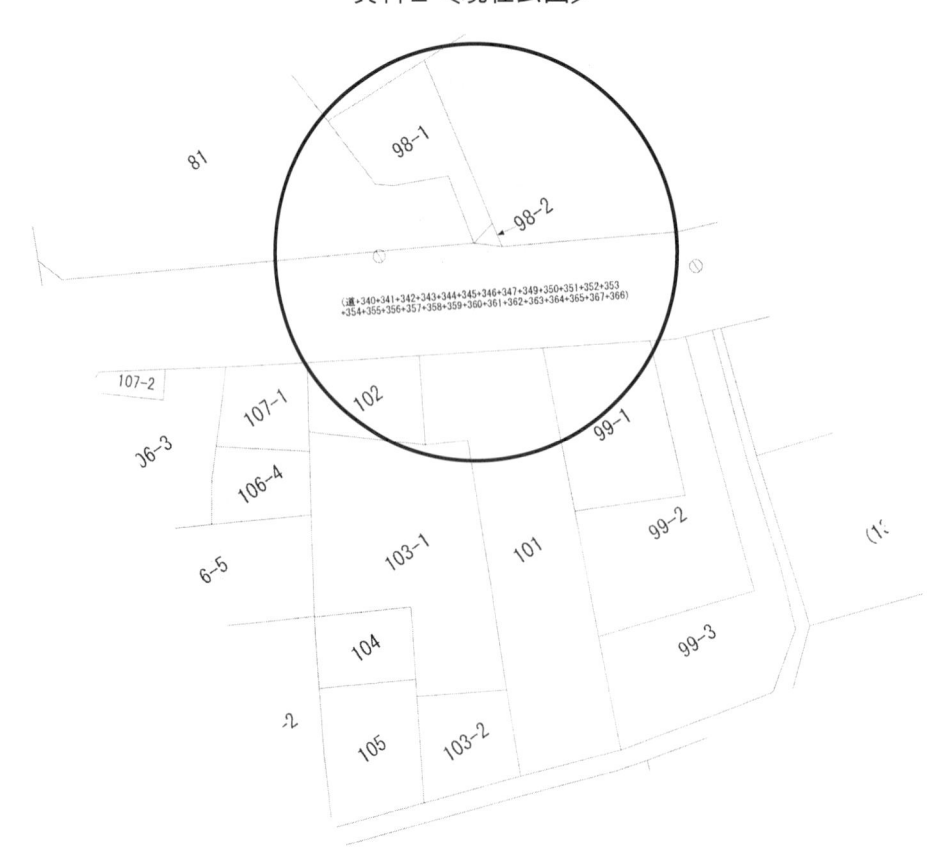

【事例②】

　この事例では、前掲事例①と同様円形の囲み部分において注意すべき点があるが、さらに西側の道路水路が明治の地籍図（巻頭資料3-1参照）及び和紙公図では曲線形状に見られるところ、地籍測量によって折線形状とする筆界線となっていることの問題を含んでいるように思う[3]。

※3　この点については今後第1章「境界について」25頁以下の曲線問題と併せて検討されるべき事案でもある。

資料1＜閉鎖更正図（昭和54年2月1日国土調査により閉鎖）＞（巻頭資料3-2参照）

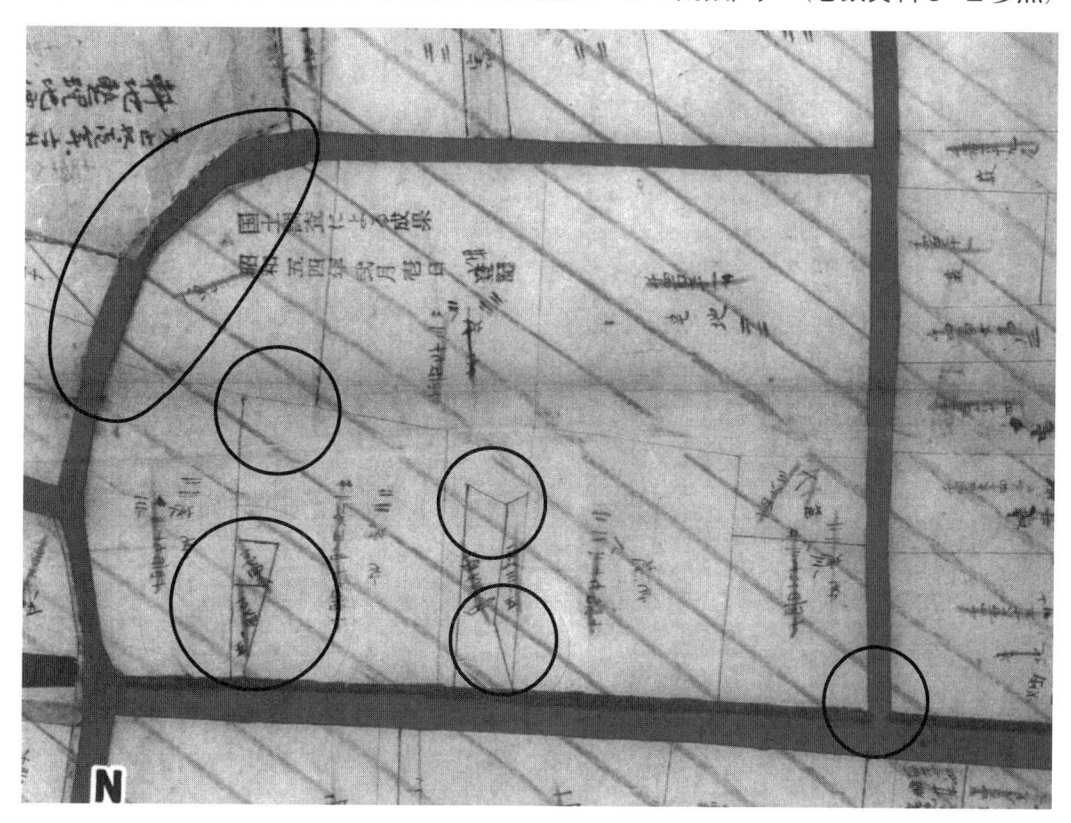

資料2＜現在公図＞

【事例③】

この事例では、水路と個人所有地に構造物が設けられたことから意図
的に境界の変更がなされた。

資料1＜旧公図＞

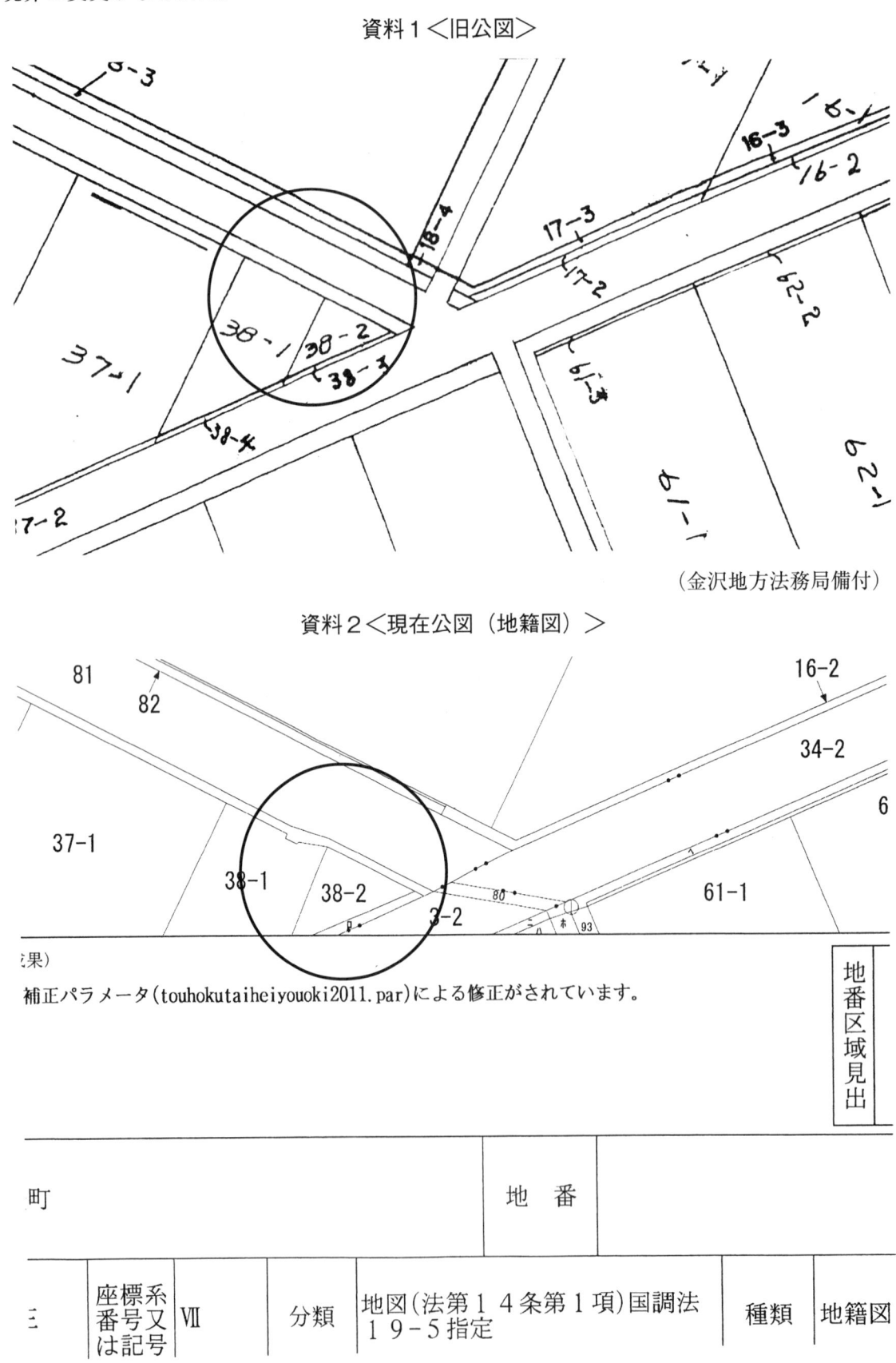

（金沢地方法務局備付）

資料2＜現在公図（地籍図）＞

補正パラメータ（touhokutaiheiyouoki2011.par）による修正がされています。

町				地　番		
三	座標系番号又は記号	VII	分類	地図（法第14条第1項）国調法19-5指定	種類	地籍図

地番区域見出

（金沢地方法務局備付）

（2）　地籍調査事業前の資料（旧公図、地積測量図等）は生きている

【事例④】

地籍調査では旧公図が生きていることと同様、地籍調査前の地積測量図も現在の検証資料として存在しているが、地籍調査前とするゴム印が押されて別冊にて保存されている。

およそ残地求積図が多いが、下の地積測量図※4にある道路界との東西辺長は参考とすべきである。

※4　前掲事例①（241頁）の図面中にある一筆の地積測量図

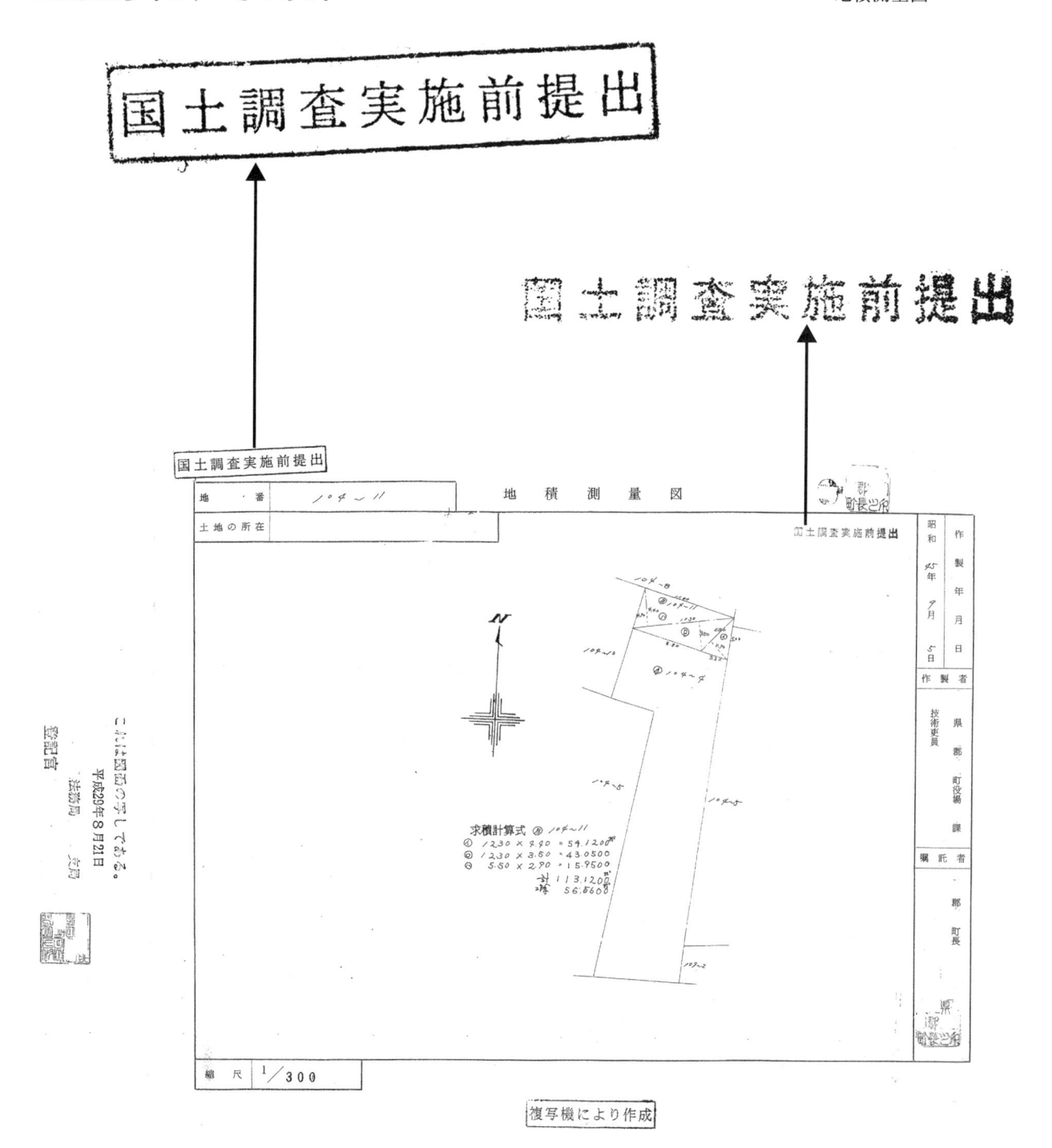

第 10 章

境界確定もう一つの
メカニズム

248

　これまで境界確定の実務を通して境界の理論を述べてきた。

　しかし境界確定の現場は、いくら境界理論を話してもなかなか理解されない現状がある。

第1　なぜ当事者は理解し納得してくれないのか

　それは、＜当事者の意識＞の問題と、境界の幅以上に、＜人間の考える定義と言動には幅がある＞からである。

　例えば、「常識」という言葉がある。一般的に共通の認識や判断としてよく使われる。しかし認識が一致していると思っていた話も、少し掘り下げて話し合うと全く違った立場になったりすることがある。その原因は、人それぞれの生活環境や社会環境によって判断の尺度が違って形作られているからであり、特に全くの他人とはその尺度を共有していないからである。

　また、幅の問題を平均から考えた場合も、「理解し難い依頼者」は感覚的に平均の幅から逸脱しているものの範囲との見方になるが、実は平均とは統計を取ったとしても曖昧な範囲のことでもある。

　さて、境界確定業務においては様々な依頼者、あるいは隣接者、代理人が出現する。

　境界確定業務とすれば専門職として、対象とする土地の地歴と境界の理論、そして調査・測量を踏まえた現状と、帰結方法を説明しその業務は終わるはずである。

　しかし、その確定作業、特に立会い時において、＜当事者の意識＞と＜固執する個性＞が現れ、業務の進行を大きく妨げている。

　そこで、まずは意識の問題から考えてみたい。

1　呼び覚まされる意識と立会拒否の構図

（1）　意識化

　境界確認は意識化させる場であり、また意識を深化させる場でもある。

　依頼者は既に境界というものを意識しているが、相手方（隣接者）は立会要請において初めてその境界について意識させられる。

（2）　不愉快の内在

　相手方にとっては、まず意識させられるということにおいて気持ちの

良いものではないということが、無意識のうちに持たれるのではないか。すなわち＜不愉快の内在＞である。

　そして、その外圧に対して身構えることとなり、対立的な構図が生まれやすい。結果、立会拒否という行動にもなりやすいということがいえる。

(3)　排除の論理

　異質のものを排除しようとする心理は、自分の理解の上に成り立たないので排除の論理となる。

　立会いにおいてはその心理を一歩立ち止まって押しとどめ、考える時間を介在させることによって新たな展開が生まれる。

2　権利意識と欲の二面性

　意識化された上に、さらに＜欲＞というものが芽生えてくる。

　欲、すなわち「物欲」の傾向は、**第7章**「境界確認　三つの時代区分（境界確定に当たって）」における区分その1の「数値資料のない筆界」において顕著であるように思われる。

　その理由は境界確定の証拠が乏しいがゆえに、また境界に幅があるがゆえに、権利意識が強く働きやすいからである。

　これまで私たちは、実務においてそれが本来の「権利の主張」であるのか、あるいは単なる「物欲」であるのかを疑わざるを得ない状況を実感している。

　権利の主張であるならばそれは理論的に解決できるのだろう。しかし物欲となると、それは個人の性格（個性、パーソナリティ）と相まって厄介な問題に発展しやすい。

　また物欲の発展形として＜妬み＞の意識がある。妬みは「羨ましい」とする意識を越えてさらに「嫉妬心」となり、隣人関係へと発展していくものかもしれない。

　そこで、境界確定を悩ます「人の心」の働きや、「性格」を多少なりとも理解しておくことは、理解し難い依頼者や関係人と接する専門家の心を楽にしてくれるだろうし、また境界確定業務を行う私たちの必須条件であるように思う。

　　　＜尽くしても計り知れないもの　それは心＞

3　意識と境界確定の選択肢

(1)　新たな所有の意思を持って使用する二つの境界と意識

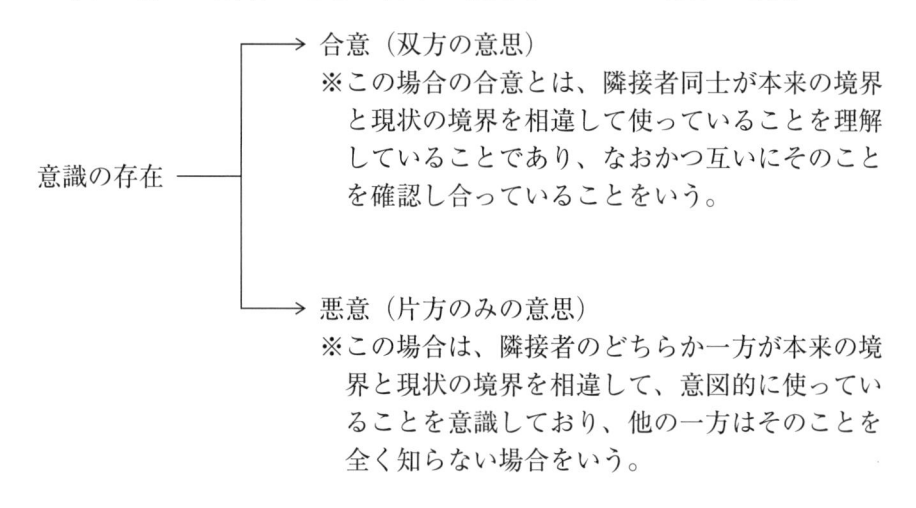

意識の存在 ──┬──→ 合意（双方の意思）
　　　　　　　　　　※この場合の合意とは、隣接者同士が本来の境界
　　　　　　　　　　　と現状の境界を相違して使っていることを理解
　　　　　　　　　　　していることであり、なおかつ互いにそのこと
　　　　　　　　　　　を確認し合っていることをいう。

　　　　　　　└──→ 悪意（片方のみの意思）
　　　　　　　　　　※この場合は、隣接者のどちらか一方が本来の境
　　　　　　　　　　　界と現状の境界を相違して、意図的に使ってい
　　　　　　　　　　　ることを意識しており、他の一方はそのことを
　　　　　　　　　　　全く知らない場合をいう。

(2)　新たな所有の意思を持たず間違って使用する境界と意識の変化

　この場合は、本来の境界と現状の境界が相違していることを隣接者双方とも知らない状況にあり、そこには＜意識＞と＜意思＞の存在がない状態をいう（例えば、両土地を区分するブロック壁など構造物が正しい境界と明らかに相違して建築されている状態で、隣接する所有者双方が正しい境界（筆界）であると認識して土地の権利を取得した場合など）。

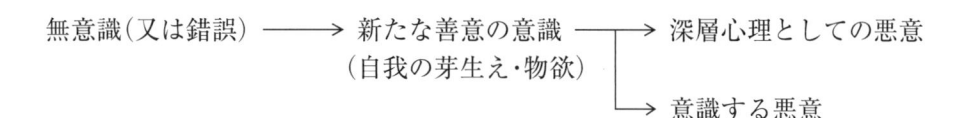

無意識（又は錯誤）─────→ 新たな善意の意識 ──┬──→ 深層心理としての悪意
　　　　　　　　　　　　（自我の芽生え・物欲）　└──→ 意識する悪意

※善意の意識ゆえに、境界（筆界）への理解が生まれないと問題化する可能性が大

(3)　合意の選択肢

①　現状のまま（口頭確認のみ）

②　合意書面（借地契約書・越境物等現況確認書等）を交わす。

③　分筆登記をして所有権移転登記をする。

(4)　悪意の選択肢

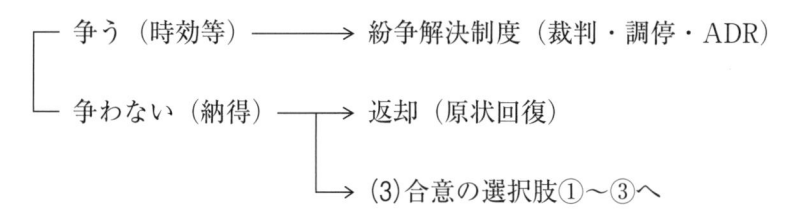

┌─ 争う（時効等）─────→ 紛争解決制度（裁判・調停・ADR）

└─ 争わない（納得）───┬─→ 返却（原状回復）

　　　　　　　　　　　└─→ (3)合意の選択肢①～③へ

(5)　錯誤の原因が全く不明（理解不能又は地図混乱）の選択肢

　　┌　合　意 ──→ 地積の更正登記、地図訂正

　　└　善意の争い（深層心理として悪意）──→ (4)の「争う」へ

第2　境界確定の現場はどういう状況にあるのか

1　立会当事者の状況

　それは主観と客観の主張の場であるが、実は当事者同士の＜意識と対応の織り成し方＞の関係にある場ともいえる。

　特に境界確定の立会い時においては、依頼者の個性と隣接者の個性とがぶつかり合う場でもあり、それに加えて、立会代理人であったり、関係人（親族、相談者、知人等）と専門家自身の個性も出会う。

　また、境界立会いの現場では本来の境界問題ではなく、往々にして日頃の隣人関係におけるそれまでの募る思いが表面化することがよくある。そのような場合は隣人双方、又は一方が既に友好的な意識にないことと、土地家屋調査士等はひたすら境界立会いの合意（実際には「境界立会確認書」等に署名をもらうこと）に向けて同調するような態度を見せつつ話を本質へ戻そうと努力している状況がある。

2　依頼者と専門家の関係

　前提として依頼者と専門家の関係は、報酬を支払う側ともらう側にあり、その関係性は委任契約に基づく濃密な関係にあるので、関係性がこじれると修復できないほどに非常に厄介な状況を生む。

　特に依頼者の個性によってその関係性はこじれやすい。こじれた場合、さらに専門家自身が依頼者に対して猜疑的、被害的になるという現象も起きてくる。

　昨今、隣接法律専門職とされる専門家（弁護士を除く資格士業）への信頼度、依存度は時代と共に低下している状況にある（もっとも、知名度はそれ程なかったのかもしれないが。）。

　それは、情報化社会における権利意識の向上と、権威の低下が顕著になってきたからともいえる。

　また、特に境界問題においては、いくら有能な資格者であっても、依

頼者が求める全てのことをかなえることのできない境界判断の現実があるからかもしれない。

　そして、法律的判断を含む境界問題の現場では得るものがある一方、依頼者にとっては重要な何かを失う体験の場ともなっている。

3　隣接者等の意識の変化

　一般的には、時間を経て理解されることによって、隣接者の心は安定する。

　しかし、とかく意識が呼び覚まされる現場では、「意識される」又は「意識させられる」ことへの内在する不満が怒りとなって外に出る。

　それは、＜意識の強さとこだわりの現場＞であり、そして＜勝ち負け＞という要素が加味されているからではないだろうか。

　また根底に、相手に対する妬みや、これまでの隣人との関係性からなる「敵対心」が潜んでいる場合もある。

　法律的問題に巻き込まれることは個性を顕在化させるとともに、当事者と関係者にストレスを引き起こさせる場であり、人間の欲を含めた個性の噴出と、往々にして対応を変化させる当事者がそこにいるという場面への踏み込みでもある。

第3　土地家屋調査士に求められる能力と役割

　さてここからは、境界確定の現場に関係する専門家の役割と対応について依頼者と専門家の心の働きを含めて確認してみたい。

　なお、筆者は心の専門家ではないので、この考察に当たっては、筆者が実務から得た経験や思いに『難しい依頼者と出会った法律家へ　パーソナリティ障害の理解と支援』から得た示唆を加味していることを付記しておく。

　人の言動は意識だけではなく、無意識によっても左右されていることを前提とすれば、境界確定の場は潜在的な意識（無意識）を表面化させ意識化させる場で、すなわち＜無意識の意識化＞として、資格者としての専門家はその作業と役割を担う仕事といえる。

　資格士業に求められる能力としては、業務の専門性だけではなく、高度な対人関係を築く技能も要求されている。しかし、依頼者等関係人に

おいて、その考え方、類型において千差万別であることから、確実なマニュアルはないといっていい。ゆえに専門家としての多様な対応能力を築かなければならない。それができることによって依頼者との信頼関係が生まれる。

　相談段階や境界立会いの現場において、土地家屋調査士は全ての人の見立てを行っている。人の見立ては日常どの人も行っているが、その見立てを踏まえ、依頼者の個性を読み解きながら、依頼者の気持ちに寄り添い、話を聞くことによって安心させることが重要である。

　そのためには、まずたくさんの知識を身に付けることであり、理論を学ぶことである。そのことは地道なことであり根気のいることだが、対応力が確実に上がることから実践には必要不可欠な要素である。

　土地家屋調査士は、一方的に依頼者の利益に立って働くという仕事ではなく、「境界問題として困っている人を助ける」という客観的立場の意識が強い人が多いように思う。

　そして、その仕事は測量を踏まえた客観的事実に基づく判断を述べる仕事であることから、必ずしも依頼者の権利擁護へと向かわない役割にある。なぜなら、境界の本質もさることながら、土地家屋調査士法1条の目的において、「不動産に係る国民の権利の明確化」として全ての所有者の権利を守る、あるいは援助する業務であることが基本にあるからである。

　また、業務に当たって士業たる専門家は、精神科医や心理カウンセラーではない。しかし境界判断の専門家である土地家屋調査士は、身に付けた知識や経験から、どのような相談者、依頼者、隣接者なのかを自然（直感）のうちに想定して、いかに対応するかを考えていく存在であり、精神分析とはいわないまでも、その言動から心理を読み解きながら理解しようとする存在でもある。

第4　専門家の心構えと依頼者等への対応

1　ニーズの把握
　日々の業務の中ではつい忘れがちになるが、依頼者が何を望んでいるのか（ニーズ）を把握することが重要である。

2　専門家の立ち位置
　境界の客観的判断をする特性から、依頼者と隣接者とは同じ距離感を

保っていなければならないし、一方当事者のペースに巻き込まれないようにすることも大事なことである。

　また、依頼された業務へ入り込む意識が強すぎると、依頼者との関係がこじれたときに修復が難しいので、できる限り淡々と対応することが望まれる。適度な距離感がある方が困難な業務においても長く付き合うことができるし、より良い援助にもつながるように思う。ただ、「そっけない」と思われてしまうような態度はかえって良くない。

　あくまでも依頼者に付き添い、共に考えるという姿勢により、最後は依頼者が決断できるように支えていくという意識が重要である。

　また、依頼者の話に何らかの違和感がある場合は、そのまま受け取らず、より冷静に話の真偽を見極める姿勢が必要だが、土地家屋調査士に多いタイプとして、印象に基づく大雑把な捉え方をする人がいる。

　専門家として、何物にも侵されず毅然とした態度でいることが重要であり、そのためには絶えず扱う事案を客観的に捉えられるかどうかがポイントである。

3　情報の伝達

　依頼者に対しては、どういう目的でこれから何をどのように行うのか、正確な情報を伝えることや関連する決まりごと、その後の手続、予想される結果のバリエーションなどをあらかじめ正確に伝えておく必要がある。

　そのことは、安心感を与えることと、信頼感を生ませることとして重要な部分である。

4　やってはいけないこと

　業務において決してやってはいけないのは、隣接者と口論したり、感情的な言葉をぶつけることである。隣接者が「攻撃された」と受け止めてしまうような言動は、状況を悪化させる可能性が高い。

　当事者にはそれぞれ個性があり、個性が強い人も弱い人もいる。相手に合わせた柔軟な対応が望まれる。

　あくまでも依頼者との協働作業であるから、依頼者、隣接者等との間に力関係を生じさせない対応が求められる。場合によっては心を和ませるユーモアも必要であろう。

　境界問題は専門的判断を要するがゆえに、代理人たる土地家屋調査士が意思決定をしてしまうことがある。しかし、あくまでもアドバイスにとどめ、依頼者が納得して決断することを促すことが大事である。

5　経験の不足

特に経験の浅いときは、話をまともに受けて性善説に立った見方をしてしまいがちであり、また、知識の希薄から、単なる正義感だけで仕事をしてしまいがちである。

新人のときはなまじっかの知識を振りかざしやすいが、むしろ依頼者の信頼は得られにくいということがある。

新人に限らず、余裕を持って見られないからこそ人間の感情の変化を理解しておくことは専門家の基本的事項である。

6　隣接者等への対応

こだわりの強い隣接者であっても、こちらの話を理解できないというわけではない。正直な説明を繰り返すことが、そのこだわりを修正する契機となり得る。

冷静な態度で対応することはもちろん、隣接者の注意を過剰な要求から本来なすべきことに引き戻し、また、隣接者の心を傷つけないようにプライドを保たせ、むしろ材料を提供して判断させるやり方も有効である。

7　怒りの感情のコントロール

客観的判断を誤らないためにも、そして自分を見失わないためにも、専門家として自分の苛立ちの存在を自覚する必要がある。業務における戦略として同調する手段をとることもあるが、完全に同調してはいけない。

そこで、専門家として怒りの感情を理解しておくこと（アンガーマネジメント）と、自己管理能力（メンタライゼーション）を高めることが求められる。多くの人は子供の時から「怒りとの付き合い方」を学んでいない。ネットの時代は特定の人との表面的な交わりは増えても、多方面の人と直接交わる機会は少なく先鋭的な傾向になりやすいので、特に身に付けておく必要があるように感じる。

怒りの原因が「こうあるべきだ」という自分の定義にあるとしたら、より多くの知識や経験を深め、より考えることによって自分の定義を広めること（柔軟性）が必要である。

一般に、感情のピークは長くても数秒程度といわれている。瞬時の怒りを抑えるためにどうするかは、『イラスト版子どものアンガーマネジメント　怒りをコントロールする43のスキル』が分かりやすいので、そちらを参照願いたい。

そして怒りの現場に出会ったとき、知識として得たアンガーマネジメントを意識して実践していくことが、このようなスキルを身に付けることにつながると思われる。

索引

258

判例年次索引

月　日	裁判所名	出典等	ページ
		【平成元年】	
7.18	水　戸　地	公刊物未登載	44
		【平成2年】	
7.20	東　京　地	判時1382・90	45
		【平成3年】	
2.26	東　京　高	訟月38・2・177	43,45
4.11	伊　丹　簡	平2(ハ)5	46
		【平成4年】	
10.29	大　阪　高	訟月39・8・1404	43,45
11.25	東　京　高	判タ863・199	37
		【平成5年】	
3.30	旭　川　地	判時1487・125	129
11.30	東　京　地	判タ873・157	145
		【平成7年】	
3. 7	最　高　裁	民集49・3・919	36
3.30	徳　島　地	訟月42・12・2819	44
9.19	大　阪　地	判自143・78	44,45
		【平成8年】	
1.30	神　戸　地 洲　本　支	判自158・83	147
11.29	奈　良　地	平7(ワ)39	205,210
12. 8	横　浜　地	平6(ワ)1988	46
		【平成9年】	
8.27	大　阪　地	判タ967・161	16

月　日	裁判所名	出典等	ページ
		【平成10年】	
1.30	大　阪　高	判時1651・89	15,210
11.10	最　高　裁	判自185・18	38
		【平成12年】	
2. 4	東　京　地	訟月47・1・164	46
2. 8	東　京　地	訟月47・1・171	46
3.17	宮　崎　地	平11(行ウ)6	236
		【平成13年】	
10.30	東　京　高	判時1781・102	31,238
		【平成14年】	
6.27	福　岡　高	平9(ネ)785	147
		【平成15年】	
10.30	東　京　高	判時1854・44	234
		【平成17年】	
5.30	名古屋高	判タ1232・264	34
		【平成18年】	
2.21	最　高　裁	民集60・2・508	31,237
		【平成19年】	
10.16	東　京　地	平19(ワ)2031・ 平19(ワ)22028	32
		【平成20年】	
3.25	東　京　地	平18(ワ)21955	47
10.30	東　京　高	判時2037・30	47

あ　と　が　き

　さて、これまでの境界の実務と実態を踏まえて、境界についての全般を再考してみた。まだまだクローズアップすべきところはあり、そして多少うがった見方があるかもしれない。また、これまでの書籍や資料、そして各地の聞き取りから、その多様性が実は全国的な実態であることを実感している。よって、それらのことを意識して今後の実務に取り組みたい。

　最後に、これまで各章において記載したことの中心とすべき視点をもう一度意識して終わりたい。

「第1章　境界について」では

　1　公図の内容は何も変わっていないのに、取扱官庁が変わりその位置付けが変わったことと、公図を扱う人の意識も変化してきたこと

　2　旧土地台帳附属地図の時代においては、境界自体が限定的ではなかったがゆえに、むしろ一つの判例がその後の境界の見方を大きく左右してきたのではないか

　3　旧民法における経界と現民法の境界関係条文との関係を再考してみることの必要性

　4　境界の種類についての歴史的見地、そして実務と実態における境界の見方

「第2章　境界の誕生（歴史的考察）」では

　1　視覚化されていく境界の歴史と、実務において意識すべきポイントの確認

　2　現代にも引き継がれる分筆等の歴史的取扱いと、申告図、そして添付する地形図、測量図が公図にどのように影響しているのか

　3　所有権から見た歴史的取扱いと、土地家屋調査士の考える筆界との関係性の考察

「第3章　公図・地図の実態と評価」では

　1　各種公図、地図の一般的見方の再確認

　2　旧土地台帳附属地図に影響を及ぼした地籍編製地籍地図の考察

　3　旧土地台帳附属地図の地域性から見た区分

　4　南北逆転公図の作用

「第4章　境界立会いと承諾から見た境界」では

　1　境界立会いと承諾の歴史からの境界の再考

「第5章　境界の見方の反省」では

　1　公図を最重視してきたことの反省と、公図の性質の再確認

　2　境界紛争から見た公図の意味

「第6章　境界確定の手法」では

　1　境界を確定するために求められる能力と要素

　2　不動産登記法143条（筆界特定）における調査すべき資料の詳細項目解説

　それまでの境界の歴史からその取扱いと公図作成の実態、また現在の境界確定の実務においては全国各地様々である。実務において、最初から公図は正しい図面であるとか、最も重要な資料であるなどの先入観を持って業務に当たらないことである。

　これは決して公図をないがしろにするものではなく、公図の性質が極端に言えば全国一律ではないということであり、だからこそ各地域、地域の公図あるいは、一筆一筆を現地形状のこれまでの安定性を前提に丁寧に検証する必要がある。ゆえにこれまでの判決の結果も公図形状を正確と見るか正確ではないと見るか、事件によってまちまちであったことはある意味正しかったのかもしれない。ただし、一般論としての判断ではなくその地域の境界の性質を精査しての結果であったのかどうか。

　また、境界が千差万別であるからこそ、土地家屋調査士法25条2項では「その業務を行う地域における土地の筆界を明らかにするための方法に関する慣習」その他の調査士の業務について学ぶ努力義務が課せられているのである。

　以上のことから、これまでの境界に関する実態を知れば、筆界を論ずる前に所有権界を中心に各種境界との関係がどのようなものであったのか、あるいは公図、地図の特性、地域性としてどのようなものなのかを知識として知っておかなければ筆界など語れないのである。

　土地家屋調査士は、「境界の専門家」たるべし。

実務必携　境界確定の手引

令和元年12月13日　初版一刷発行
令和2年12月23日　　二刷発行

共　著　江　口　　　　滋
　　　　岸　田　　庄　司
　　　　秋　保　賢　一

発行者　新日本法規出版株式会社
　　　　代表者　星　謙　一　郎

発行所　新日本法規出版株式会社

本　　社　（460-8455）　名古屋市中区栄1－23－20
総轄本部　　　　　　　　　電話　代表　052(211)1525

東京本社　（162-8407）　東京都新宿区市谷砂土原町2－6
　　　　　　　　　　　　　電話　代表　03(3269)2220

支　　社　札幌・仙台・東京・関東・名古屋・大阪・広島
　　　　　高松・福岡

ホームページ　https://www.sn-hoki.co.jp/